KB219692

한국의 CSI

한국의 CSI

치밀한 범죄자를 추적하는
한국형 과학수사의 모든 것!

표창원 · 유제설 지음

북라이프
booklife

한국의 CSI

1판 1쇄 발행 2011년 12월 30일
1판 19쇄 발행 2023년 5월 25일

지은이 | 표창원 · 유제설
발행인 | 홍영태
발행처 | 북라이프
등 록 | 제2011-000096호(2011년 3월 24일)
주 소 | 03991 서울시 마포구 월드컵북로6길 3 이노베이스빌딩 7층
전 화 | (02)338-9449
팩 스 | (02)338-6543
대표메일 | bb@businessbooks.co.kr
홈페이지 | http://www.businessbooks.co.kr
블로그 | http://blog.naver.com/booklife1
페이스북 | thebooklife
ISBN 978-89-966876-3-4 03300

* 잘못된 책은 구입하신 서점에서 바꾸어 드립니다.
* 책값은 뒤표지에 있습니다.
* 북라이프는 (주)비즈니스북스의 임프린트입니다.
* 비즈니스북스에 대한 더 많은 정보가 필요하신 분은 홈페이지를 방문해 주시기 바랍니다.

부디 이 책이 학생과 관련 전문가는 물론
일반인들이 과학수사에 대한 지식과 정보를 쌓고 관심과
이해를 높이는 데 작은 도움이 되길 기원합니다.
그리고 그 결과가 한걸음 더 발전된 과학수사로 이어져
억울한 누명을 쓰는 사법 피해자가 줄어들고,
치밀하고 교묘하게 법망을 피해 나가려는 범죄자가
한 명이라도 더 법의 준엄한 심판을 받는 데 기여하길 희망합니다.

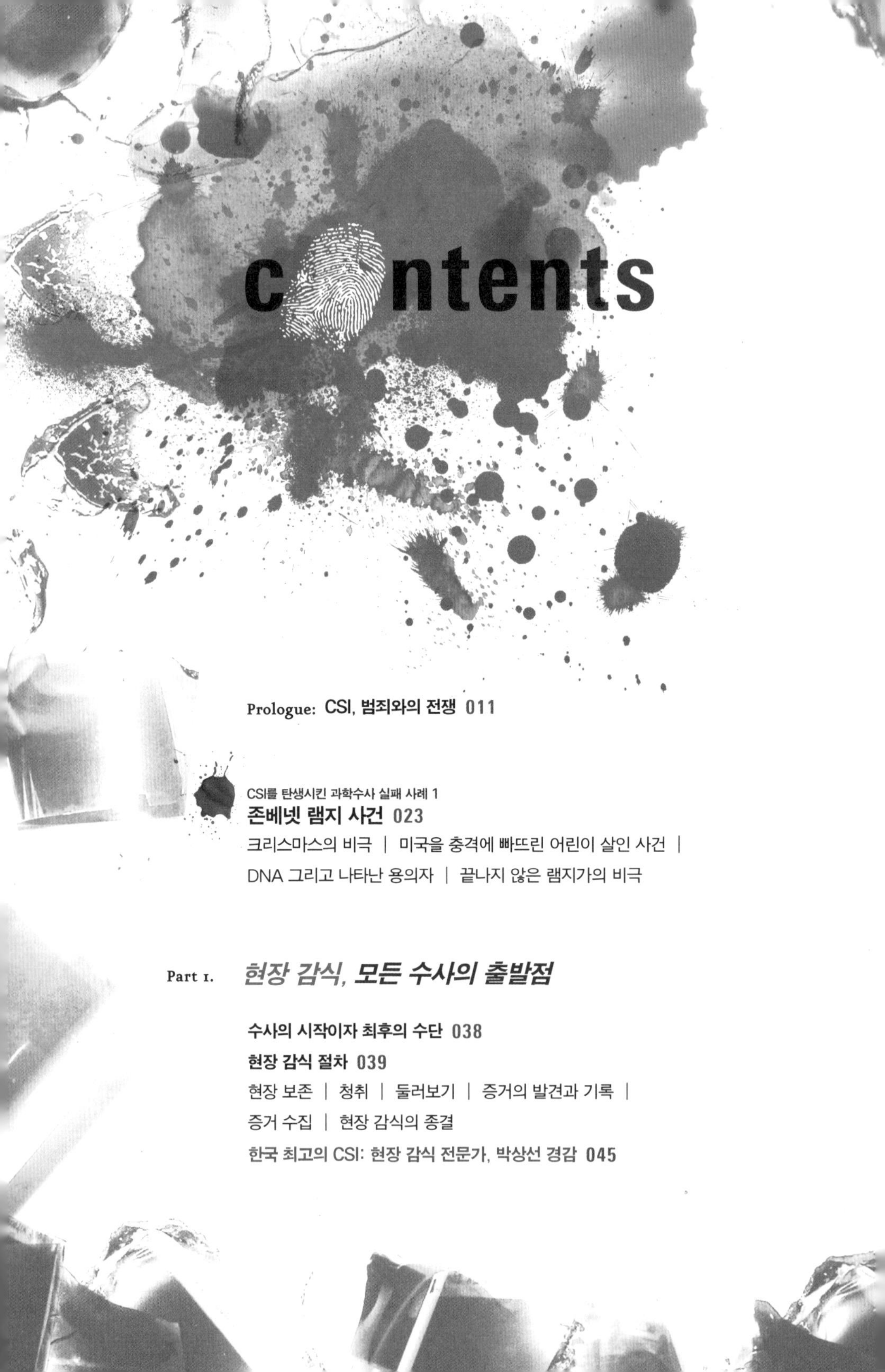

contents

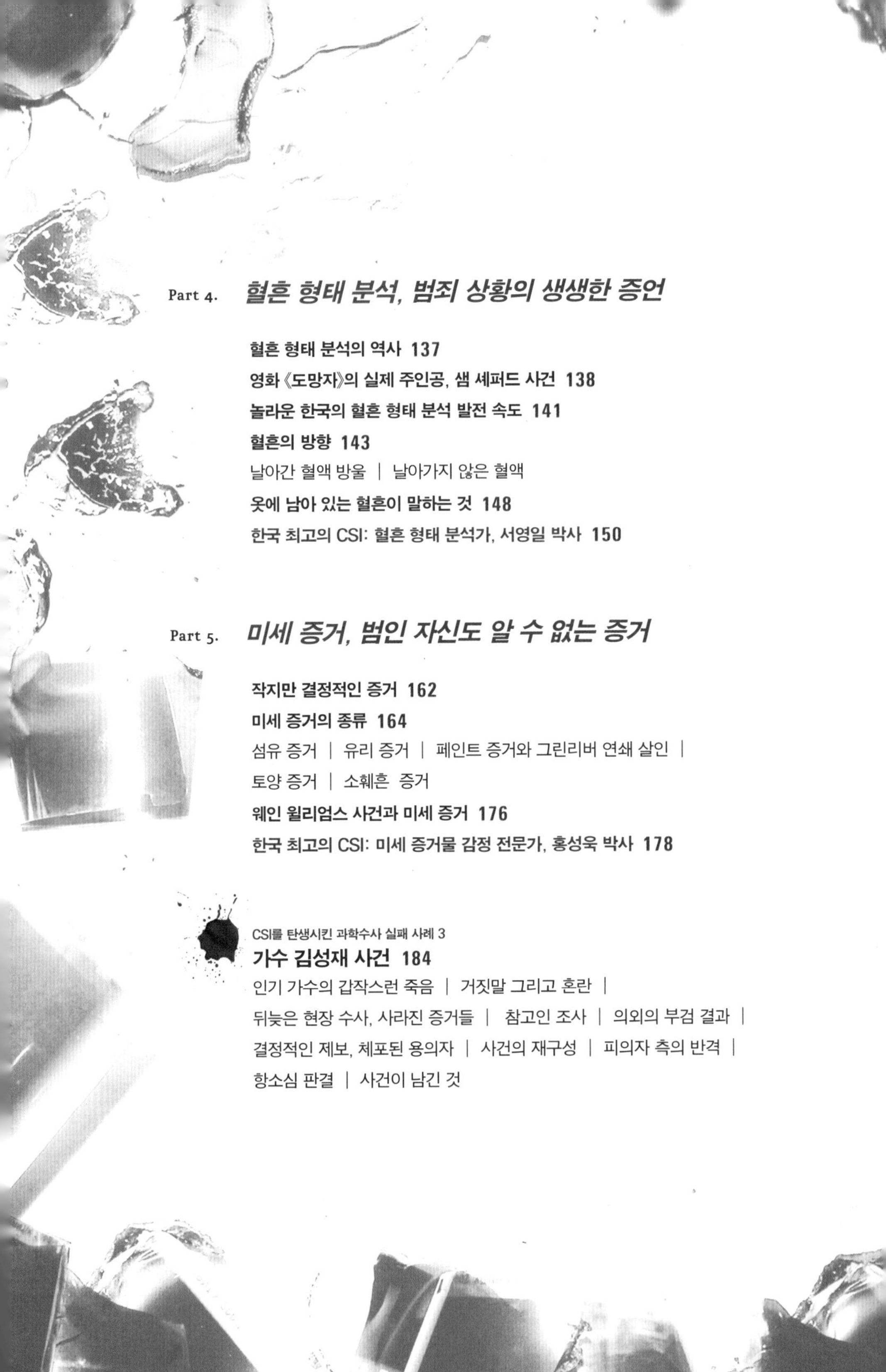

Part 6. 검시, 사체가 말하는 진실

Part 7. 화재 감식, 화염으로도 감출 수 없는 범죄

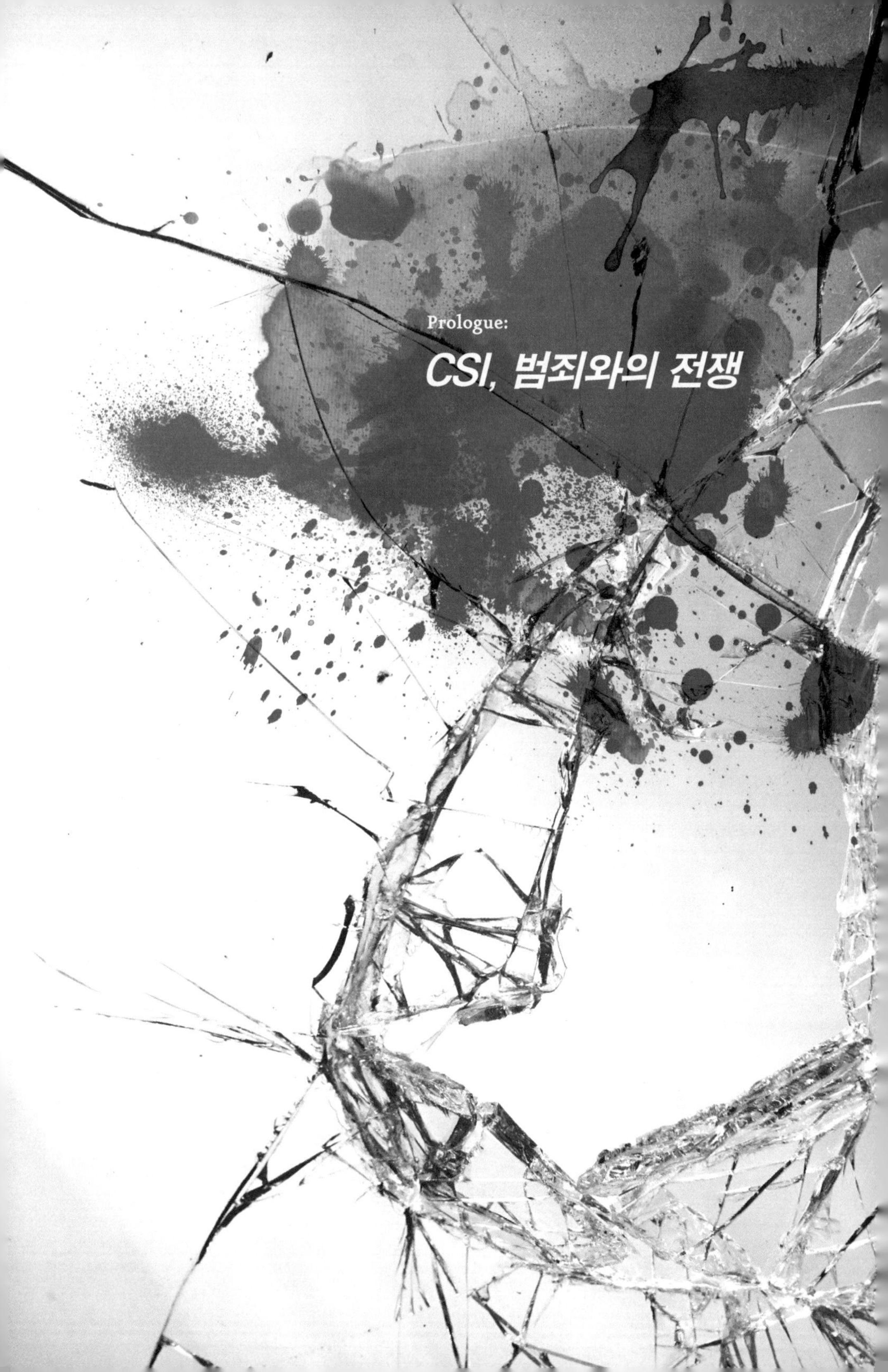

Prologue:

CSI, 범죄와의 전쟁

드라마 《CSI》의 탄생과 성공

과학적인 수사 기법을 동원해 멋지게 사건을 해결하는 '수사 전문가들'. 셜록 홈스와 형사 콜롬보가 진화된 현대적 모습. 수사망을 피하려는 간교한 범인들의 기발한 술수도 이들 앞에선 항복하고 만다. 미국 드라마 《CSI (Crime Scene Investigation)》가 우리나라를 비롯한 세계 50여 개국의 안방을 휩쓴 이유다. 자외선측광기, 고속원심분리기, 잠재지문현출장치 등 최첨단 장비가 가득한 과학수사 실험실에서 흰 가운을 입은 전문 과학자들이 불가능에 도전하고, 사건 현장을 철저하게 감식한 요원들은 눈에 보이지 않는 작은 증거를 찾아내 실험실로 가져온다.

때론 유혹과 압력, 딜레마에 빠지기도 하지만 '오직 과학과 양심에 따라 행동'하는 그리섬 반장과 CSI 요원들의 정의감은 모든 난관을 이겨 낸다. 비겁과 술수가 난무하는 혼탁한 현대 사회의 청량제요, 우리를 대신해 진실을 파헤치고 정의를 구현하는 새롭고 인간다운 '영웅'들에게 시청자들은 아낌없는 박수를 보낸다.

하지만 2000년에 미국 CBS에서 첫 방송을 시작한 드라마 《CSI》는 출발과 함께 거센 비난에 직면했다. 경찰과 검찰은 "실험실에만 있어야 할 법과학자들이 현장을 누비고, 증거 채증만 해야 할 현장 과학수사 요원들이 범인을 검거하는 드라마의 모습은 잘못됐으며 '수사 현실을 왜곡'한다"고 맹공을 퍼부은 것이다. '학부모시청자위원회(Parents Television Council)'는 드라마가 지나치게 자극적이고 폭력적이며 선정적'이라며 폐지를 촉구했다. 하지만 CBS는 이에 굴하지 않고 방송을 지속했으며 2002년부터는 '미국에서 가장 시청률 높은 드라마' '전 세계에서 가장 많이 시청하는 TV 프로그램'으로 선정되기에 이른다. 이러한 성공에 힘입어 2002년부터 라스베이거스를 무대로 제작한 오리지널에 이어 '지역별(franchise) 《CSI》'인 《CSI 마이애미》와 《CSI 뉴욕》까지 제작했다. 현재 《CSI》 시리즈는 전 세계에서 7,300만 명이 넘는 시청자를 가진 '사상 초유'의 인기작으로 우뚝 서 있다(Wikipedia, 'CSI: Crime Scene Investigation').

대중에게 다가서기엔 다소 한정된 소재로 느껴지기도 하는 드라마 《CSI》가 이렇게까지 거대한 성공을 이끌어 낸 비결은 뭐니 뭐니 해도 'TV의 아카데미'라 불리는 '에미(Emmy)' 상을 6회나 휩쓴 최첨단 특수 효과, 분장, 음향 그리고 탄탄한 극본이 주는 '사실감'이라고 할 수 있다. 이는 한 시간짜리 드라마 1회당 300만 달러(약 33억 원)인 미국 TV 드라마 평균 제작 비용을 훨씬 웃도는 투자가 이뤄졌기에 가능한 결과다(Bill Gorman, "TV Economics 101", 4 April, 2010). 실제보다 더 실제 같은 세트장, 비용을 아끼지 않은 실험과 물량 투입, 전문 작가들이 팀을 이뤄 충분한 시간 여유를 두고 조사 연구한 뒤 극본을 쓰는 구조 등 우리나라 드라마 제작 현실과는 차원이 다른 여건이 드라마 《CSI》가 갖는 힘의 배경이라고 할 수 있다.

CSI 신드롬 CSI Syndrome

드라마 《CSI》의 성공은 유사한 범죄 드라마의 제작 '신드롬'을 만들어 냈다. 우리나라에서도 방영되는 《본즈(Bones)》《콜드 케이스(Cold Cases)》《크리미널 마인즈(Criminal Minds)》《NCIS》《넘버스(Numbers)》 등이 해당된다. TV 속 CSI 신드롬은 현실로도 전파되었다. 특히 '멋진 CSI 요원'이 되고 싶다는 학생들의 증가는 '법과학(Forensic Science)' 혹은 '수사과학(Investigative Science)' 학위 과정 개설 대학의 증가와 관련 학과 정원의 증가로 이어졌다. 예를 들면 하와이 호놀룰루 차미나데(Chaminade) 대학의 법과학과는 15명에 불과하던 정원이 《CSI》 방영 이후 100명으로 늘어났고, 2000년까지 15명에 불과하던 웨스트버지니아 대학의 과학수사 전공 학생은 2006년 500명으로 폭증했다. 교육 시장에서 'CSI 수요'가 폭발하자 법과학이나 수사과학 전공 과정이 없던 대학들도 앞다투어 신규 과정을 개설하기 시작했다.

하지만 이렇듯 지나친 'CSI 열풍'은 '급조된 부실 학과의 난립'이라는 학계와 사회의 우려를 낳고 말았다. 결국 연방정부 산하 범죄 문제 공공 연구소인 NIJ(National Institute of Justice)에서 CSI 신드롬에 대한 연구를 수행한 뒤 전문적이고 체계적인 인증 시스템 도입을 권고하기에 이르렀다(Max M. Houck, "CSI: REALITY", 2006). 지금은 미국법과학회(American Academy of Forensic Sciences, AAFS) 산하 '법과학교육과정인증위원회(Forensic Science Education Programs Accreditation Commission, FEPAC)'에서 전공 교수, 시설, 기자재, 교육 과정 등에 대해 철저한 검증을 거친 후에 '인증'을 하고 있다. '미래의 CSI'를 꿈꾸며 미국 유학을 준비 중인 학생이라면 지원 대상 학과가 AAFS(www.aafs.org)의 인증을 받았는지 여부를 반드시 확인해야 한다. CSI 신드롬의 또 다른 측면은 과학수사 분야에 종사하는 여성과 유색인종 등 '사회 소수자'의 증가다. 종전에는 백인 남성의 전유물이던 과학수사 분야에 이들 사회 소수자들의 도전과 지원이 늘어난 것은 드라마 《CSI》로 인한 홍보 효과가 컸기 때문이라는 것이 지배적인 분석이다(Max M. Houck, 2006).

CSI 효과 CSI Effect

'CSI 효과'란, "과학수사 기법의 효과를 지나치게 과장하고 멋지게 포장해서 보여 주는 TV 드라마는 일반 대중의 인식에 영향을 미치고, 이는 다시 재판에 영향을 끼쳐 한쪽으로는 '드라마처럼 명확한 법과학 증거'와 '드라마처럼 멋지고 극적인 법과학 증거의 제시'가 이루어질 것을 기대하게 만들고, 다른 한쪽으로는 '법과학 증거는 드라마처럼 완벽할 것'이라는 믿음을 갖게 만드는 효과"라고 정의할 수 있다. 그런데 이 CSI 효과는 검찰과 피고 측 모두에게 유리하게, 혹은 불리하게 작용할 수 있다. 《CSI》처럼 멋진 증거 제시를 기대했던 배심원들이 검찰과 검찰 측 전문가 증인의 어눌한 말투 혹은 시청각 자료도 없는 빈약한 증거에 실망한 나머지 유죄의 가능성이 높은 사건에 대해 무죄 평결을 내리는 경우도 있을 수 있지만, 별것 아닌 증거를 드라마처럼 화려하게 포장하고 현란한 기법을 동원해 제시할 경우 무죄의 가능성이 높은 사건에 대해 유죄 평결을 내릴 가능성 또한 있기 때문이다. 2007년 애리조나 주립대학 심리학과에서 실시한 실험 연구는 CSI 효과가 발생하는 과정을 잘 보여 준다(Schweitzer & Saks, "The CSI Effect", *Jurimetrics*, Spring, 2007).

CSI 효과 실험 설계

● **실험 대상** 18세 이상의 미국 시민으로 '배심원 자격'을 갖춘 대학생 48명.

● **실험 방법** '가상 재판 시나리오'를 읽고 유무죄 판결 및 재판과 법과학 증거에 대한 설문 응답(설문지 끝에 《CSI》《CSI NY》《CSI Miami》 등 전문 과학수사 드라마 시청 빈도와 《Law and Order》《Cold Case》《Without a Trace》 등 일반 수사 드라마 시청 빈도에 대해 응답).

● **'가상 재판 시나리오' 내용**

피고는 편의점 복면 강도 살인 혐의로 기소되었음.

제시된 두 가지 증거

- 야간에 멀리서 목격해 진술에 신빙성이 떨어지는 목격자
- 현장 근처에 버려진 복면에서 수거한 모발

법정에 출두한 법과학자(모발 분석 담당)의

전문가 증언 내용(기소 측 핵심 증거)

- 범인이 범행 당시 착용한 것으로 알려진 복면에서 모발 몇 가닥을 수거했고, 현미경을 이용해 피고인의 모발과 비교 분석했다.
- 분석 결과, 복면에서 수거한 모발과 피고인의 모발은 모든 현미경 분석 요소상에서 매우 유사했다.
- 우리 모발 감식 분야에서는 모발의 색, 구조, 굵기 등 16개 요소를 분석한다. 그간의 경험에 비추어 일반적으로 많이 나타나는 공통된 특성보다는 개인에게 특징적으로 나타나는 독특한 특성이 더 변별력이 높다고 생각하며, 이처럼 '독특한 특성'이 현장에서 수거한 모발과 용의자 혹은 피고인의 모발에서 공통으로 발견될 경우 매우 중요한 의미가 있다.
- 무작위로 선정한 사람들의 모발을 뽑아 범죄 현장에서 발견된 범인의 모발과 비교 분석할 경우 중요한 요소들이 일치할 가능성은 매우 낮다는 것이 내 판단이다. 이는 곧 배심원들에게 '현장에서 발견된 모발과 피고인의 모발이 유사한 것은 결코 우연의 일치가 아니라는' 인식을 심어 줄 것이다. 다시 말해 현장에서 발견된 모발이 피고인이 아닌 다른 사람의 모발일 가능성을 완전히 배제하지는 못하지만, 그럴 가능성은 매우 낮다.
- 결론적으로 모발 분석 결과를 토대로 판단할 때, 현장에서 발견된 모발은 피고인의 것이라고 믿는다.

● **실험 결과**

- 《CSI》 등 전문 과학수사 드라마를 월 1회 이상 시청하는 대상자 중 50퍼센트가 법과학자의 역할에 대해 잘 안다고 응답한 반면, 시청하지 않은 대상자는 34퍼센트만 그렇다고 응답.
- '가상 재판 시나리오'에서 핵심 증거로 제시된 모발 분석 결과에 대해 《CSI》 시청자 중 60퍼센트가 '신뢰하지 않는다'라고 응답한 반면, 다른 대상자는 51퍼센트만 '신뢰하지 않는다'라고 응답.
- 《CSI》 시청자는 18퍼센트만 '유죄' 판결을 내린 반면, 다른 대상자는 29퍼센트나 '유죄' 판결을 내림.
- 《CSI》 시청자는 49.5퍼센트가 자신의 판결이 '옳다는 걸 확신한다'고 응답한 반면, 다른 대상자는 42퍼센트만 확신한다고 응답.

실제 재판에서는 드라마와 달리 첨단 기기들이 등장하지 않고 주로 전문가 증인으로 나선 경찰관이나 법과학자 개인의 경험과 주관적 판단이 증거로 제시되곤 한다. 이 실험은 이러한 현실에서 《CSI》 등 전문 과학수사 드라마를 많이 본 배심원의 경우, 스스로 범죄 수사 절차와 과학수사 기법에 대해 잘 안다는 자신감을 갖게 되며, 더 비판적인 태도로 증거와 증인을 분석하고 판단하고, 유무죄를 평결하는 데 자신감을 갖는다는 것을 시사한다. 이는 물론 동전의 양면, 양날의 검 같은 효과가 있다. 범죄 수사와 법과학 증거 관련 지식에 대한 배심원의 지나친 자신감은, 빈약한 증거로 기소된 억울한 피고인의 누명을 벗겨 주는 명판관 역할을 할 수도 있지만, 절차를 준수해 충분한 증거를 수집한 경우에도 실제론 불가능하거나 매우 어려운 '《CSI》 수준의 증거'가 제시되지 않았다는 이유로 무죄 평결을 내리는 경우도 발생할 수 있기 때문이다.

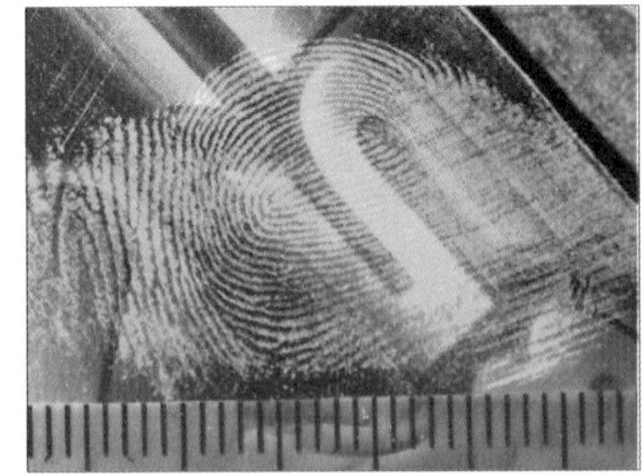

현실 속 CSI

실제 범죄 수사는 매우 복잡하고 체계적인 과정과 절차를 따른다. 그 과정과 절차에서는 다양하고 많은 사람들이 각 전문 분야에 따라 나뉘는 분업과 서로 힘을 합치는 협업이 이루어진다. 우선 변사(이유를 알 수 없는 사망)나 성폭행 등 강력 사건이 발생하면 가장 가까운 곳에 있는 정복 순찰 경찰관이 현장으로 출동해서 다음의 조치를 취한다.

- 부상자 구호, 응급 조치
- 현장에 있는 용의자 체포 혹은 도주 용의자 수배
- 주변 목격자 인적 사항 확인
- 현장 최초 상황 기록 및 사진 촬영
- 현장 보존, 출입 차단
- 도착한 현장 수사 요원(CSI)에게 현장 인계

이후 현장 수사 요원들이 장비를 가지고 현장에 도착해 오랜 시간에 걸쳐 현장 사진 촬영, 족적 확보, 혈흔·지문·체모·체액·섬유 등 미세 증거 등을 확인하고 수집하는 등 '현장 감식'을 진행한다. 만약 시체가 있을 경우 검시관이나 외부 촉탁 법의관이 검시를 실시한다. 현장 감식이 마무리되면 수집된 증거들은 분석을 위해 실험실로, 시체는 부검을 위해 부검실로 옮겨진다.

그사이 사건 담당 형사와 수사진이 확보된 목격자 등 참고인을 대상으로 긴급 조사와 인근에 대한 탐문 및 탐색, 수색을 진행하고 현장 상황을 파악한다. 이러한 '초동 수사'가 끝나면 '법의학(forensic medicine)' 전문가들은 시체 부검을 통해 사망의 원인과 시기 등을 밝히고, '법과학(forensic science)' 전문가들은 증거물 분석과 감정을 실시한다. 프로파일러 등 범죄 분석 전문가(crime analyst)는 확인된 사실과 증거를 토대로 사건을 재구성(reconstruct)하고 분석해서 수사를 지원한다. 사건 담당 형사 등 수사진은 수사 회의를 거쳐 수사 방향을 설정하고 CCTV 이미지 등 추가 증거 수집, 피해자 주변 인물과 동일 수법 전과자, 인근 거주 우범자 등 꼭 만나거나 행적을 확인해 봐야 할 대상들을 조사한다. 때로는 범인이 버린 휴지나 담배꽁초, 장갑, 서류 같은 중요한 증거 등을 찾아 현장 인근 쓰레기통이나 화장실 정화조를 뒤져야 할 때도 있다.

범죄 현장 출동, 현장 감식, 증거물 분석, 탐문 수사, 추적 및 수색, 범인 검거 등을 모두 수행하는 드라마의 CSI와 달리 현실의 CSI는 복잡하고 다양한 수사 절차 중 사건 현장(crime scene)을 면밀히 관찰하고 증거를 수집(investigation)하는 매우 특정된 전문 영역만 담당한다. CSI가 수집한 증거에 대한 분석 및 감정은 법과학 전문가(forensic expert)의 몫이고, 용의자를 추적해 검거하는 것은 강력 형사의 몫이다. 다만 이 책에서는 '과학수사'를 통해 형사들을 지원하는 현장 과학수사 요원과 실험실 법과학 전문가들을 'CSI'로 정의하고 그 세부 분야와 해당 분야 최고 전문가를 소개하고자 한다.

CSI를 탄생시킨 과학수사 실패 사례 1

존베넷 램지 JonBenét Patricia Ramsey 사건

크리스마스의 비극

1996년 12월 25일 밤 10시경, 미국 콜로라도 주 볼더 시 부유층 주택가에 사는 램지 가족은 이웃집에서 열린 크리스마스 파티에서 돌아왔고, 차에서 잠든 여섯 살짜리 딸 존베넷을 2층 자기 방 침대에 뉘었다. 살아서 마지막으로 목격된 순간이다. 곧이어 아홉 살짜리 아들과 부부 모두 잠에 빠져들었다. 26일 새벽 2시, 이웃에 사는 스탠튼 씨는 램지네 집 쪽에서 들려오는 날카로운 비명 소리를 들었으나 별일 아니지 싶어 그냥 잠자리에 들었다. 램지 가족은 어느 누구도 이 비명 소리를 듣지 못했다. 새벽 5시 반, 예정된 가족 여행을 떠나기 위해 자리에서 일어난 램지 부부는 짐을 싸고 아이들을 깨우기 위해 2층으로 올라가다 계단에 놓여 있는 협박 편지를 발견한다. '존베넷을 납치했으니 무사히 돌려받으려면 경찰이나 친지에게 연락하지 말고 현금 11만 8,000달러(약 1억 2,800만 원)를 가져오라'는 내용이었다.

존베넷의 부모인 존과 패트리샤는 소리를 지르며 2층 존베넷의 방으로 달려갔고, 텅 빈 침대를 발견하는 순간 아연실색한다. 곧 옆방으로 가서 아홉 살짜리 아들이 무사히 자는 모습을 확인한 부부는 5시 52분 경찰 응급 전화 911로 신고한 뒤 가까이에 사는 친구들에게도 연락했다. 경찰은 7분 만에 현장에 도착했고 이웃에 사는 친구들도 속속 도착해 가족과 함께 집 안팎 수색에 나섰지만 존베넷을 발견하지 못했다.

그사이 집 안팎은 수많은 발자국과 손자국으로 어지럽혀졌고, 최초의 현장과는 많은 차이가 생기고 만다. 오전 10시 반 형사들이 도착하고 나서야 2층 존베넷의 방이 처음으로 봉쇄되고 보존되었다. 하지만 유괴 사건으로 본 까닭에 혹시 모를 범인의 흔적이 있을 수 있는 존베넷의 방을 제외하고는 현장 어떤 곳도 보존하지 않았다. 오후 1시, 형사의 제안으로 다시 집 안 수색에 나선 존과 친구는 5분 뒤 지하실 포도주 보관실에서 처참한 존베넷의 시신을 발견한다.

미국을 충격에 빠뜨린 어린이 살인 사건

특별한 피해자

피살된 존베넷 램지는 미국 여러 주에서 개최된 다양한 '어린이미인대회(Child Beauty Pageant Contest)'에서 입상한 유명 인사였다. 부유한 부모의 아낌없는 지원도 있었지만 존베넷은 타고나기를 천사처럼 예뻤다. '존베

JONBENET'S FAMILY PHOTOS

ALTHOUGH THEY'RE quick to smile for countless family portraits, John and Patsy Ramsey have been stalked by tragedy.

Elizabeth Ramsey, the oldest of John's three children from his first marriage, died in a car crash in January 1992, 12 years after Patsy became her stepmother.

A year later, Patsy was hit with the devastating news that she had ovarian cancer and had to undergo grueling chemotherapy. The cancer went into remission — but returned in her liver earlier this year.

Then came Christmas 1996 and the murder of the couple's pride and joy — JonBenet Patricia Ramsey.

MOTHER AND CHILD share a tender moment as Patsy recovers from chemotherapy for ovarian cancer, which was diagnosed in July 1993.

JOHN'S TWO CHILDREN from his first marriage, Melinda and John Andrew, visited the Ramseys in 1996.

STUDIO PORTRAIT of Patsy and her two children was taken not long before JonBenet's murder.

PATSY'S MOM Nedra Paugh, who died last year, strikes a wooden pose with JonBenet, Burke and Patsy in this photo.

PAID ADVERTISMENT

Mr. Ramsey,
Listen carefully! We are a
group of individuals that represent
a small foreign faction. We
respect your bussiness but not the
country that it serves. At this
time we have your daughter in our
possession. She is safe and unharmed
and if you want her to see 1997,
you must follow our instructions to
the letter.
You will withdraw $118,000.00
from your account. $100,000 will be
in $100 bills and the remaining
$18,000 in $20 bills. Make sure
that you bring an adequate size
attache to the bank. When you
get home you will put the money
in a brown paper bag. I will
call you between 8 and 10 am
tomorrow to instruct you on delivery.
The delivery will be exhausting so
I advise you to be rested. If
we monitor you getting the money
early, we might call you early to
arrange an earlier delivery of the

(Original Ransom Note)

Mr Ramse,
Listen caref lly We re a
group of individ ls hat reprsnt
sm l forign Fa i . We
respect our business but not the
country tha it ser es A ths
ime we h ve your ghtr in o
ossession She is s fe an unhar
n if o w er o ee 19 7
yo mu ollow o r nstruction to
t e lett r.
You wil withdraw $118 000.00
From our count. $100,000 will e
in 100 bill n t e rem inin
000 in 20 bil M ke sure
t t yo bring a equate size
ttache to e b nk. when ou
e hom you will put t e mone
in a rown p r b g I ill
c ll ou betwe n 8 n 10 AM
morrow o i ruc y u on eliv r
The elivery will be exhausting so
ad i e you to be rested. I
we monitor you getting he money
e rly we mig t call you e l to
arrange an e li r eliv ry o he

(Re-created Note)

The note on the right is a re-creation of the original ransom note found at the Ramsey's residence on December 26th, 1996. The re-created document was compiled from the journal entries of an individual who we believe, should be further investigated for the murder of JonBenet Ramsey. Handwriting expert Thomas Grogan of Forensic Document Laboratory, Inc. analyzed these two documents and confirmed in a court ready report that these were, in fact, created by the same hand.

Ultimately, we would like to see the case reopened, new evidence reviewed, and the killer brought to justice.

Paid for by Jacqueline Brungardt — 307-514-3722

넷'이라는 이름도 아버지의 이름과 중간 이름을 합친 것이고 중간 이름 '패트리샤'는 엄마 이름에서 따 왔을 정도로 부모의 사랑을 독차지하며 공주처럼 자란 소녀였다. 하지만 너무 어린 딸을 지나치게 많은 미인 대회에 출전시키고 무리하게 개입한다는 비난이 엄마 패트리샤에게 쏟아지기도 했다. 자신이 못 이룬 꿈을 대리만족하려고 어린 딸을 혹사시킨다는 거였다.

사건 소식은 삽시간에 전국으로 퍼져 나갔고, 언론과 방송은 앞다투어 온갖 기사를 쏟아내기 시작했다.

시신 그리고 현장 증거

발견 당시 시신은 머리를 무언가에 강하게 얻어맞은 흔적이 역력했고, 목에는 흰 나일론 줄이 감긴 채 머리 위로 나무 토막에 매어 매듭져 있었다. 양손 역시 손목이 줄에 묶인 채 머리 위로 끌어 올려진 모습이었다. 입에는 테이프를 붙여 놓았다. 시신 부검 결과 사인은 경부 압박에 의한 질식과 두부 타박에 따른 두개골 골절, 뇌 손상으로 인한 쇼크가 복합적으로 작용했음이 밝혀졌다. 즉 어떤 행위가 먼저인지 혹은 동시에 행해졌는지는 알 수 없지만, 목에 줄을 감아 나무 토막에 묶어 조르고 머리를 둔기로 강하게 타격해 살해했다는 것이다.

소리를 지르지 못하게 하려고 입을 막다가 사고로 사망하거나, 우발적인 폭행으로 사망이 야기된 것이 아니라 명백하게 '죽일 의도를 가지고' 행한 치밀한 행동에 의해 살해당했음을 알 수 있었다. 또한 '강간 흔적'은 발견되지 않았지만 유사 성행위 등 성폭행의 가능성을 배제할 수 없다는 것이 부검의의 소견이었다. 시신의 위에서는 아직 소화되지 않은 파인애플이 발견되었는데, 부모는 피해자에게 파인애플을 먹인 기억이 없다고 진술했다. 하지만 주방 식탁엔 파인애플 접시가 있었고, 경찰 현장 수사 당시 접시에서 채취한 지문은 오빠 버크의 것으로 밝혀졌다. 램지 부부는 버크가 사건 당일 밤 내내 자고 있었으며 경찰관들이 도착한 후 한참 지나서야 일어났다고 진술했다. 집 밖을 수색한 결과 눈이 많은 콜로라도 지방의 12월이었기에 눈이 쌓여 있었지만 경찰은 외부인이 침입한 뚜렷한 흔적을 찾아낼 수 없었다. 창문이나 베란다 등 어느 곳에서도 외부에서 침입한 흔적은 발견되지 않았다.

시신과 현장을 살펴본 결과 가장 특이한 점은 목을 조른 방법인데, 나일론 줄을 목에 두른 뒤 나무 토막에 여러 번 돌려 감아 매듭을 지어 마치 '손잡이'처럼 만든 뒤 그 나무 손잡이를 당겨 힘을 덜 들이고도 효과적으로 질식을 유도한 것이다. 마치 '교수형'을 집행한 듯한 모습이었고 전문가들은 '매듭에 대한 전문 지식'이 있는 자의 소행으로 보았다. 아울러 흥분, 불안 혹은 감정에 치우친 상태에서 행한 행동이 아닌 대단히 침착하고 차분하며 치밀하고 냉혹한 행동이라고 결론 내렸다. 그런데 경찰 수사 결과 그 나무 토막은 페인트 붓 손잡이의 일부(3분의 1)였고, 다른 3분의 1 토막은 존베넷의 엄마 패트리샤의 미술 도구 판매점에서 발견되었다. 나머지 3분의 1 토막은 그 어디에서도 발견되지 않았다.

의혹 그리고 증폭된 미스터리

경찰 수사는 처음부터 피해자 부모에게 맞춰져 있었다. 외부 침입 흔적이 뚜렷하지 않고, 시신이 집 안에서 발견되었으며, 처음 시신을 발견한 것도 부모인 데다 이미 여러 차례 살펴본 장소에서 경찰이 출동한 후 뒤

늦게 발견한 점 등이 의혹의 핵심이었다. 그 외에도 돈을 요구하는 협박 편지가 놓인 위치(집 안 계단)나 내용(자세한 집안 사정 적시), 액수(최근 존이 받은 보너스 액수와 거의 일치)와 아이를 살리려면 경찰이나 친지에게 연락하지 말라는 협박 편지 내용에도 불구하고 바로 경찰과 친지들에게 연락한 점도 경찰의 의심을 샀다. 살해 도구인 나무 토막의 나머지 부분이 패트리샤의 가게에서 발견된 점이나 시신의 위에서 발견된 파인애플에 대한 부부의 정확하지 않은 진술 역시 의심을 더했다.

처음부터 '가족 범죄'로 본 경찰은 현장 내외곽에 대한 수색과 과학적 감식, 현장 보존 등을 철저하게 수행하지 않았고 언론을 통해 관련된 의혹들을 계속 공개했다. 경찰이 세운 가설은 다음과 같다.

◉ **가설 1: 엄마의 학대 끝에 발생한 우발적 살인** '사건 당일 밤 피해자 존베넷이 자다가 오줌을 쌌고, 이에 분노한 엄마가 학대하다가 실수로 혹은 심하게 남은 학대의 흔적을 감추기 위해 꾸민 자작극'. 이 가설을 뒷받침하는 증거로 경찰이 제시한 것은 앞에서 설명한 살해 도구인 나무 토막의 출처와 협박 편지의 필체다. 1997년 11월 여러 명의 필적 감정 전문가에게 의뢰한 결과 '협박 편지의 필체와 피해자의 엄마인 패트리샤 램지의 필체가 일치한다'는 결론을 내렸다는 것이다. 하지만 정황과 필적 감정 결과만으로는 범죄 혐의를 입증할 수 없다는 것이 문제였다. 사건 전에 엄마가 학대했다는 증거나 목격, 기록 역시 존재하지 않았다.

◉ **가설 2: 아빠의 성학대 끝에 발생한 성폭행 치사** '피해자의 아빠 존 혹은 그와 아홉 살짜리 오빠 버크가 존베넷을 성폭행해 왔고, 이를 감추기 위해 꾸민 자작극'. 사건 당일 시신을 발견하기까지 존의 의심스런 행동, 파인애플 그릇에서 발견된 버크

의 지문 등이 이 가설을 뒷받침하는 증거로 제시되었다. 하지만 역시 결정적인 증거도 없고, 사건 전까지 '근친 성폭행'이 있었다고 믿을 만한 근거나 증거도 발견되지 않았다.

경찰은 계속 램지 가족을 '참고인'으로 조사하면서 압박했고, 램지 가족은 언론과 방송에 출연하며 진범 검거를 호소하는 맞불을 놨다. 특히 미국에서 가장 유명한 프로파일러였던 전직 FBI 수사관 존 더글러스(John Douglas)가 램지 가족의 의뢰로 사건을 분석한 뒤 "램지 부모는 관련이 없으며, 외부 침입자의 소행일 가능성이 높다. 하지만 최초 현장 수사가 잘못돼 영구 미제로 남을 가능성이 크다"라는 결론을 내려 경찰을 곤혹스럽게 만들었다. 게다가 수사를 담당한 루 스밋 형사마저 경찰을 사직하고 램지가의 팀에 합류해 '외부 침입자 소행'이라는 주장을 하면서 경찰 수사는 회복하기 힘든 타격을 받고 말았다.

급기야 1999년에는 콜로라도 주지사가 "램지 가족은 변호사와 홍보 회사 뒤에 숨지 말고 진실을 털어놓으라"고 요구하기에 이르렀다. 사건 발생 3년이 넘도록 미국에서 가장 화젯거리가 된 사건을 해결하지 못한다는 부담감 끝에 나온 행동으로 보인다. 결국 램지 부부에 대한 '기소대배심(grand jury, 중범죄의 피의자가 기소되기 전에 그 기소가 적절하고 충분한 증거를 갖추었는지 판단하는 '예비 재판' 격인 배심원 심의)'이 열렸지만 증거 불충분으로 기소가 각하되었다. 수사를 담당한 두 형사는 램지 부부를 기소하지 않은 데 대한 불만을 표시하며 경찰을 사직했다. 나머지 수사진은 제3의 범인을 찾아 수사의 방향을 전환했다.

경찰 현장 수사의 문제

기소대배심의 기각 결정은 경찰 현장 수사의 실패가 가장 큰 원인이었다고 할 수 있다. 사건 1년 후에 경찰의 핵심 증거인 '외부 침입 흔적이 없다'는 결론이 무너지는 반증이 제시된 것이다. 사건 발생 전에 이미 지하실 창문 하나가 깨진 채 방치되어 있었지만 경찰 현장 수사에서는 발견하지 못했고, 잠기지 않고 닫기만 한 뒷문도 있었는데 경찰은 몰랐다는 것이다. '외부 침입의 가능성'이 열리는 순간이다. 게다가 경찰이 처음에는 돈을 노린 유괴, 다음에는 가족 내 범죄로 단정해 현장을 봉쇄하지도 보존하지도 않고 철저한 과학적 감식을 수행하지도 않은 점은 '합리적 의심'의 폭을 더욱 넓혔다. 심지어 시신 발견 전후 시신과 주변에 대한 혈흔이나 체액, 체모, 섬유 등 미세 증거 발견을 위한 채증 활동도 제대로 하지 않았다.

DNA 그리고 나타난 용의자

2003년 겨울, 그동안 보강된 과학수사 요원들은 증거물 보관실에 있던 피해자 존베넷의 피 묻은 팬티에서 제3자의 혈흔을 분리하는 데 성공했고, 이어서 DNA를 추출해 냈다. 성인 남성의 DNA였고 램지 가족은 아니었다. 160만 명의 전과자 DNA 지문이 보관된 FBI의 CODIS(Combine DNA Index System)에 넣고 돌려 봤지만 일치하는 대상은 없었다. 이후 매주 1회씩 새로 CODIS에 추가된 전과자의 DNA와 램지 사건 범인 DNA 간의 대조 작업이 진행되었다.

2006년 8월 16일, 그동안 램지 사건 관련 내용을 램지 사건 다큐멘터리 제작자인 대학 교수에게 이메일로 계속 보내 와 FBI 사이버수사대의 추적을 받던 마흔한 살의 전직 교사 마크 카(Mark Karr)가 아동 포르노 소지 혐의로 타이에서 체포되어 미국으로 강제 송환된다. 그는 2002년 한국에서 영어 강사로 일한 사실이 드러나 충격을 주기도 했다. 마크 카는 체포된 뒤 신문 과정에서 '램지가 사망할 때 옆에 있었고, 사망한 것은 순전히 사고였다'라며 범행을 자백한다. 하지만 마크 카의 DNA는 피해자의 시신에 남겨진 범인의 DNA와 일치하지 않았다. 추가 수사를 했지만 다른 증거를 찾지 못한 경찰과 검찰은 결국 12일 만인 8월 28일, 스스로 범행을 자백한 마크 카를 램지 사건에 대해서는 형사 입건을 하지 않겠다고 발표한다. 사건 발생 당시 마크 카는 멀리 떨어진 앨라배마 주에서 결혼 생활을 하고 있었다.

끝나지 않은 램지가의 비극

가장 사랑하고 자신의 모든 것을 쏟아부으며 키워 온 딸을 참혹하게 잃은 슬픔을 느껴 볼 겨를도 없이, 범인으로 몰려 강도 높은 수사를 받고 온갖 방송과 언론, 인터넷을 통해 마녀사냥을 당해 오던 피해자 존베넷의 엄마 패트리샤 베넷은 2006년 암에 걸려 사망한다. 그녀의 시신은 먼저 떠난 딸 존베넷의 무덤 옆에 묻혔고, 그 바로 옆에는 1992년에 교통사고로 먼저 사망한 존베넷의 언니 엘리자베스 램지가 잠들어 있었다.

Part 1.

현장 감식,
모든 수사의 출발점

현장이라는 큰 도화지에 시체라는 작은 점의 위치를 정확히 기록하기 위해 릴리즈를 연속 모드로 맞춘 채 셔터를 눌러 댄다. 시체 옆으로 다가가니 피 묻은 흉기, 아직은 누구 것인지 알 수 없는 머리카락과 수많은 혈흔이 눈에 들어온다. 침대의 기둥과 깨진 유리컵에선 마치 지문이 보이는 것 같은 착시 현상마저 느껴진다.

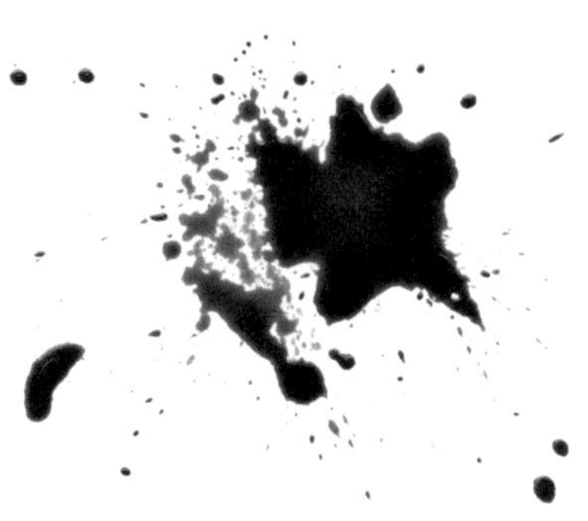

또 살인 사건이다. 언제나처럼 들어서자마자 피비린내가 눈살을 찌푸리게 한다. 박상선 반장 같은 베테랑도 쉽게 참아 낼 수 있는 일은 아니다. 수많은 살인 사건 현장을 드나들며 세간을 떠들썩하게 만든 사건들을 해결해 온 그였지만 유혈 현장은 언제나 기분이 좋지 않다. 그는 출동에 앞서 현장 보존을 위해 둘러 친 노란색 폴리스 라인 밖에 도열한 반원들에게 현장 수사의 원칙과 유의점을 다시 한번 강조한 후 각자의 임무를 부여했다. 모든 요원은 털끝 하나, 먼지 한톨 현장에 떨어뜨리지 않도록 가운과 두건, 장갑, 발싸개를 착용하고 현장에서 유해 물질이나 가스를 흡입하지 않도록 방진 마스크를 착용했다.

먼저 현장 사진 촬영을 담당한 김 형사와 동영상 촬영을 담당한 이 형사가 현장 주변을 촬영하며 범인이 드나들었을지 모를 통로를 따라 조심스럽게 들어간다. 저 멀리 안방 침대에 여자의 시체가 보인다. 본능적으로 카메라 셔터가 눌러졌다. 현장이라는 큰 도화지에 시체라는 작은 점의 위치를 정확히 기록하기 위해 릴리즈를 연속 모드로 맞춘 채 셔터를 눌러 댄다. 시체 옆으로 다가가니 피 묻은 흉기, 아직은 누구 것인지 알 수 없는 머리카락과 수많은 혈흔이 눈에 들어온다. 침대의 기둥과 깨진 유리컵에선 마치 지문이 보이는 것 같은 착시 현상마저 느껴진다.

이 하나하나가 모두 중요하다. 보이는 것, 느껴지는 것 그대로 이미지 센서에 입력해야 한다. 예술 사진이나 풍경 사진과 달리 법정에서 증거로 사용될 '법 사진(forensic photography)'은 일체의 왜곡이나 변형을 허용하지 않는다. 대상 물체가 놓인 위치, 주변 물건과의 상대적 크기, 색깔, 모양, 부착물 등을 있는 그대로 기록해야 한다. 사진과 동영상 촬영이 이루어지는 한편에선 미술을 전공한 형사가 현장 스케치를 하고 있다. 아무리 첨단 디지털 시대라 해도 인간의 눈과 손끝을 따라오려면 기계 문명은 아직 멀었다. 최첨단 현대 디지털 광학이 잡아내지 못한 중요한 디테일을 형사의 눈과 손끝이 잡아낸 일은 이미 한두 번이 아니다.

1차 현장 스케치와 촬영이 끝나자 채증반이 투입된다. 단 하나의 숨겨진 지문, DNA를 포함한 세포, 섬유 등의 흔적을 찾아내기 위해 현미경과 집게, 증거물 봉투, 각종 분말과 시약, 광원을 든 채증반의 모습은 마치 외계를 탐사하는 우주인처럼 장엄해 보일 정도다.

현장반장이 해야 할 일은 현장수사팀을 지휘하는 것만이 아니다. 그만의 고유 업무가 있다. 각 요원이 발견하고 기록한 것과 자신의 현장 관찰 결과를 종합적으로 분석해 현장을 '해석'하는 일이다. 그의 해석은 현장 감식 보고서와 함께 수사팀에 보내져 수사 방향을 설정하는 중요한 자료가 된다. 박상선 반장은 그가 보는 것, 담는 것, 관찰하고 분석하는 모든 것

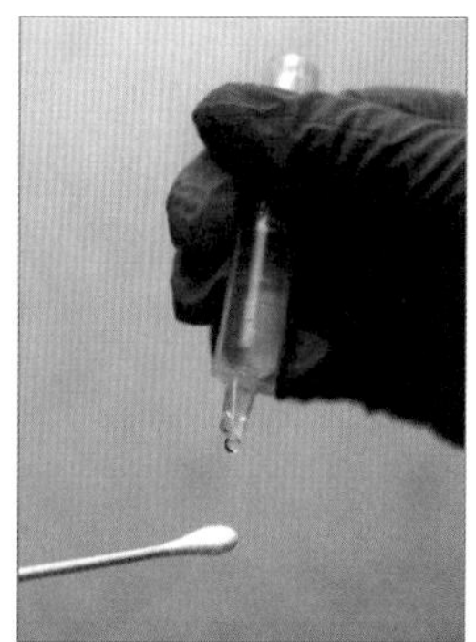

6
SIRCHIE® FINGER PRINT LABORATORIES, INC.
TOLL-FREE: (800) 356-7311

이 이 '아무도 모를' 사건을 한편의 영화처럼 재현해 내리라는 사실을 경험으로 알고 있다. 현장 감식이 끝나면 곧 강력수사팀이 들이닥치겠지만 이것으로 사건 현장과의 만남이 끝은 아니다. 현장 보존이 해제되고 주인에게 온전히 돌아가기 전까지, 현장은 마치 연인처럼 보고 또 봐야 하는 존재다. 참 신기한 것은 똑같은 사건 현장이라도 방문을 거듭할수록 새로운 모습, 새로운 증거를 내놓는다는 점이다. 좀 이상하게 들리겠지만, 박 반장에게 사건 현장은 마치 생명을 가진 유기체 같다. 늦기 전에, 현장이 생명력을 잃기 전에, 현장이 들려주는 이야기는 모두 들어야 한다. 그래서 마음이 더욱 조급하다.

수사의 시작이자 최후의 수단

우리는 《CSI》라는 미국 드라마를 통해서, 또는 범죄와 수사를 소재로 한 다양한 매체를 통해서 '현장 감식'이라는 용어를 쉽게 접한다. 사실 현장 감식은 '초기의' '처음의'라는 의미를 포함하고, 수사 초기에 일찍 마치는 작업이라는 느낌을 준다. 그러나 현장 감식은 성공리에 수사를 수행하기 위한 최초의 활동임과 동시에, 법정에서 범인의 유죄를 밝혀 피해자의 원한을 풀어 주고 올바른 법 집행을 가능하게 하는 마지막 카드, 즉 결정적 증거를 확보하는 최후의 수단이기도 하다. 이처럼 현장 감식은 수사의 처음과 끝을 장식하며 범죄 수사 전반의 성패를 좌우한다.

드라마 《CSI》에는 첨단 장비와 과학 원리를 적용한 기법이 눈이 어지러울 정도로 자주 등장하며, 그것을 통해서 범인의 윤곽과 범죄를 밝히는 장면을 통쾌하게 풀어 나간다. 《CSI》에 나오는 내용은 대부분 허구일까? 그렇지 않다. 단지 드라마 한 편의 러닝타임인 50여 분 안에 모든 단서가 범인을 향해 있다는 사실이 밝혀지고 사건을 깔끔하게 해결한다는 점이 매체가 가진 과장과 허구를 포함할 뿐, 드라마는 놀라우리만큼 사실적이다. 현재 우리나라의 과학수사도 증거를 수집하기 위해 첨단 장비와 기법을 적용하고 있으며, 이러한 증거는 범인의 혐의를 입증하고 그의 범죄 행위를 재구성하는 데 결정적인 역할을 한다.

현장 감식 절차

현장 감식은 매우 체계적이다. 범죄가 발생하면 가장 먼저 순찰 경찰관과 119 구급대원이 현장에 도착한다. 그들에 의한 초동 조치가 어느 정도 마무리되면 사안에 따라 과학수사 요원의 출동을 요구한다. 과학수사 요원은 범죄 현장의 주인공이다. 현장을 관찰하고 증거를 수집하여 분석한 뒤 이를 통해 범죄와 관련된 퍼즐 조각을 하나씩 맞춰 나간다.

◉ **현장 보존**(preservation of the scene) 현장 요원들이 도착했을 때는 이미 현장통제선(폴리스 라인)이 설치되어 있을 것이다. 범죄 현장을 발생 당시 그대로의 모습으로 유지하기 위한 조치다. 통제되지 않은 현장은 가족, 구경꾼, 때때로 언론 카메라 등 다양한 사람들이 쉽게 접근하는 만큼 많은 증거가 훼손되고 사건 발생 당시의 모습을 유지할 수 없다. 현장통제선 안으로 들어갈 수 있는 사람들은 오로지 과학수사 요원뿐이다. 다른 사람은 들어갈 수도 없고 들어갈 필요도 없다.

◉ **청취**(notification) 과학수사 요원이 현장에 도착하자마자 증거 수집을 시작하는 것은 아니다. 먼저 사건을 처리하던 순찰 경찰관과 구급대원, 목격자, 피해자 그리고 형사들에게 사건과 관련된 모든 사항을 청취해야 한다. 보통 과학수사 요원은 현장의 증거만 취급하고 조사와 검거 등 나머지는 형사들이 한다고 생각하는데, 잘못된 인식이다. 증거를 발견하려면 어떤 종류의 증거가 어디에 남아 있을 것인가에 답할 수 있어야 한다. 사건에 대한 모든 정보를 알지 못한다면 증거 수집을 제대로 할 수가 없다.

용의자를 검거해야 하는 형사들도 마찬가지다. 과학수사 요원이 수집한 증거가 아니면 용의자를 검거하는 일이 어려우며, 검거한 후에도 범죄 행위를 조사하기가 쉽지 않다. 범인이 어디로 들어왔는지, 무엇을 만졌는지, 어떤 동선을 따랐는지, 어디로 도주했는지 등에 대한 정확한 정보 수집은 과학수사 요원이 증거를 좀 더 확실하게 수집하는 데 필수 요소가 된다.

◉ **둘러보기**(walk-thru) 이 현장은 어떤 현장일까? 살인 사건 현장이라면 과연 여기서 살해 행위가 이루어졌을까? 아니면 다른 곳에서? 용의자는 어떻게 이곳에 침입하여 피해자와 조우할 수 있었을까? 다양한 물음이 현장을 찾은 과학수사 요원에게 던져진다. 이러한 질문에 답하기 위해 현장을 처음으로 한번 둘러본다는 의미의 워크 스루는 매우 중요한 절차다. 현장과 그 주변을 둘러보면서 사건에 대한 최초의 재구성(initial reconstruction)을 하는 단계이기 때문이다. 여기서 과학수사 요원은 범죄와 관련된 다양한 가설을 세워 본다. 범죄 유형, 침입 방법, 범행 목적, 공격 방법, 시체 처리와 도주 방법 등에 대한 최초의 가설은 수사가 진행되면서 많은 수정 과정을 거치지만 수사 초기에 수사의 방향을 설정하고 좀 더 정확한 증거를 수집하는 데 큰 도움이 된다.

범죄자는 범죄의 성공가능성을 높이는 쪽으로 행동한다. 그래서 현장에서 보여지는 것들이 범행 당시에 벌어진 사실을 솔직하게 보여 주는 거라고 생각하는 것은 위험하다. 범인은 경찰 수사의 추적으로부터 안전하기 위해, 또는 자신이 한 행위라는 사실을 숨기기 위해 다양한 속임수를 현장에 남겨 두기 때문이다. 현장 둘러보기는 이러한 것들을 미리 파악한다는 관점에서 매우 중요한 단계다. 이 단계의 임무를 수행할 때 주의해야 하는 것들이 있다. 현장을 최초로 둘러보는 것이기 때문에 어떤 증거가 어디에 위치하는지 모르는 상태에서 임무를 수행하는 요원의 움직임으로 인하여 현장이 훼손될 수도 있다는 점이다. 따라서 예상되는 침입구, 도주로, 동선을 피해서 둘러보기가 이루어져야 하고, 범인이 피해자에게 다가가는 가장 빠르고 쉬운 동선을 미리 파악하여 범인이 밟았던 그 길을 피해 돌아가는 방법을 선택해야 한다.

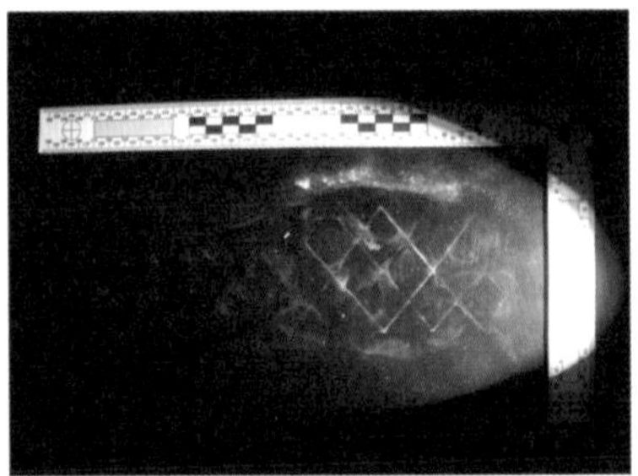

SIRCHMARK
Evidence Tape
SIRCHIE
EVIDENCE MARKER
EVIDENCE MARKER
EVIDENCE
EVIDENCE
EVIDENCE

◉ **증거의 발견과 기록**(searching for evidence) 자, 현장 둘러보기가 끝났다. 현장에 대해 어느 정도 감을 잡은 현장 과학수사 요원은 증거를 발견하기 위해 구체적인 수색(searching)을 시작한다. 수색은 매우 체계적이다. "중복은 있어도 누락은 없다"라는 말이 가장 필요한 순간이다. 미국이나 영국에서는 "돌 하나라도 뒤집지 않은 채 남겨 둬선 안 된다(no stone must be left unturned)"라는 표현을 쓴다. 수색을 하기 전과 수색 과정, 수색을 통해 발견하고 수집한 물품에 대해서는 철저히 기록해야 한다. 기록은 사진, 동영상, 스케치, 필기 등의 방법을 함께 사용한다.

◉ **증거 수집**(collect evidence) 발견된 증거에 대한 원칙은 이렇다. 옮길 수 있는 것은 옮긴다. 옮길 수 없는 것은 현장에서 모든 방법을 동원해 분석한다. 흉기, 범인이 사용했을 것으로 보이는 유리컵 등 옮길 수 있는 물건을 경찰서나 지방경찰청 또는 경찰청의 실험실로 모두 옮기는 것은 매우 번거롭고 복잡한 일이다. 증거물은 미세한 증거들이 전이되거나 서로 섞여 훼손되는 교차 오염(cross-contamination)을 방지하기 위해 하나하나 개별 포장을 한다. 권한 없는 사람이 다른 사람들 모르게 증거물에 접촉하는 것을 막기 위해 모든 포장을 봉인하고 증거물에 대한 이동과 보관의 연결고리(chain of custody)를 유지해야 한다. 이렇게 복잡한 방법을 통해 증거를 실험실로 옮기는 이유는 최적화된 환경에서 증거물을 분석하기 위해서다. 현장에는 많은 장애 요소가 존재한다. 이러한 환경에서 증거를 분석하는 것은 증거물의 오염, 멸실, 변형, 왜곡 등을 초래하기 십상이다.

◉ **현장 감식의 종결** 현장에서 모든 증거를 수집하고 그 결과를 용의자를 검거해야 하는 형사들에게 알려 주는 것이 과학수사 요원의 1차 임무다. 하지만 이것이 임무의 끝은 아니다. 증거는 마지막으로 법정에 제출되어 범인이 그의 행위에 대해 법적

책임을 지는 데 가장 중요하게 사용된다. 과학수사 요원(때로는 이 증거를 분석한 법과학자)은 법정에 출두하여 자신이 수집하고 분석한 증거를 증언함으로써 판사(국민 참여 재판일 경우 국민 배심원 포함)에게 그 의미를 납득시켜야 한다. 이러한 법정 증언을 통해 과학수사 요원은 범죄 사건의 진실을 밝히고, 그 결과 법을 집행하여 정의가 구현되는 것이다. 이것이 과학수사 요원에게 주어진 임무의 결정판이다.

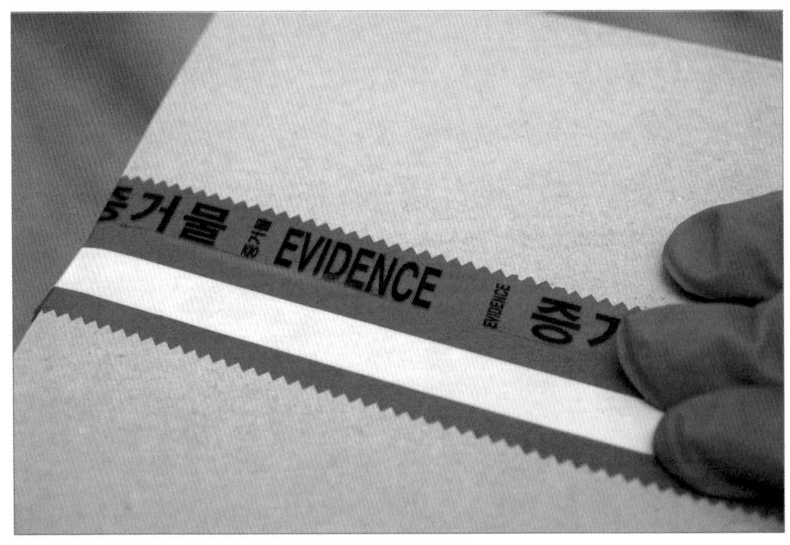

한국 최고의 CSI: 현장 감식 전문가

"현장이 들려주는 이야기를 모두 들어라!" 박상선 경감

박상선 경감은 1982년 순경으로 경찰에 입문, 일선 형사로 수많은 사건을 해결하며 형사팀장까지 승진했다. 1998년에는 그간 천대받던 현장 수사 분야를 '과학수사' 체계로 새롭게 개편하려는 서울경찰청 윤외출 계장에게 발탁되어 초대 과학수사계 현장팀장을 맡았다. 이후 8년 동안 유영철, 정남규 연쇄 살인 사건을 포함해 400여 건의 살인 등 강력 사건 현장을 감식하며 매의 눈으로 눈에 보이지 않는 미세 증거를 찾아내고, 남다른 분석 능력으로 현장을 읽어 사건 해결에 결정적인 기여를 해 왔다. 그 공을 인정받아 2005년 11월 제1회 '대한민국과학수사대상'을 수상하며 경감으로 특진했고, 지금은 경찰 수사 교육의 요람인 경찰수사연수원에서 과학수사 요원을 양성하고 있다.

다음은 박상선 경감과 나눈 일문일답이다.

현장수사 요원이 갖춰야 할 자격과 자질은 무엇인가?

경찰관의 기본 소양에 덧붙여 기초 과학 지식, 침착하고 꼼꼼한 성격, 남다른 인내심과 체력이 필요하다. 부패된 시체에 달려드는 해충과 세균 등 최악의 상황에서 12시간 이상 꼼꼼한 현장 감식을 통해 증거를 수집해야 한다.

가장 기억에 남는 사건은?

역시 유영철 사건이다. 주택가 노인 연쇄 살인 사건 현장과 유영철 검거 후 훼손한 여성들의 시신을 암매장한 현장에 대한 감식과 시신 발굴 작업을 했다. 그 후 법정에 증인으로 출두해 현장에서 발견한 증거와 시신 상태 등에 대해 증언했다. 너무 끔찍한 경험이었다.

오랜 현장 감식 경험 중 혹시 실수한 적은 없었는지?

있다. 부끄러운 기억이지만 주부와 아이들이 집에서 사망한 사건이었다. 현장 감식 결과 외부 침입 흔적이 없고 어머니 목에 자살로 추정되는 목맴 흔적 외에 특이점이 없었기 때문에 아이들을 살해하고 자살한 사건으로 분석했다. 그런데 현장을 발견하고 신고한 변사자의 여고 동창생을 조사하던 형사가 팔에서 수상하게 긁힌 자국을 발견했다. 추궁한 끝에 질투심으로 동창생을 찾아가 가족을 몰살했다는 진상이 드러났다. 아찔한 경험이었다.

그러한 '실수'를 통해 배운 것이 있다면?

그 후로는 범죄 현장을 섣불리 예단하지 않고, 반드시 다른 팀원들과 회의를 거쳐 분석한 후 종합적으로 판단한다.

범죄 수사에서 현장 감식의 의미는?

범죄 수사는 '오케스트라 연주'와 같다. 수사 지휘관은 지휘자, 최초 출동 경찰관, 현장 감식 요원, 강력계 형사, 범죄 심리 분석관, 증거 감정 분석관 등은 각기 다른 악기를 담당하는 연주자다. 이들 모두가 한치의 오차도 없이 서로 조율하고 협력해야 한다.

멘토가 있다면?

우리나라 현장 감식의 선구자이자 1인자인 이삼재 전 총경이다. 그분은 가히 '국내 현장 감식의 살아 있는 전설'이라고 할 수 있다. 1982년 순경 초임 때부터 승진 이후 이수하는 보수 교육, 수사 전문 교육 과정마다 이삼재 전 총경에게 수사의 철학과 정신, 현장 감식 기법 등을 전수받았다.

국내 과학수사의 현실을 평한다면?

1964년 전국 지방경찰청에 '감식반'이 처음 설치되었고, 1999년 '과학수사' 시스템으로 전환하며 획기적인 발전을 이뤘다. 하지만 여전히 갈 길은 멀다. 특히 현장 과학수사 인력이 너무 부족하다. 대폭적인 증원이 필요하다. 아울러 증거 수집 단계부터 최종 법정 증거 제출 단계까지 전 과정에 대한 엄정한 관리와 적정 절차의 준수가 필요하다.

마지막으로 후배 과학수사 요원들에게 바라는 점이 있다면?

계속해서 공부하고 연구하는 자세를 갖기 바란다. 범죄와 범죄 환경은 끊임없이 변하고, 범죄자들의 현장 조작과 증거 인멸 수법은 더욱 교묘해지고 있다. 우리 국민의 기대에 부응하는 '전문성을 갖춘' 유능한 과학수사 요원이 되기 위해서는 오직 공부하고 연구하는 자세를 갖는 것이 답이다.

Part 2.

지문,
감춰진 범죄자의 흔적

피부나 다름없는
수술용 장갑을 낀 왼손으로
휴지를 쳐들고, 오른손으로
닌히드린 용액이 담긴
분무기를 조심스럽게
발사하자 마법처럼, 아니
한편의 예술 작품처럼
아름다운 자색의
지문 윤곽이 점차
선명해지기 시작했다.

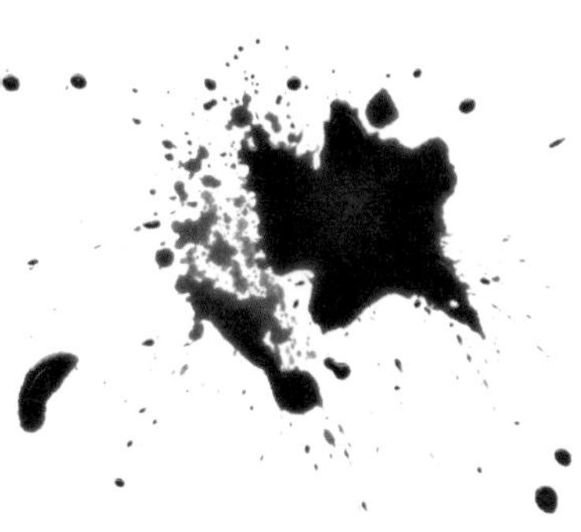

한 마을에서 피해자가 벌써 네 명째다. 피해자들의 얘기를 종합하면 범인은 10대 후반에서 20대 초반의 젊은 남자…. 여성을 강간하고 위로의 말을 건네며 담배까지 한대 피우고 나서 현장을 벗어나는 대담함도 보인다. 허술함인지 여유로움인지 알 수 없다. 현장으로부터 멀지 않은 곳에서 그가 사용한 휴지와 콘돔 등이 담긴 검은색 비닐 봉투를 발견했고, 어렵지 않게 DNA를 확보할 수 있었다. 그런데 성폭력 범죄자 DNA 데이터베이스에서는 동일인을 찾을 수 없었다. 임의 제출받은 인근 거주 전과자들의 DNA와도 일치하지 않았다. 아무래도 초범인가 보다. 용의자가 검거되면 DNA를 통해 진범 여부를 확인할 수 있지만, 지금은 '서울역 광장에서 김서방 찾기'다. '지문'만 발견하면 당장 범인을 밝혀 낼 텐데…. 하지만 요즘은 드라마 《CSI》 탓에 범인이 좀처럼 현장에 지문을 남기지 않는다. 장갑을 착용하고 범죄를 저지르는 것이다.

오랜 시간 과학수사 부서에서 일하며 남달리 지문에 자신이 있는 김 팀장 역시 사건 현장에서 용의자의 지문을 찾아내는 데 실패했다. 현장에서 발견한 무수한 지문이 모두 피해자와 피해자 가족, 친구들의 것이었다. 김 팀장은 콘돔과 함께 발견된 휴지를 주목했다. 아무리 치밀한 범죄자라도 어쩔 수 없이 장갑을 벗어야 하는 순간이 있다. 얇디얇은 휴지를 집어 민감한 성기를 닦아 내는 순간이다. 그런데 과연 휴지에서 지문을 발견하고 채취할 수 있을까?

휴지에 남은 지문은 눈에 보이지 않는다. 그렇지, 지문의 아미노산에 자

색으로 반응해 마법처럼 지문이 드러나게 만드는 화학 물질, 닌히드린이 있다. 닌히드린은 아세톤, 에탄올(최근에는 HFE 7100이라는 용매를 사용한다) 등의 용매에 녹여서 사용한다. 하지만 휴지는 매우 얇고 부드러워서 이러한 용액에 담글 수가 없다. 용액에 집어넣자마자 분명히 풀어지고 말 것이다. 단, 언제나 방법은 있다. 닌히드린 용액을 에어로졸 상태로 분무하면 휴지의 형태를 유지하면서 지문에 아름다운 자색 윤곽이 드러날 것이다. 역시 김 팀장의 생각이 맞았다. 피부나 다름없는 수술용 장갑을 낀 왼손으로 휴지를 쳐들고, 오른손으로 닌히드린 용액이 담긴 분무기를 조심스럽게 발사하자 마법처럼, 아니 한편의 예술 작품처럼 아름다운 자색의 지문 윤곽이 점차 선명해지기 시작했다. 언제 봐도 지문은 참 아름답게 생겼다. 마치 빈센트 반 고흐 작품의 물결이나 구름 선이 신비한 변형을 거쳐 계곡 같은 융선으로 부활한 듯하다. 적어도 김 팀장의 눈에는 그렇게 보였다. 손을 닦은 휴지에 이렇듯 깨끗하고 아름다운 지문을 남겼으니 그 녀석을 예술가로 대접해 줘야 하는 건가?

흠, 그건 아닌 것 같다. '유레카!' 를 외치며 이제 범인은 부처님 손바닥 안에 있다고 자신하는 김 팀장에게 예기치 않은 복병이 등장한 것. 지문 융선을 스마트폰 카메라로 찍고 '긴급'이라는 메시지를 달아 경찰청 과학수사센터로 무선 전송한 뒤 범인의 이름 석자가 문자 메시지로 분명하게 찍히리라 자신했던 김 팀장에게 돌아온 것은 "지문의 소유자가 주민등록 DB에 존재하지 않습니다"란 실망스런 회신이었다.

그렇다면 범인은 누굴까? 이 녀석은 생각보다 어릴지도 모른다. 아니면 내국인이 아닐지도 모른다. 그것도 아니라면 수집된 지문이 정확하지 않을 수도 있다.

지문은 인간의 손에서 볼 수 있는 개개인 특유의 무늬다. 우리 몸에는 땀샘이 존재한다. 물론 지문이 땀에 의해서 형성되는 것은 아니지만 지문을 남기는 주된 원인은 땀이다. 손은 하루 종일 많은 일을 한다. 물건을 만지고 얼굴을 만지고 물을 마시며 더러운 일도 모두 손으로 한다. 그 과정에서 손에는 땀을 포함한 많은 이물질이 붙고, 그것이 다른 사물을 만지는 과정에서 도장을 찍듯 그 사물의 표면에 특이한 무늬를 남기는데, 바로 과학수사에서 활용하는 지문이다. 지문이 보여 주는 선 모양의 흐름을 융선이라고 한다. 이러한 융선의 끊김과 이어짐, 점 형태의 융선, 전체적인 지문의 형태, 특정 점 사이의 융선 갯수 등이 지문에 특별함을 부여한다.

두 얼굴을 가진 증거, 지문

이러한 물음은 법과학에서 비단 지문에만 국한되지 않는다. 그러나 유독 지문에 대해 이런 가혹한 질문이 끊이지 않는 이유가 있다. 지문은 누군가를 범인으로 만들거나 어떤 범인을 아무런 처벌 없이 사회로 방류하는 강력한 힘을 가진 방법이기 때문이다. 살인 사건이 일어났다고 가정해 보자. 유일한 증거는 흉기의 손잡이에 남은 지문이다. 범인이 맞다면, 그리고 검거된다면 엄중한 법의 심판을 받을 것이다. 그런데 그 유일한 수단인 지문이 정확하지 않다면 그가 범인인지 아닌지 결정하는 일은 '신의 영역'으로 넘겨야 하지 않을까? 지문은 개인을 식별하는 매우 강력한 수단이면서도 생각보다 많은 오류의 위험성을 갖고 있는 '양날의 검'이다.

지문 증거가 내포한 위험성

현장에서 발견되는 지문은 대부분 완전하지 않다. 부분적으로나마 지문이 가진 융선이 잘 드러난다면 매우 성공적인 지문 채취라고 할 정도로 과학수사 요원들에게 부여된 현장은 그리 녹록하지 않다. 개인 식별에 사용되는 다른 증거들과 마찬가지로 범인이 현장에 남긴 지문(questioned)과 출처가 분명한 용의자로부터 얻은 지문(known)을 비교하여 두 지문 사이의 일치 여부를 확인한다. 이것이 증거 대조의 핵심이지만 이러한 지문 대조 식별 방식에는 많은 위험이 도사리고 있다.

우선 현장에 남겨진 지문의 완전성이다. 현장에 남겨진 지문은 범인이 지장을 찍어 날인을 하기 위해 의도적으로 남기는 표시가 아니다. 남기지 않으려고 애쓰다가 범행을 위해 어쩔 수 없이 손을 사용하면서 자신도 모르게 남기는 것이다. 그래서 현장 지문은 그 형태가 완전하지 않다. 여기에서 오류의 가능성이 시작된다.

게다가 그러한 지문조차 눈으로 쉽게 볼 수 있는 현재(顯在) 지문의 형태로 만들어지는 것도 아니다. 눈에 보이지 않는 잠재(潛在) 지문 형태로 남겨져 있어 첨단 장비와 기술, 경험 등 모든 수단을 동원해 힘들고 어려운 '보물찾기'를 한 뒤 분말, 다양한 액체 시약 그리고 순간접착제 기체에 이르기까지 대상 물체와 환경에 맞는 방법을 동원해 잠재 지문을 현재 지문으로 시각화해야 한다. 이 과정에서 지문의 정확성에 두 번째 위험이 존재한다. 잠재 지문 상태로 남은 것을 현재 지문 형태로 바꾸는 과정에서도 왜곡이나 변형이 발생할 가능성이 열려 있기 때문이다.

이렇게 시각화된 지문은 컴퓨터의 지문자동식별시스템(AFIS)을 거쳐 가장 유사한 동일 지문 후보들과 만나 그중 어떤 지문과 가장 유사한가를 육안으로 식별하는 과정을 거친다. 다시 말해 사람이 직접 눈을 통해서 현장 지문과 데이터베이스 속 지문 사이에 일치되는 특징점을 찾아내야 하는 것이다. 그 과정에서 세 번째 위험이 존재한다. 현장 지문이 갖는 특징점과 데이터베이스에 보관된 대조 지문이 갖고 있는 특징점이 일치하는가를 확인하는 것은 드라마처럼 기계가 자동으로 해 주는 것이 아니다. 경험과 기술, 전문성을 보유한 '사람의 육안'으로, 지문이 남겨진 모양과 형태에 따라 다소 다르게 보이는 두 개의 지문을 비교하면서 발견할 수 있는 한 많은 특징점을 확인하여 일치 여부를 결정한다. 해당 전문가의 경험과 기술에 따라 오류가 존재할 수 있다는 것이다. 대조 지문은 어떤가? 대조되는 등록 지문도 완전하지는 않다. 우리나라의 경우 주민등록증을 받는 나이가 되면 지문을 국가에 등록한다. 그 과정에서도 사람이 직접 지문을 채취하기 때문에 그 업무를 담당하는 개인에 의해서 얼마든지 품질의 차이가 생길 수 있다.

정리하자면 첫째, 현장에 남은 지문의 형태와 모양이 식별하는 데 문제를 야기할 정도로 불완전한 경우, 둘째, 현장에서 눈에 잘 보이지 않는 지문을 발견해 눈에 보이는 지문으로 만드는 과정에서의 실수나 오류, 셋째, 현장에서 발견한 지문과 데이터베이스에 등록된 지문과의 대조 과정에서 실수나 오류가 발생할 가능성, 이렇게 세 종류, 세 번의 위험과 함정을 극복해 내야 비로소 지문을 증거 삼아 유죄를 입증하고 사건을 해결할 수 있는 것이다.

다행스럽게도 우리나라에서는 현장 지문의 발견과 시각화 및 해석과 식별의 착오로 문제가 생긴 적이 없다. 가느다란 젓가락과 바늘을 사용하는 민족 특유의 섬세한 손기술과 그동안 발달한 과학수사의 전문성 덕이기도 하지만, 모든 성인 국민의 지문을 데이터베이스에 보유하고 있다는 이점을 살리기 위해 특히 지문의 발견과 시각화, 수집 및 식별 등 '지문 감식'에 오랜 시간 공들여 구축해 온 '장인 정신'에 힘입었다고 할 수 있다.

지문이 만들어 낸 누명, 브랜든 메이필드 사건

에스파냐 총선을 3일 앞둔 2004년 3월 11일 아침, 수도 마드리드를 운행하는 기차와 역사는 출근하는 직장인과 관광객, 쇼핑을 위해 나선 주부와 노인, 통학하는 학생으로 가득 차 있었다. 그런데 갑자기 지축을 뒤흔드는 굉음과 함께 처음에는 섬광과 화염이, 다음에는 연기가 하늘 높이 치솟았다. 폭탄 테러가 발생한 것이다. 분주하지만 평온했던 마드리드는 엄청난 혼란과 지옥 같은 아비규환이었고, 최종 집계된 피해 상황이 사망 191명, 부상 1,800명에 이르는 엄청난 참극이었다. 미국에서 납치된 항공기들이 뉴욕 세계무역센터 건물과 국방성 건물을 들이받아 무너뜨린 9·11 테러가 발생한 지 3년 6개월이 지난 뒤였다.

에스파냐 여당은 총선을 3일 앞둔 미묘한 시점에 주목하고 바스크 분리독립주의자들을 제1용의자로 떠올렸지만 야당과 미국 등은 알 카에다의 연루 가능성에 무게를 두면서 진상 규명을 둘러싸고 테러 피해 못지않은 혼란과 분열이 에스파냐 전체를 뒤흔들었다. 경찰은 사건 현장을 철저히 감식한 끝에 폭탄을 운반한 것으로 추정되는 배낭에서 지문을 발견했다. 9·11 배후 세력인 알 카에다 연루 가능성을 철석같이 믿은 미국 FBI

는 발견된 현장 지문의 디지털 파일을 FBI 지문 검색 시스템에 입력, 보유 중인 데이터베이스의 지문과 대조했다. 그 결과 지문 융선의 특징점이 유사한 20명의 용의자가 떠올랐고, 그중에서도 아프가니스탄 탈레반에게 테러 훈련을 받으러 가려다 체포된 사람들을 변호해 주던 미국인 변호사 브랜든 메이필드(Brandon Mayfield)를 제1용의자로 선정했다.

브랜든은 결혼 정보 업체를 통해 만난 이집트 여성과 결혼했고, 그 과정에서 기독교에서 이슬람교로 개종했다는 이유만으로 테러리스트가 된 것 아니냐는 의심을 받아 온 터였다. FBI는 에스파냐 열차 테러 현장에서 발견된 지문이 브랜든 메이필드의 지문과 유사하자 9·11 이후 제정된 강력한 대테러법인 애국법(Patriot Act)을 적용해 모든 통신 내용을 감청하고 철저한 미행과 감시를 통해 메이필드의 행적을 조사했다. 그 후 메이필드가 범인이라는 자체 결론을 내리고 그를 체포하기에 이르렀다. 메이필드는 범행을 완강히 부인하며 저항했지만 소용없는 일이었다.

그로부터 며칠 후, 에스파냐 경찰은 에스파냐에 거주하는 알제리 남성의 신원을 확인하고 체포한다. FBI가 브랜든 메이필드의 지문이라고 결론 내린 것과 동일한 범죄 현장 지문을 통해 신원을 밝혀 낸 것이다. 결국 테러범은 에스파냐 경찰의 결론처럼 알제리 남성으로 밝혀졌고, 미국에서는 브랜든 메이필드가 석방된다. 범인을 밝히는 가장 강력한 증거인 동시에 억울한 누명을 씌울 수도 있는 '양날의 칼'이 지문의 본모습이라는 것을 확연하게 드러낸 사건이라 할 수 있다.

이미 오래전부터 미국에서는 지문 제도에 대해 많은 비판이 있어 왔고, 브랜든 메이필드 사건으로 인해 지문 반대론자들은 "우리가 언제까지 지문을 믿어야 하는가?"라는 자극적인 슬로건을 내걸며 더욱 맹렬하게

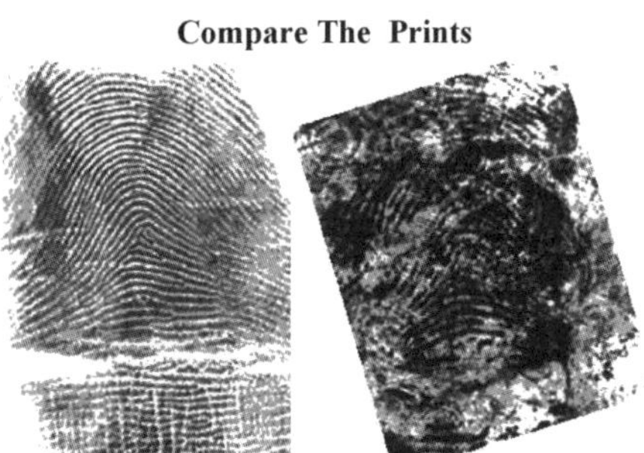
Compare The Prints
Brandon Mayfield's left index fingerprint from his arrest when he was 17 years old.
Note: Mayfield's fingerprint and the Madrid fingerprint were published in The Seattle Times, June 7, 2004.
This is a copy of the latent print found on the plastic bag in a van near where three of the bombed trains in Madrid, Spain departed on March 11, 2004. The print is rotated 17 degrees to match the orientation of the other fingerprint.

비판했다.

브랜든 메이필드 사건에서 FBI가 저지른 잘못과 실수는 얼마든지 발생할 수 있는 일이다. 앞에서 설명했듯이 불완전한 형태로 발견되는 현장 지문이 데이터베이스에 보관된 특정인의 지문과 일치한다는 사실을 밝혀 내는 과정에는 많은 오류의 가능성이 존재하기 때문이다.

하지만 그러한 오류를 발견한 것도, 정확한 분석을 통해서 진짜 범인을 찾아내는 것도 지문의 성과다. 무엇보다 지문으로 인한 오류는 결국 '지문의 오류'가 아닌 '지문을 분석하고 해석하는 사람의 오류'다. 이것이 지문 반대론자들의 주장에도 불구하고 우리가 지문을 포기할 수 없는 이유가 아닐까?

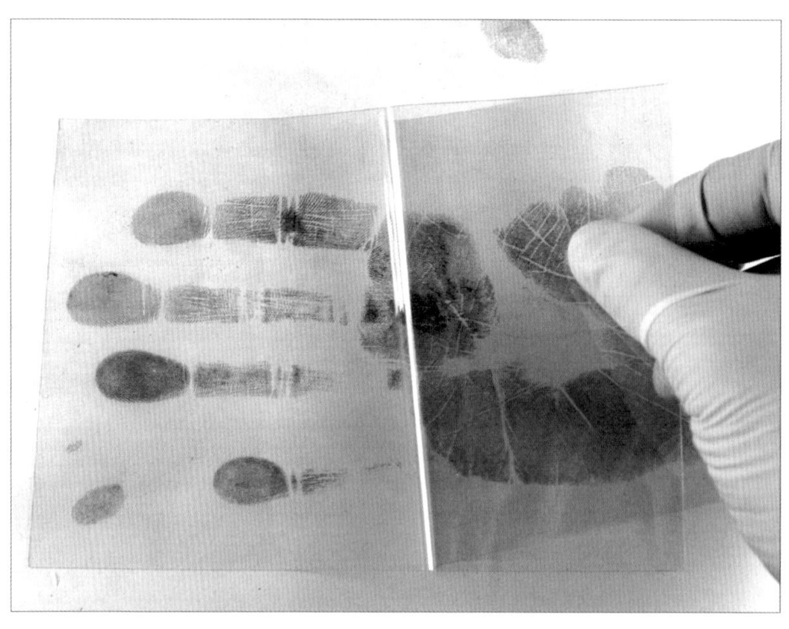

지문에 미친 여자

지문 전문 CSI: 용산경찰서 과학수사팀 김재원 경위

그녀가 항상 입버릇처럼 하는 말이 있다. "잘 뜬 지문은 정말 예쁘다. 아마도 그 맛에 지문에 빠져드는 것 같다." 용산경찰서 과학수사팀 김재원 경위의 이야기다. 용산경찰서는 한강을 끼고 있어서 연중 익사체 발견이 끊이지 않는다. 시체는 저마다 사연을 갖고 있다. 자기가 누구라는 말을 해 주면 좋은데 모든 것을 정리하고 결정한 일인 듯 몸을 다 뒤져 봐도 신분증 비슷한 것조차 볼 수 없는 경우가 대부분이다.

김재원 경위는 어떻게 하면 변사자의 신원 확인을 위한 지문을 잘 확보할 것인가에 관심이 많다. 아직은 이제 막 시체가 익숙하고 사무실보다 현장이 좋아지기 시작한 초보 티 팍팍 나는 현장 CSI 요원이지만 언젠가는 지문 분야에서 최고가 되겠다고 항상 다짐한다. 동료들과 놀러 간 과학수사 장비 공급업체 대표한테서 거의 강탈해 오다시피 한 '그녀만의' 지문 채취 도구들이 현장을 누비면 용산경찰서 강력팀 형사들은 범인을 이미 다 잡은 것 같아서 마음이 놓인단다. 경찰대학을 졸업한 김 경위는 관리자의 길을 걷기보다는 전문가의 길을 걷겠다는 의지가 확고한 독특한 캐릭터다.

현장에서 시체의 지문을 뜨는 일에 더 이상 공포와 두려움을 느끼지 않을 무렵 그녀 앞에 나타난 사건은 지금도 잊을 수 없다고 한다. 고등학교를 갓 졸업하고 혼자 사는 여학생이 이사를 하면서 짐을 옮기는데 상자에서 이상한 냄새가 난다고 했다. 아주 오랜 세월 집 안에 있던 상자라서 누가 무엇을 언제 넣었는지도 모르는 상자란다. '설마… 아닐 거야' 하면서도 불편한 진실에 관한 직감은 크게 어긋나지 않는 법. 시체였다. 이 시체는 왜 이렇듯 완벽하게 포장되어 십 수 년을 이 방에 있던 것일까?

이런 사건의 실마리를 풀어내는 것은 과학보다 대화다. 그녀는 어릴 때 엄마가 갑자기 사라졌다고 했다. 하지만 오래된 일이라 정확한 기억은 없었다. 1999년 날짜가 찍힌 신문에 싸였던 그 오래된 시체는 시랍화되어 손끝을 잘못 건드리면 그나마 남아 있을지 모를 살점들이 흘러내릴 수 있는 상태였다. 용산경찰서 과학수사팀은 익사체 지문 채취에 익숙한 터라 물러진 지문에 대한 훈련이 잘되어 있었다. 일단 헤어 드라이어를 꺼내서 천천히 손끝을 말렸다. 그리고 마치 유리 제품을 만지듯이 조심스레 손도장을 찍었다. "신원이 나오면 좋겠는데… 그 아이의 엄마가 아니었으면 좋겠고…. 복잡한 심정이었어요." 그녀의 바람은 반만 이루어졌다. 다행히 지문 감식을 통해 시체의 신원이 밝혀지고 곧 범인도 잡을 수 있었다.

사체의 지문과 달리 절도 현장에서 발견되는 용의자의 지문은 오랜 가뭄 끝의 단비 같은 존재라고 한다. "심마니들이 '심봤다'를 외칠 때 이런 기분일 것 같아요." 사람들의 통행이 많은 길가에 위치한 카페에 도둑이 들었다. 워낙 많은 사람이 드나드는 곳이라서 그녀의 '산삼'이 있을 것 같지 않았다. 그런데 유리 칸막이에서 김 경위가 범인의 것이 아니어도 좋아할 만큼 '예쁜' 지문이 발견되었다. 혹시나 하는 마음에 의뢰해 보니 절도 전과 20범을 기록한 대단한 분의 손자국이 아닌가?

김 경위는 큰 사건이든 작은 사건이든 모두 중요하다고 말한다. 현장을 다니면서 요즘 마음속에 새겨 넣는 단어는 '기여'란다. 힘든 과학수사 업무지만 자신을 포함한 전국의 과학수사 요원들이 이 고된 임무로 밤을 새우는 이유가 그 단어에 있다고 말한다.

지문 감식의 탄생

지문의 시작에 관해 많은 이야기가 있지만, 가장 먼저 지문의 개인 식별 기능을 발견하고 연구한 사람은 일본에서 활동한 스코틀랜드인 의료 선교사 헨리 폴즈였다. 1878년 고대 토기를 살펴보다가 우연히 지문이 찍힌 것을 발견한 그는 토기마다 있는 특유의 손자국을 추적하다 보면 도공을 밝혀 낼지도 모른다는 다소 엉뚱한 상상을 했다. 그 후 도쿄의 시장을 이 잡듯 돌면서 토기에 남아 있는 도공들의 손자국 '시그너처(signature, 서명)'를 연구해 지금의 지문 제도에 이르는 디딤돌을 놓은 헨리 폴즈가 '지문의 아버지'라는 데는 이견이 없다. 조금 더 놀라운 사실은 지문을 통해 인류의 기원을 추적하려 했던 헨리 폴즈가 주변 사람들의 지문을 연구하는 과정에서 열 손가락의 지두에 잉크를 발라 종이에 찍어 기록하는 '십지 지문 기록지'를 고안해 냈다는 것이다. 이것이 수사상 매우 중요한 신원 확인 수단으로 활용될 거라는 사실을 헨리 폴즈는 짐작이나 했을까?

이렇게 방대한 자료를 수집해 나가던 헨리 폴즈에게 또 한번 우연한 사건이 일어난다. 그가 일하던 병원의 의료용 알코올 보관실에서 알코올이 계속 줄어들었던 것이다. 줄어든 알코올 병 옆에서 비이커가 발견되었고, 그 비이커에는 전에 그가 고대 토기에서 본 것처럼 지문이 선명하게 드러나 있었다. 그는 주변 사람들의 지문을 확보해 놓은 터라 자신이 갖고 있는 자료와 비이커의 지문을 대조하여 동일한 지문을 찾아냈다. 범인은 다름 아닌 자신이 가르치던 의대생.

여기서 헨리 폴즈의 두 번째 상상이 시작된다. 이것을 경찰이 활용한다면 신원 확인의 문제를 쉽게 해결할 수 있다고 생각한 것이다. 헨리 폴즈는 과학자이자 생물학자였다. 그는 이것이 얼마나 위험한 발상인가에 대한 과학자의 양심을 잃지 않았다. '내 연구가 제한된 범위에서 이루어진 것

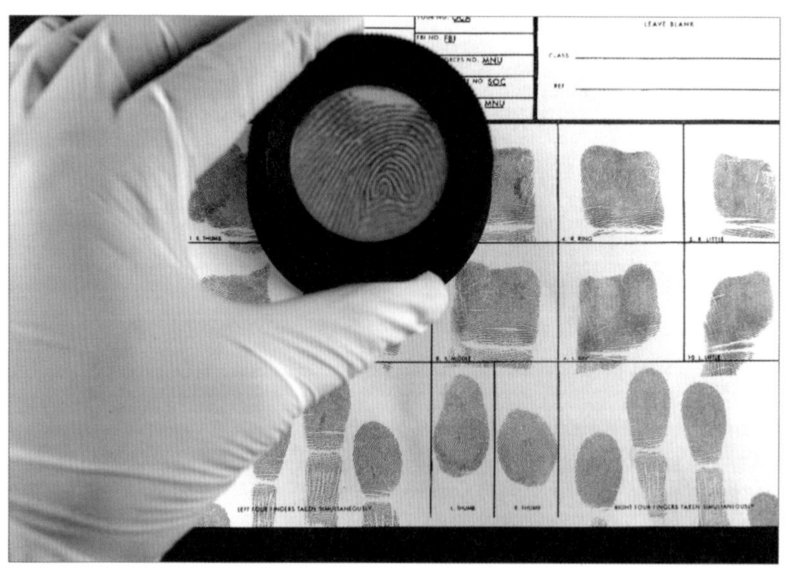

이기 때문에 나의 가설이 틀릴 수도 있다. 확신이 없는 상태에서 지문확인법이 함부로 보급된다면 누군가 누명을 쓰고 처벌을 받을 수도 있다.'

그는 지문을 통한 식별 방법의 정확성에 대한 확신을 얻기 위해 자신의 학생들을 포함한 주변 사람들의 지문을 연구해 나갔다. 자신을 포함한 많은 사람들의 지문에 상처를 내고 이물질을 묻혀 가며 지문의 모습에 변화가 발생하는지 측정한 결과, 어떠한 상처를 입어도 지문은 전혀 달라지지 않고 재생된다는 것을 확인할 수 있었다. 또한 2년여에 걸쳐 유아들의 지문을 추적 조사한 끝에 성장 과정에서도 지문은 전혀 달라지지 않는다는 것을 알아냈다.

지문이 시간이 흘러도 변화하지 않는 개인 식별 기능을 가진 신체의 특이한 문양이라는 놀라운 사실을 확신한 그는 당시 가장 유명한 인류학자였던 다윈에게 이 사실을 서면으로 알리고 도움을 요청했다. 하지만 이미 노쇠한 찰스 다윈은 그의 편지를 제대로 읽지도 않은 채 사촌이자 과학자인 프랜시스 갈튼에게 보낸다. 결국 다윈도 갈튼도 그의 연구에 아무런 반응을 보이지 않았다. 그런데 척박한 환경에서 어렵게 연구한 최초의 지문 분류 학자 헨리 폴즈가 연구를 포기하고 싶어질 무렵, 프랜시스 갈튼은 헨리 폴즈의 편지가 준 아이디어에 자신이 가진 배경과 영향력을 활용해 개인 식별 분야의 권위자로 자리 잡아 간다. 프랑스에서 신체 특정 부위의 측정을 통한 신원 확인 방법을 성공시켜 나가던 당대 최고의 법과학자 알퐁스 베르티옹을 만나면서 신원 확인 분야에 관심이 생기자, 몇 년 전 얼치기 과학도의 헛소리쯤으로 여겼던 헨리 폴즈의 연구 결과물을 떠올린 것이다. 가난한 과학자 헨리 폴즈와 최고 가문 출신으로 주류 사회에 속한 과학자 프랜시스 갈튼의 운명이 더욱 극명하게 갈리는 순간이었다.

갈튼은 인도에서 손도장을 서명 수단으로 활용하던 주류 사회 과학자 가문의 윌리엄 허셜을 '세계 최초로 지문을 신원 확인에 활용한 사람'이라고 내세운 뒤, 헨리 폴즈의 연구 업적을 자신의 것으로 각색해 세상에 내놓는다. 물론 지문의 역사에서 갈튼이 기여한 부분이 전혀 없는 것은 아니다. 하지만 엄밀히 따지자면 가난한 무명의 과학도 헨리 폴즈가 평생을 바쳐 일군 연구 업적을 부유한 유명 과학자 갈튼이 '가로채 자기 것으로 포장했다'고 볼 수 있다. 어쨌든 프랜시스 갈튼이 지문을 이용한 개인 식별법을 집대성하여 세상에 알렸고, 1894년 영국에서 최초로 지문 분류법을 범인 등의 신원 확인에 공식적으로 적용하기 시작했다.

다양한 지문 감식 기법

우리의 손은 하는 일이 참 많다. 신이 인간을 창조할 때 끈적끈적한 피지샘을 굳이 손바닥과 손가락 끝에 만들지 않았어도 우리 손에는 항상 기름기를 비롯한 많은 이물질이 묻었을 것이다. 하루에도 몇 번씩 무의식처럼 얼굴을 만지는 손에는 번들거리는 기름기 등 오염 물질이 전이되고, 그 오염 물질들은 다시 손이 닿은 물건에 특이한 손끝의 무늬를 또렷이 남긴다. 손을 아무리 깨끗하게 씻은 범인이라 할지라도 3분만 지나면 손끝에는 에크린선 분비에 의한 액체가 묻는다. 이렇듯 지문은 손끝에 묻어 있던 물질들이 우리가 만지는 물질의 표면에 전이되면서 형성되는 '무늬'이며, 이 무늬는 각 개인마다 생김새가 다르다. 마치 얼굴처럼. 작고 투명해 육안으로 발견하기 어려운 지문을 확인하려면 '미세한 표면의 과학',

즉 잠재 지문 현출 기법이 필요하다. 초등학교 미술 시간에 투명풀로 그린 '보이지 않는 그림' 위에 모래알을 뿌리니 신기하게도 그림이 드러나던 놀라운 마술을 기억할 것이다. 지문을 확인하는 것도 같은 원리다. 처음에는 눈에 보이지 않지만 지문을 구성하는 물질은 일종의 '투명한 잉크' 또는 마르지 않은 '풀'이다. 이러한 상태의 지문이 '잠재 지문'인데, 지문에 관한 연구는 잠재 지문을 시각화하는 데 집중되어 있다. 잠재 지문을 시각화하기 위해 접촉성 또는 비접촉성 처리 기법을 다양하게 적용한다.

◉ **분말법** 분말법은 현장에서 가장 많이 사용하는 방법이다. 지문이 있을 것으로 예상되는 검체의 배경색에 따라 분말의 색을 결정할 만큼 다양한 색상의 분말이 제품

화되어 있다. 분말을 지문에 전달하는 것은 붓이다. 붓도 유리섬유, 탄소섬유, 동물털 등 소재가 다양하다. 추가 처리를 하지 않아도 잘 보이는 일반적인 유색 분말과 특정 파장의 광원을 사용하여 작은 흔적에도 쉽게 반응하는 형광성 분말, 붓에 의한 압력으로 인해 생기는 지문의 훼손을 최소화하기 위해 자석봉을 사용하도록 만든 자성 분말 등이 있다. 분말마다 장단점이 있어서 어떤 것이 가장 좋다고 말할 수는 없다. 상황에 맞게 선택하여 최상의 결과물을 도출해 내는 것은 현장 수사 요원의 몫이다. 많은 방법이 개발되어 왔지만 분말법은 여전히 잠재 지문 현출 기법의 대표 자리를 지키고 있다. 그런데 분말법이 적용되지 않는 현장이 있다. 예를 들어 비가 와서 젖은 차량의 문 손잡이에서 지문을 채취해야 한다거나, 피해자를 묶을 때 사용한 천면 테이프 접착면에서 범인의 지문을 찾아내야 하는 경우처럼 분말로는 지문을 식별해 내기 어려운 상황이 있다. 분말이 지문에만 묻어야 하는데, 검체의 표면이 물 같은 이물질에 젖거나 테이프의 접착면같이 끈적일 경우에는 지문이 없는 표면에도 분말이 묻기 때문이다. 이러한 문제를 해결하기 위해 지문에 반응하는 분말을 액체에 섞어 놓은 소립자 시약(SPR), 염색제인 크리스털 바이올렛 등의 약품을 사용한다. 이 밖에 코팅하지 않은 목재나 종이처럼 검체의 표면이 분말 입자에 비해 매끄럽지 않은 경우도 분말로 지문을 보기 힘들다.

◉ **닌히드린** 1910년 영국의 화학자 루히만은 아미노산에 보라색으로 반응하는 닌히드린을 발견한다. 하지만 처음부터 닌히드린을 개인 식별 기법으로 사용한 것은 아니다. 1940년이 되어서야 닌히드린이 지문을 구성하는 아미노산에 반응한다는 사실을 발견했고, 이것을 종이나 나무 같은 흡수성, 다공성 표면에서 지문을 시각화하는 데 적용하기 시작해 지금까지도 종이류에 존재하는 지문에는 닌히드린 적용이 공식화되어 있다.

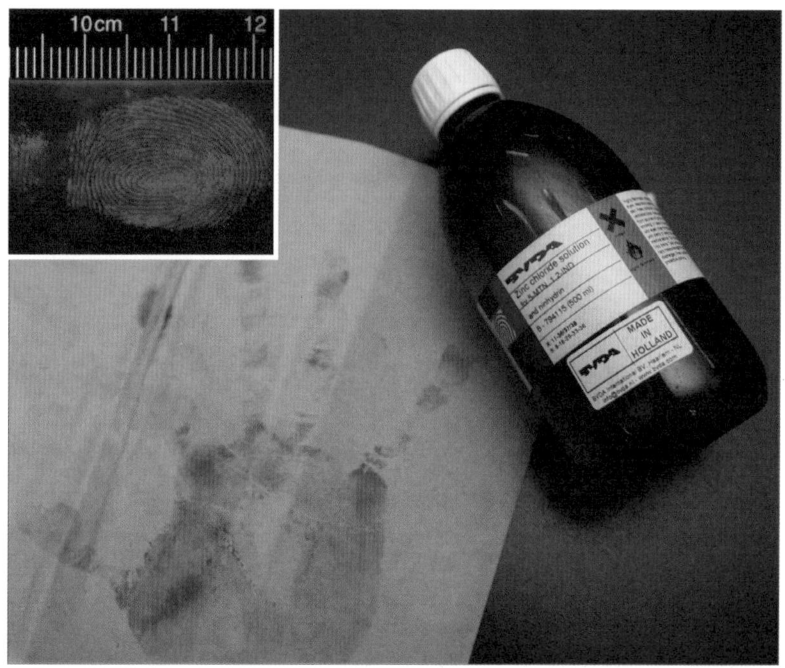

상온의 닌히드린은 고체 상태의 결정이다. 예전에는 아세톤, 에탄올 같은 용매를 사용했지만 이들 용매가 종이에 남겨진 중요한 단서가 되는 글씨 등 잉크 성분을 녹인다는 단점으로 인해 최근에는 3M사의 HFE 7100 같은 특별히 개발된 용매를 사용한다. 지문을 구성하는 단백질이 아미노산으로 분해되어야 닌히드린과 반응하여 '루히만 퍼플'이라는 보라색 지문이 나타나기 때문에 일정한 온도와 습도에서 약간의 시간이 필요하다. 지문 감식에 몸 바친 현장 수사 요원들에게 '보랏빛 보물'을 선물하는 '루히만 퍼플'은 세상에서 가장 아름다운 색깔이다. 현장에서는 빠른 결과를 보기 위해 스팀 다리미로 검체를 문지르지만, 검체에 고온과 고습이 단시간에 적용된다는 점에서 검체의 손상이 우려되는 경우에는 선택적으로 적용할 것을 권한다.

◉ **시아노아크릴레이트** 순간접착제도 지문 현출에 사용된다. 1970년대 일본의 한 경찰관이 뚜껑을 닫지 않은 순간접착제 때문에 자신의 물건에 잘 지워지지 않는 견고한 지문이 하얗게 생겨난 것을 발견했다. 이렇게 탄생한 순간접착제법(superglue fuming 또는 그 성분명에 따라 cyanoacrylate, CA법)은 1980년대 미국으로 건너가 눈부시게 발전한다. 이 기법은 분말이나 액체보다 더 미세한 기체가 직접적인 전달 물질의 압력 없이 지문을 만들어 낸다는 점에서 상태가 좋지 않은 지문도 훌륭한 결과물을 보여 준다는 장점이 있다. 순간접착제가 증발하며 공기 중 또는 검체의 표면에서 지문을 구성하는 물질과 반응해 하얗고 단단한 지문을 만들어 내는 기법이라, 표면적이 넓은 검체에도 적용하기 쉽고 눈에 보이지 않는 곳까지 구석구석 적용할 수 있다. 미국에서는 시체에 남아 있을지 모를 용의자의 지문을 찾는 데 이 기법을 적용한다.

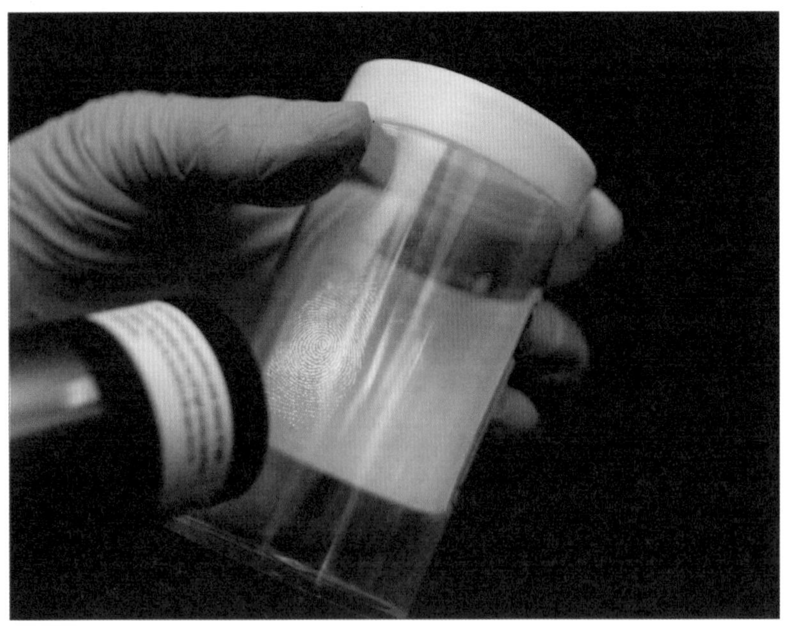

시체에 투명한 비닐 텐트를 씌우고 순간접착제를 가열하여 만들어 낸 연기를 텐트 안으로 집어넣는다. 성폭행 살인 사건 등에서는 용의자와 피해자 사이에 강한 접촉이 있게 마련이기 때문에 시체의 피부에서도 지문이 발견되곤 한다. 차량의 지문 검색에도 적용되는데 이때도 텐트를 사용한다. 차량은 구조가 매우 복잡한 검체여서 사람 손으로 일일이 지문을 검색하기가 힘들다. 하지만 이러한 기체법을 사용하면 지문을 발견하기 쉽다.
물론 순간접착제법이 장점만 있는 것은 아니다. 한번 생겨난 견고한 지문은 특정 용매가 아니면 지워지지 않을 만큼 단단하다. 자칫 지문이 아닌 다른 부분에 생성되어 지문의 모양을 식별해 내는 걸 방해할 수도 있는 것이다. 이러한 특징 때문에 다른 기법보다 좋은 성과를 보일 수 있다는 확신이 들었을 때 마지막으로 적용해야 하는 기법이다. 또한 반응의 개시제가 되는 습기에 큰 영향을 받기 때문에 적용하는 환경에 따라 주의를 기울여야 한다.

지문은 비교적 오랫동안 과학수사 기법을 대표해 온 기법이다. 신문과 잡지 등을 통해 수사 기법을 공부해 온 연쇄살인범 유영철과 강호순은 피해자의 지문을 통해 수사에 탄력이 생길까 봐 시신에서 지문 부위를 도려냈다. 하지만 우리나라의 과학수사 요원들은 도려낸 시신의 손가락 부위에서 미세하게 남아 있는 지문 윤곽을 찾아내 피해자의 신원을 확인했다. 연쇄살인범뿐만 아니라 대부분의 범죄자들이 현장에 지문을 남기지 않으려고 노력한다.
현장 수사 요원들은 지문으로 범인을 검거하는 것이 점점 어려워진다고 말한다. 하지만 헨리 폴즈가 지문의 개인 식별 기능을 발견하고 체계화한 이후로 지문은 단 한 번도 가장 뛰어난 개인 식별 기능을 가진 기법이라는 자리를 다른 것에 양보한 적이 없다. 현장에 남긴 범인의 지문이 흐릿하고 불분명한 쪽지문 단 한 점밖에 없더라도 그를 잡을 수 있는 가장 강력한 무기는 지문 기법이다. 세계의 법과학자들이 지문 연구에 몰두하는 이유다.

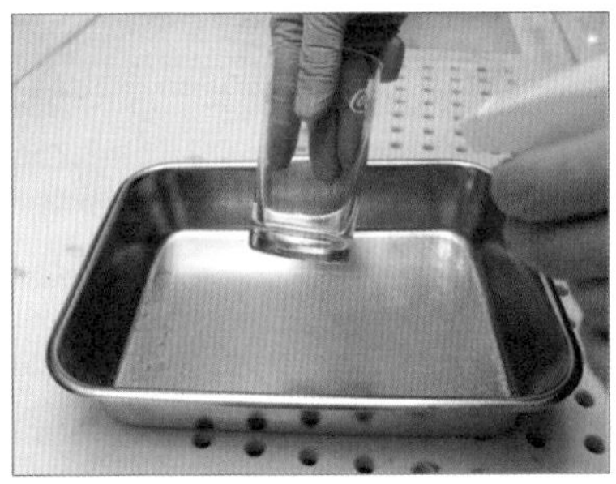

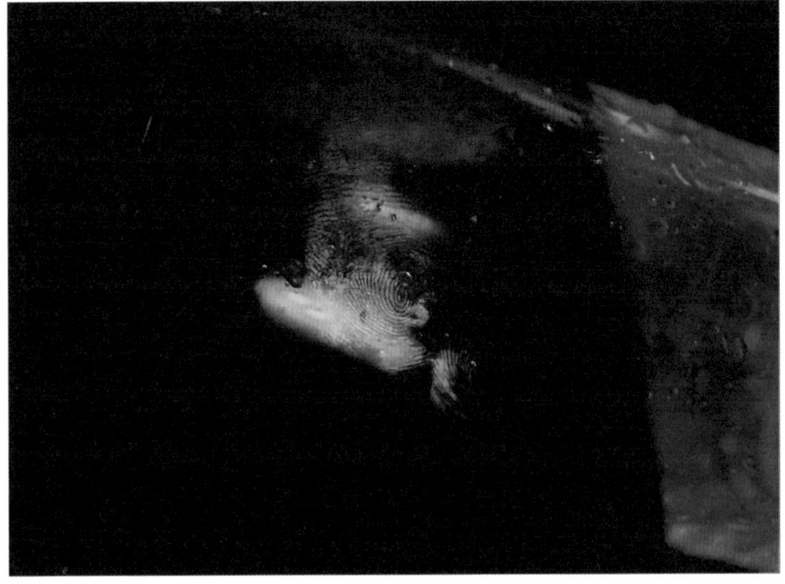

한국 최고의 CSI: 지문 감식 전문가

"현실은 결코 사람들이 기대하는 드라마가 아니다!" 임승 검시관

2002년 '물질생물화학공학' 석사 학위를 취득하면서 SCI급 과학 학술지에 다수의 논문을 게재하고 이름난 생명공학(바이오 엔지니어링) 연구 업체 연구원으로 스카우트된 촉망받는 과학도 임승. 하지만 3년 뒤인 2005년, 돌연 사표를 제출하고 경찰검시관 채용 시험에 도전한다. 사건 현장에서 시신을 검안해 부검의 필요성을 살피는 경찰검시관으로 채용된 그는 자신의 전공을 살려 '지문 감식'에 매달린다. 그리고 『잠재 지문 현출 매뉴얼』이라는 지문 교과서를 출간할 정도로 이론이나 실무 기술이나 자타가 공인하는 '대한민국 최고의 지문 전문가'가 되었다.

다음은 임승 검시관과 나눈 일문일답이다.

임승 검시관에게 지문이란?

지문은 오래전부터 그 가치가 입증된 과학 분야이며 DNA 분석과 더불어 과학 수사의 양대 축을 이룰 정도로 의미가 크다. 그렇지만 실제로 현장에서 사용할 수 있는 시약이 한정되어 있으며, 새로운 방향을 모색해야 하는 시점에 도달했다. 최근 외국에서는 지문 분비물 중 무기물을 분석해서 잠재 지문을 형상화하는 새로운 방법을 연구하고 있다. 반면, 국내에선 아직도 지문을 경찰에서만 사용하는 폐쇄된 분야로 인식해 학계와 연계된 개발이 이루어지지 않으며, 독자적으로 연구 개발할 전문 인력과 장비가 없다 보니 항상 외국 기술에 의존하는 실정이다.

기계에 의한 자동 검색, 각종 잠재 지문 현출 장비의 출현 속에서 '지문 전문가'의 역할은 무엇인가?

지문을 컴퓨터 자료로 관리하고 그 자료를 자동으로 검색하는 장비를 개발하면서부터 지문 전문가의 중요성이 다소 떨어지는 것 같다. 지문 자동 식별 시스템(AFIS) 프로그램을 활용하는 기초 지식만 습득하면 활용 여부에 따라서 누구나 지문 전문가가 될 수 있다. 컴퓨터는 등록한 지문을 토대로 특징점을 추출해 주기 때문에 사용자는 육안으로 관찰한 후 맞지 않는 부분만 체크하면 되고, 컴퓨터가 입력된 값을 토대로 시스템에 등록된 자료와 비교 검토한 후 판단 결과를 보여 준다. 지문에 관심이 있다면 누구나 단시간 내에 동일한 작업을 반복할 수 있다. 또한 자동 검색 시스템의 프로세스가 계속 개선되기 때문에 입력한 사람과 관계없이 프로그램의 정확도도 매우 높아졌다.

잠재 지문 현출 장비도 비슷하다. 사람에 관계없이 동일한 결과를 보여 준다. 한 예로 RUVIS를 들 수 있다. 현장에서 잠재 지문을 찾고자 할 경우, 기기를 작동시키고 매뉴얼에 있는 방법대로 조작한 뒤 현장을 돌아다니면 된다. 그럼 지문 전문가의 역할이 뭘까? '컴퓨터에 넣을 지문을 얼마나 좋은 품질로 현출해 내는가'다. 현장에 제아무리 좋은 지문이 남겨져 있다 한들 그걸 채취하는 데 실패한다면 차후에 이루어지는 확인 과정은 무의미해질 것이다. 결국 첨단 장비를 개발해 현장에서 활용한다고 해도 사람이 수집한 증거물에 의해서 모든 과정이 진행되므로 지문 전문가의 역할은 항상 중요하다. 물론 지문 전문가가 자만심에 빠져서 최신 정보를 받아들이지 않은 채 노력과 연구를 게을리 한다면 이미 지문 전문가의 자격을 잃은 셈이다.

촉망받던 과학도가 과학수사 분야에 투신한 계기는?

대학원에서 연구한 분야는 미생물 효소와 생물 고분자, 약물 전달 시스템이었고, 국내외 학술지에 많은 논문을 게재하기도 했다. 대학원 졸업과 동시에 바이오 벤처 회사에 취직해 4년 동안 천연물 개발 분야에서 연구원 생활을 했다. 검시관으로 임용되기 전까지 경찰서에 가 본 건 딱 한 번 교통 사고 때문이었고 과학수사팀에서 하는 일도 전혀 몰랐다. 그 당시 이 분야는 정말 낯설었기 때문에 지금도 그때 왜 내가 그런 생각을 했는지 모르겠다. 이 분야를 지원한 계기는 후배의 권유 때문이었다.

벤처 기업에서도 분야별로 담당이 나누어지는데 해외(일본) 무역을 담당하는 후배가 있었다. 6개월 동안 같이 근무하다가 갑자기 사직하고는 경찰청 외사국 외사 특채로 경장에 임용되었는데 어느 날 갑자기 이 후배에게서 연락이 왔다. 경찰청에서 검시관을 모집하는데 내가 지원하면 합격할 거라고 꼭 지원해 보라는 거였다. 시체와 관련된 일이고 전혀 생소한 분야였기 때문에 싫다고 말했지만 뭔가 새로운 것에 도전해 보고 싶다는 생각이 들어 법의학 책을 한 권 구입해 2개월 동안 공부했다. 시체를 본다는 게 참 어려웠다. 특히 회사 다니면서 저녁에 공부한다는 게 쉽진 않았다.

실력은 없지만 운이 따라서 2005년 11월에 최종 면접까지 합격할 수 있었다. 그리고 2005년에 수사연수원에서 2주 동안 과학수사 기초 과정을 배우면서 지금의 내 모습이 만들어지지 않았나 생각한다. 과학수사에 관련된 모든 것이 무척 생소하긴 했지만 관련된 모든 분야는 기초 과학일 뿐 더 이상 어려운 학문은 아니었다. 내 인생은 남이 아닌 나 스스로 개척해야 한다는 걸 뼈저리게 배우는 중이다.

미래의 지문 박사, 미래의 CSI를 꿈꾸는 젊은이들에게 해 주고 싶은 말은?

일단 막연한 동경심을 버려야 한다고 생각한다. 과학수사는 미디어 매체를 통해 과장되게 연출된 것과 다르다. 현실이다. 겪어 보지 않으면 절대로 알 수 없다. 또한 과학수사란 한 사람의 역량이 뛰어나다고 목적이 이루어지는 분야가 아니다. 한 사람 한 사람의 역량이 최대한 결집되어야 목적이 달성되는 분야다. 드라마에서 연출된 일은 절대 현실에서 일어나지 않는다. 꿈에서 깨어나 타인과 공감하는 방법을 터득해야 한다.

태어날 때부터 전문가는 존재하지 않는다. 한 분야에 대해 다른 사람들보다 깊은 관심을 가지고 노력하다 보니 주위에서 저 사람은 이 분야의 전문가라고 이야기할 뿐이다. 그렇기에 스스로 자만해서도 안 된다. 자신을 평가해 주는 건 자신이 아닌 타인이기 때문이다. 그렇다고 타인의 눈을 의식해서 행동해선 안 된다. 나 역시 한 분야의 전문가라고 생각하지 않을뿐더러, 내가 이 조직에서 맡은 업무를 효과적으로 수행하기 위해서는 항상 노력하고 배워야 한다고 생각하며 그렇게 하고자 끊임없이 노력할 뿐이다.

인터넷 사이트에서 과학수사 요원이 되고 싶은데 어떻게 해야 하느냐는 질문을 흔히 접한다. 경찰 과학수사 요원이 되기 위해서 개인이 해야 하는 일은 경찰관에 임용되기 위해 열심히 공부하는 것이다. 경우에 따라서는 특채로 임용될 수도 있지만 확률이 낮다. 앞으로 들어올 후배들에게 꼭 해 주고 싶은 조언이 있다면, 자신의 역량을 키우기 위해 특정 분야를 지정해서 공부하기보다는 다양한 분야의 학문을 접하고 그와 관련된 전문 서적을 많이 읽어 지식의 폭을 넓히라는 것이다. 모든 학문은 연결되어 있지만, 사회 생활을 해보지 않은 사람들은 잘 모른다. 나 역시 전공은 미생물과 화학공학이다. 과학수사에서 이 두 가지 분야는 큰 의미가 없지만 잘 응용하면 무궁무진한 결과물을 얻을 수 있다. 포기하지 말고 끊임없이 노력하다 보면 언젠가는 다른 사람보다 성장한 자신을 발견할 것이다.

『잠재 지문 현출 매뉴얼』을 출간했다. 이 책이 갖는 의미는?

과학수사 요원이라면 누구나 자신만의 장점을 살리고 싶어 한다. 검시관이 아닌 과학수사 요원으로서 내가 가진 장점이라면, 다른 과학수사 요원들에 비해 기초 과학을 많이 접했다는 것이다. 임용된 후 과학수사계에 근무하면서 꼭 해보고 싶은 일이 있었다면 나만의 잠재 지문 현출 기법을 만드는 것이었다. 우연찮게 2009년에 '혈흔 지문용 산화철 페이스트'란 시약을 만들어서 개인적으론 좋은 결과를 얻었지만 이 때문에 늘 고민했다. 나만의 방법으로 끝나 버리면 과연 무슨 목적을 달성했다고 할 수 있는가? 2006년부터 해마다 잠재 지문 현출 기법을 연구해 왔기에 그만큼 자료를 많이 수집했다. 국내에 잘 알려진 방법도 있지만 그렇지 않은 방법도 많았다. 지문과 시약에 대한 호기심에서 지문 현출 가이드란 매뉴얼이 시작되었다고 할 수 있다. 초창기에는 아미노산에 반응하는 잠재 지문 현출용 시약에 대한 매뉴얼을 만들려고 했는데 실험하는 과정에서 범위를 점점 넓혀 나가다 보니 지금 같은 시약 매뉴얼이 탄생했다.

앞에서 이야기했듯이 과학수사는 한 사람이 이끌어 갈 수 있는 분야가 아니다. 서로 정보를 공유해야 많은 발전을 이룩할 수 있는 분야다. 정보를 나 혼자만 가지고 있어서는 개인적인 발전 그 이상을 기대하기 어렵다. 이런 취지에서 동료들과 함께 해보기로 결정한 것이다. 매뉴얼에 실은 잠재 지문 현출용 시약은 대략 30여 가지 정도 되는데 이 중 국내에서 사용하는 시약은 그리 많지 않다. 수십 년 동안 수백 가지 방법이 제안되었으나 현장에서는 30여 가지 정도만 사용된다고 하니 현실과 동떨어진 연구 결과물이 얼마나 많고 기법 하나를 개발하는 게 얼마나 어려운지 새삼 실감하게 된다. 이 매뉴얼은 앞으로 개발될 방법들이 갖추어야 할 요소를 명확히 짚어 주며 과학수사 요원이라면 당연히 알아야 하는 시약의 종류와 현출 원리, 사용법을 한눈에 보여 준다.

과학수사에서 지문의 발전 방향은 어디를 향해 있는가?

개인적으로 과학수사에서 지문의 발전 방향은 현장에서 시약을 사용하기 전에 증거물을 훼손하지 않고 유류된 지문을 탐지할 수 있는 장비를 개발하는 방향으로 진행되어야 한다고 본다. 또한 한국인의 지문 성분을 분석하는 연구가 이루어져야 하며, 여기에는 현장에 유류된 잠재 지문 성분이 시간에 따라 변해 가는 양상 또한 포함되어야 할 것이다. 지문 성분에는 유기물과 무기물이 공존하지만 무기물에 대한 연구는 아직 크게 이루어지지 않는 실정이다. 외국에서는 증거물에 유류된 지문 성분 중 무기염의 분포도를 파악해 이미지화하는 장비를 개발하는 데 초점을 맞추고 있다. 지문과 별개로 만졌던 흔적에서 발견한 DNA 증거물 역시 중요하기 때문에 신원 확인이 어려운 지문에서는 DNA를 추출해 증거 가치를 높이는 작업이 이루어지고 있다. 이 역시 국립과학수사연구원과 협력해 경찰 과학수사가 지향해야 하는 목표일 것이다.

지문 감식 기법의 발전을 위해 경찰이 해야 할 일은?

최근 법과학과 관련된 연구 모임과 대학원이 속속 등장하고 있다. 어느 분야든 기초를 튼튼히 갖춘 전문 인력이 조직에 충원되어야만 그를 토대로 비약적인 발전이 이루어진다. 충원된 인력을 좀 더 체계적으로 교육하는 것도 필요하다. 현장 경험만 바탕에 둔 교육은 질적으로 떨어질 수밖에 없다. 현장 경험만 갖춘 인력은 경험이 없는 문제에 부딪히면 이를 해결하기 어렵지만, 기본 지식을 바탕으로 경험을 갖춘 인재는 짧은 시간 내에 효과적인 해결책을 찾아낼 수 있다. 과학수사 요원 간의 정보 교류 역시 필요하다. 이를 통해 현장 경험을 좀 더 빠른 시간 내에 자신의 지식으로 습득할 수 있다. 전국적인 연구 모임 등을 통해 주기적으로 경험을 공유하는 자리를 만들어 줘야 한다.

경찰과는 별도로 전문화된 인력의 충원도 필요하다. 진급에 따라 인사가 진행될 경우 매번 새로운 사람이 현장 감식을 하기 때문에 기법이 발전할 수 없다. 발전이라고 해봐야 과거의 실패를 답습하고 개선책을 제시하는 정도다. 또한 과학수사센터 내에 지문뿐만 아니라 과학수사 관련 기법을 수집하고 연구하고 개발하는 소규모 부서가 필요하다. 최종적으론 경찰 교육 기관이 아닌 이 부서를 통해서 지문과 관련된 새로운 기법과 연구 성과를 공유해야 할 것이다. 마지막으로는 국립과학수사연구원과 관련 단체, 학계와 연결고리를 확고히 하고 연구 결과를 공유하며 경우에 따라서는 연구 과제를 공동으로 수행함으로써 상호 발전을 이루어야 한다고 생각한다.

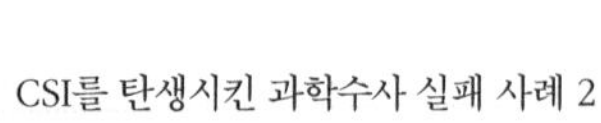

CSI를 탄생시킨 과학수사 실패 사례 2

오 제이 심슨O. J. Simpson 사건

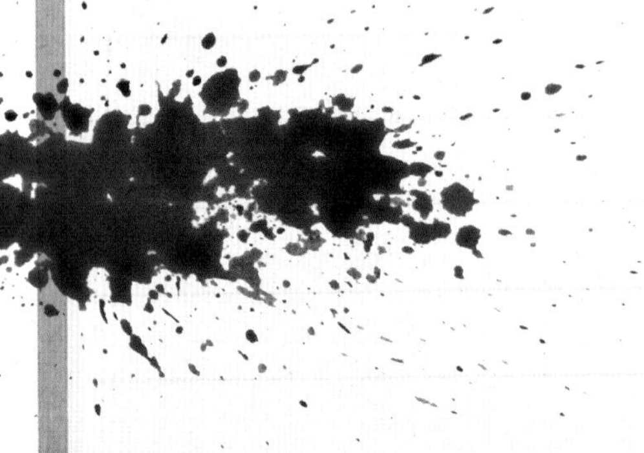

한밤의 비명

1994년 6월 12일 밤, 미국 캘리포니아 로스앤젤레스 카운티 부유층 지역인 브렌트우드의 한 저택에서 날카로운 비명 소리가 연거푸 들렸다. 신고를 받고 출동한 경찰은 저택 앞마당에서 피범벅이 된 채 숨진 백인 남녀를 발견했다. 여자의 이름은 니콜 브라운 심슨(Nicole Brown Simpson). 미식축구 선수를 거쳐 할리우드에서 영화배우로 이름을 날리는 흑인 슈퍼스타 오 제이 심슨(O.J. Simpson)의 전처였다. 남자는 그녀의 친구인 로널드 골드만(Ronald Goldman)이었다.

경찰은 감식을 위해 현장을 보존한 채 용의자나 추가 피해자를 찾기 위해 집 안으로 들어갔다. 용의자의 모습이나 추가 피해자는 찾아낼 수 없었지만, 2층 방에서 아무것도 모른 채 곤히 잠든 두 아이(시드니 여덟 살, 저

스틴 다섯 살. 오 제이 심슨과 니콜의 아이다)를 발견했다.

현장 수사 결과 뚜렷한 외부 침입 흔적이나 뒤진 흔적, 없어진 물건 등은 발견되지 않았다. 두 피해자 모두 목과 얼굴 부위를 여러 차례 찔렸는데, 특히 니콜의 상태가 참혹했다. 목이 거의 잘려 나갈 정도로 강하고 반복적인 공격이 목에 집중되었고 팔에서는 여러 개의 방어흔이 발견되었다. 피로 물든 사건 현장에서 니콜의 맨발에 피가 묻지 않은 점으로 보아 범인은 니콜을 먼저 공격하고 뒤늦게 현장에 도착한 로널드를 공격한 것 같았다. 흉기로는 칼과 같은 예기가 사용되었고, 격렬하게 방어한 점으로 미루어 범인의 손에도 상처가 남았을 가능성이 있었다. 사건 현장에서는 여러 점의 혈흔이 발견되었고 모두 분석을 위해 경찰 증거분석실로 이송되었다.

이후 사건 현장인 니콜 심슨의 저택에서는 증거를 찾기 위한 철저하고 치밀한 현장 감식이 행해졌고, 현장에서 발견된 증거물이 폴리스 라인 밖으로 나와 차량을 통해 옮겨지는 모든 장면이 TV 카메라에 담겨 방영되었다.

유력한 용의자, 오 제이 심슨

니콜과 심슨은 2년 전 이혼했고, 경찰 기록에서 심슨이 협박하거나 폭행했다는 니콜의 신고 사실들이 발견되었다. 경찰은 바로 심슨의 소재 파악에 나섰다. 심슨은 사건 직후 야간 비행기를 타고 시카고로 날아가 예정된 사업 미팅에 참석하고 있었다. 사건 다음 날인 6월 13일, 경찰로부터 니콜의 사망 소식을 통보받은 심슨은 LA로 돌아와 경찰에 출두해서 간단한 조사를 받았다. 심슨의 왼손 가운뎃손가락에는 칼에 베인 것으로 보이는 뚜렷한 상처가 있었는데, 심슨은 과일을 깎다가 생긴 것 같다고 대답했다. 심슨은 경찰 조사 후 LA 최고의 거물급 변호사인 로버트 샤피로(Robert Shapiro)를 변호인으로 선임한 뒤, 16일 니콜의 장례식 이후 다시 경찰에 출두하기로 하고 일단 귀가한다.

심슨의 변호인단은 오 제이 심슨이 6월 17일 오전 11시까지 경찰에 자진 출두할 것을 통보했고, 경찰서 앞에는 새벽부터 1,000여 명이 넘는 취재진이 자리를 잡는 진풍경이 연출되었다. 하지만 심슨은 약속 시간이 훨씬 지나도 나타나지 않았고, 오후 2시 LAPD(Los Angeles Police Department, 로스앤젤레스 시 경찰청)는 심슨에 대한 '전국 지명수배령(All-Points Bulletin)'을 발령했다. 오후 5시, 심슨의 친구와 변호사가 취재진 앞에 나타나 심슨이 남겼다는 편지를 낭독했는데, 그 내용은 "난 니콜 살인 사건과 관련이 없다…. 부디 내게 연민이나 동정심을 갖지 않기 바란다. 난 그동안 멋진 삶을 살았다"는 것이었고, 편지 말미에는 가까운 지인 24명의 이름과 한 사람마다 특별한 작별 인사가 담겨 있었다. 누가 봐도 결백을 주장하고 삶을 정리하면서 자살을 암시하는 글이었다.

경찰은 심슨에 대한 전면 수색에 나섰고 오후 6시 45분, 심슨의 카폰 위치 추적에 성공, 오렌지카운티에서 심슨의 차량을 발견했다. 운전 중이던 심슨의 친구는 검문하는 경찰관에게 "심슨이 자기 머리에 총을 겨누고 있다"고 말했다. 이후 시속 55킬로미터의 속도로 주행하는 심슨의 차량을 20여 대의 경찰차와 수십 대의 취재 차량이 뒤따르고, 하늘에서는 경찰 헬기와 취재 헬기가 행진하는 희대의 추격전이 전개되었다.

MADELEINE ALBRIGHT
HISTORY IN THE MAKING
TIME
THE INSIDE
STORY OF
HOW
O.J.
LOST

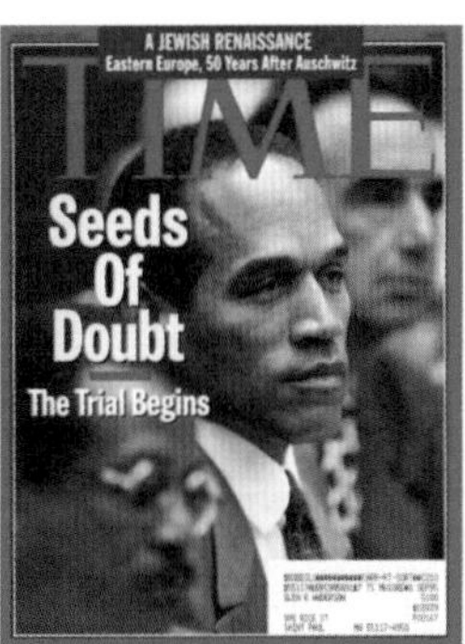
A JEWISH RENAISSANCE
Eastern Europe, 50 Years After Auschwitz
TIME
Seeds
Of
Doubt
The Trial Begins

뜻밖의 반전

저녁 8시, 총 80킬로미터에 걸친 생중계 추격전 끝에 자기 집에 도착한 심슨은 "집에 들어가 어머니와 한 시간만 대화하게 해 주면 자수하겠다"고 요구해 동의를 얻은 뒤 약속대로 걸어 나와 경찰에 체포되었다. 심슨의 차량에서는 권총과 여권, 가족 사진, 8,000달러의 현금과 가짜 콧수염 등 변장 도구가 발견되었다. 자살이 아닌 해외 도피를 시도한 흔적이 뚜렷했다.

이후 자백을 통해 모든 실체가 밝혀지고 쉽게 마무리될 것 같았던 사건은 심슨이 혐의를 전면 부인하고 무죄를 주장하면서 의외의 반전을 맞았다. 게다가 심슨 변호인단은 또 다른 거물 자니 코크란(Johnnie Chochran)이 합류하면서 언론에 의해 '드림팀'이라는 별칭이 붙었다. 검찰은 살인 등 강력 사건 기소 경험이 풍부한 마흔 살의 여성 검사 마샤 클락(Marcia Clark)과 흑인 검사 크리스토퍼 다든(Christopher Darden)을 배치해 피해자 니콜과의 동일시 효과는 물론 '인종 편견 극복' 효과까지 동시에 노린 듯했다. 이후 134일에 걸친 TV 생중계 재판을 통한 치열한 법정 공방이 펼쳐졌다.

법정 증거

지나친 언론 보도와 흑백 인종 갈등 문제로 인해 배심원들이 중도 교체되는 등의 법정 외적인 문제도 있었지만, 핵심은 동기와 정황 등 유죄임이 확실해 보이는 상황에서 범행을 전면 부인하는 심슨의 유죄를 입증할 정도로 '증거가 충분하고 확실하냐'였다. 검찰이 제출한 증거는 다음과 같다. 범행에 사용된 흉기, 범인의 지문과 범행 장면을 직접 본 목격자 등 '직접 증거'는 없지만, 검찰은 유죄 입증에 확신을 가질 정도로 많은 증거를 확보하고 있었다.

정황 증거

이혼 전 심슨이 아내 니콜을 폭행해 가정 폭력 혐의로 체포된 경찰 기록과 당시 촬영된 니콜의 멍든 얼굴 등이 심슨의 폭력성과 가학성, 니콜에 대한 집착과 질투심 등을 입증하는 증거로 제출되었다. 또한 이혼 이후 니콜이 911 응급 신고 전화를 걸어 심슨이 찾아와 협박해 두렵다며 경찰 출동을 요청하고, 배경음처럼 심슨이 고함 지르는 소리가 녹음된 테이프도 증거로 제출되었다. 사건 당시 심슨의 알리바이는 확인

되지 않았고, 사건 다음 날 경찰에 출두한 심슨의 왼손 가운뎃손가락에 칼에 베인 듯 한 상처가 있었다.

법과학적 증거

◉ **DNA** 미국 법정에서 DNA 증거를 처음 채택한 것은 1988년이었고, 1990년에 들어서야 살인 등 중요 강력 사건의 유죄 입증 증거로 받아들이기 시작했다. 오 제이 심슨 재판이 열린 1995년만 해도 DNA 증거가 일반에 널리 알려진 상태는 아니었다. 검찰 측은 이 새롭고 획기적인 과학적 증거를 유죄 입증의 핵심 열쇠로 사용했다. 심슨의 침실에서 발견된 양말에 묻은 혈흔에서 추출한 DNA는 피살된 니콜의 것과 일치했고, 니콜의 시신 옆에서 발견된 혈흔에서 추출한 DNA는 심슨의 것과 일치했다. 심슨의 차량 안과 밖 그리고 인근에서는 심슨과 니콜, 로널드의 DNA가 모두 발견되었다. 범죄 현장인 니콜의 집 바깥에서 발견된 왼쪽 장갑이 피에 젖어 있었는데, 역시 심슨과 니콜, 로널드의 DNA가 모두 발견되었다. 그 외에도 범죄 현장과 심슨의 집 총 45곳에서 발견한 혈흔에서 추출한 DNA 증거가 제출되었다.

◉ **섬유** 범행 현장에서 발견한 니트 모자에서 추출한 섬유 성분이 심슨 차량 시트의 섬유 성분과 일치했다. 로널드의 시신에서 짙은 남색 섬유가 발견되었고, 검찰은 심슨의 이웃 중에 사건 당일 심슨이 같은 색깔의 셔츠를 입은 것을 봤다는 증인을 확보했다.

◉ **모발** 피해자 로널드의 셔츠와 시체 옆에 떨어져 있던 니트 모자에서 흑인의 머리카락이 발견되었고, 현장 담 밖에서 발견된 피 묻은 장갑에서는 로널드의 머리카락과 동일한 모발이 발견되었다.

◉ **족적** 범행 현장에 찍힌 피 묻은 족적에 대한 FBI 분석 감정 결과, 매우 드문 고가의 명품 브루노 매글리(Bruno Magli) 12사이즈라는 것이 밝혀졌다. 과거 언론 보도

사진에서 심슨이 브루노 매글리 신발을 신었다는 것이 확인되었고, 그의 신발 사이즈는 12였다.

◉ **장갑** 범행 현장인 니콜의 집 바깥에서 발견된 피 묻은 왼쪽 장갑은 애리스 라이트(Aris Light)의 XL 사이즈였고, 당시 심슨의 주거지에서 같은 상표 같은 사이즈의 오른쪽 장갑이 발견되었다. 이 장갑은 니콜이 1990년 블루밍데일 백화점에서 구입해 심슨에게 선물했고, 심슨은 사건 발생 직전까지 즐겨 착용한 것으로 확인되었다.

목격 진술

◉ **사건 당일 심슨의 행적** 심슨의 이웃과 지인 등 목격자들의 진술을 종합하면, 심슨은 사건 당일 밤 9시 36분부터 10시 54분까지 알리바이가 성립되지 않으며 행적이 묘연하다. 검찰과 변호인단이 모두 동의하는 살인 발생 시간은 밤 10시 15분부터 40분 사이고, 심슨의 집과 니콜의 집은 차로 15~20분 거리다. 심슨이 시카고행 비행기를 타기 위해 공항까지 가려고 부른 리무진 운전기사는 밤 10시 25분쯤 심슨의 집에 도착했지만 심슨의 차를 발견하지 못했다(심슨은 늘 한눈에 보이는 집 앞 도로에 주차했고, 사건 이후에도 같은 장소에 주차되어 있었다). 사건 현장 인근 이웃 주민은 밤 10시 35분경에 심슨의 차량과 같은 차량이 니콜의 집 쪽에서 심슨의 집 방향으로 빠르게 지나가는 것을 목격했다고 진술했다. 리무진 운전기사는 약속 시간인 밤 10시 40분이 되자 심슨의 집 초인종을 여러 차례 눌렀지만 아무도 응답하지 않았고 집 안의 불도 모두 꺼져 있었다고 진술했다. 밤 10시 50분, 키가 크고 건장한 흑인(심슨으로 추정)이 심슨의 집으로 들어가는 모습이 리무진 운전기사와 이웃 주민에 의해 목격되었고, 곧이어 리무진 운전기사가 전화하자 심슨이 전화를 받고는 "깜빡 잠이 들었다. 곧 나가겠다"고 응답했다. 밤 10시 54분, 심슨은 리무진을 타고 공항으로 향한 뒤 시카고행 비행기에 몸을 실었다.

◉ **사건 이후 심슨의 상태와 태도** 리무진 운전기사와 심슨의 이웃 주민은 사건 당일 밤 10시 50분경 심슨이 리무진을 타러 나왔을 때 매우 '흥분한 상태'였다고 진술했다. 니콜의 사망 소식을 전하기 위해 시카고 있는 심슨에게 전화를 건 론 필립스 형사는 심슨이 "충격을 받은 듯한 목소리였지만, 니콜이 어떻게 사망했는지 묻지도 않을뿐더러 전혀 관심을 보이지 않은 점이 매우 이상했다"고 진술했다.

심슨 변호인단의 증거 탄핵

◉ **정황 증거 - 근거 없음** 사건 이전 심슨과 니콜의 부부 싸움은 살인 사건과 아무 관련이 없으며, 가정 폭력을 행사하는 남성 중에 실제로 아내를 살해하는 경우는 극히 일부에 불과하다.

◉ **법과학적 증거 - 조작 가능성 농후** '드림팀' 변호인단은 재판의 핵심 쟁점이자 검찰 측 최대의 무기인 법과학적 증거 자체에 대해 정면 대응하지 않고, 그 증거들이 '수집되고 운반되고 보관된 과정의 흠결'을 찾아 공격하는 데 모든 역량을 집중했다.

◉ **담당 형사의 증거 조작 가능성** DNA가 추출된 피 묻은 장갑과 양말 등 핵심 증거물 대부분을 발견하고 수집한 담당 형사 퍼먼은 법정에서 선서한 뒤 변호인의 반대 심문 과정에서 자신은 지난 10년 동안 한번도 '깜둥이(nigger)' 등 인종 차별적 용어를 사용한 적 없으며 인종 차별 행위도 하지 않았다고 진술했다. 하지만 얼마 후 변호인이 법정에서 튼 녹음기에서는 퍼먼이 41번이나 '깜둥이'라는 용어를 반복해서 사용하고 있었다. 9년 전인 1986년 퍼먼이 경찰 다큐멘터리 프로그램을 준비 중인 방송작가와 인터뷰한 내용이었다. 곧 변호인단은 퍼먼을 위증죄로 고소했고, 퍼먼은 이후 증인 신문 과정에서 변호인을 선임해 대동한 뒤 자기 방어를 위해 묵비권을 행사했다. **'독수독과**(독 묻은 나무에서 딴 과일에는 당연히 독이 묻어 있다는 뜻으로, 증거 수집 방법이 위법이면 그 결과로 수집된 증거도 증거 능력을 상실한다는 형사법 원칙)**' 법칙**에 따

라 퍼먼이 수집한 결정적인 법과학 증거의 증거 능력이 와르르 무너지는 순간이었다. 변호인단은 이어 퍼먼이 증거를 수집할 때는 늘 다른 경찰관의 입회 없이 '단독으로' 행동했고, 피에 흠뻑 젖은 장갑이 발견된 장소 어디에서도 혈흔이 발견되지 않은 점 등 '합리적 의심'의 여지를 무수하게 쏟아냈다. 또한 1983년 용의자들을 이유 없이 폭행하는 등 이상 행동에 대해 정신과 상담을 받았으며, 1984년에는 사람들이 많은 도로에서 무단 횡단한 흑인 청년을 붙잡아 목을 조르며 죽이겠다고 위협한 혐의로 감봉에 해당하는 징계 처분을 받은 사실도 법정에 제출되었다.

◉ **TV에 중계된 치명적 실수** 실시간으로 중계된 현장 수사 과정 중 일부 증거가 경찰 매뉴얼과 달리 검은색 비닐 봉지(규정에는 마닐라 종이 봉투)에 담겨서 옮겨졌는데, 변호인단은 이 장면을 놓치지 않았다. 또한 일부 현장 수사 요원이 장갑을 착용하지 않은 채 증거물을 현장에서 집어 올려 봉투에 넣는 장면도 포착되었다. 게다가 TV 화면은 아니지만, 경찰 현장 수사 요원이 감식을 실시하기도 전에 기자들이 심슨의 차량에 접근해 만지고 들여다보고 몸을 기대는 모습이 찍힌 사진들도 발견되었다.

◉ **변호인 측 전문가 증인** 당시 미국 법과학계에서 가장 정확하고 경험 많은 실무자는 동부 코네티컷 주 경찰청 법과학연구소장인 헨리 리(Henry Lee) 박사였다. 타이완 경찰대학 출신의 중국계인 그는 실력과 함께 어떤 압력이나 이해 관계에도 흔들리지 않는 독립성과 중립성을 인정받아 코네티컷 주 경찰청장에 임명되어 두 차례의 임기를 성공리에 마친 사람이었다. 심슨 변호인단은 법 집행 기관 측이라고 볼 수도 있는 그를 전문가 증인으로 내세우는 강수를 뒀다. 수사나 법과학에 문외한인 일반인들도 쉽게 이해할 수 있는 평이한 용어와 표현으로 DNA 등 어려운 법과학 이론을 쉽게 설명해 준 헨리 리 박사는 배심원단과 청중, 시청자들의 눈과 귀를 사로잡고 전적인 신뢰를 얻으면서 오 제이 심슨 재판을 통해 최고의 스타로 떠올랐다. 그의 증언 가운데 검찰 측의 법과학 증거에 가장 큰 타격을 입힌 것은 심슨의 양쪽 양말에서

같은 크기와 모양으로 발견된 크고 둥근 혈흔 덩어리에 대한 분석 의견이었다. "그런 모양과 크기의 혈흔이 양말 발목 부위에서 발견될 수 있는 가능성은 딱 두 가지입니다. 하나는 양말을 신은 사람의 발목 부위에 크고 둥근 구멍이 뚫린 경우, 다른 하나는 양말을 신지 않은 상태에서 누군가 양말 위에 혈액을 떨어뜨린 경우입니다."

◉ **LAPD 증거물 보관 시스템의 보안 문제** 심슨 변호인단은 LAPD 증거 분석 및 보관실과 LA 검찰 사무실 및 검시관 사무실의 보안이 극도로 허술해 '아무나' 출입할 수 있고 출입자에 대한 기록 유지도 제대로 이루어지지 않았다는 증거들을 제시한 뒤 범죄 현장에서 채취한 혈액 8제곱센티미터 중 1.5제곱센티미터 분량이 사라진 사실을 발견해 증거로 내놓았다. 경찰이나 검찰, 검시관 측 누구도 이러한 혈액 양의 불일치를 설명하지 못했다. "누군가 혈액을 가져다 심슨의 양말과 장갑 등에 묻혔다"고 주장해도 반론을 제기하기 어려운 상황에 봉착한 것이다.

◉ **LAPD 소속 법과학자의 비전문성** 현장에서 수거한 혈흔 DNA와 비교하기 위해 심슨의 혈액을 채취한 LAPD 소속 법과학자 안드레아 마졸라(Andrea Mazzola)가 정규 연구원이 아닌 '수습 직원(trainee)'이라는 사실과, 채취된 심슨의 혈액이 든 병이 거의 만 하루 동안 마졸라의 외투 주머니에 들어 있었다는 사실이 법정에서 이루어진 변호인 반대 신문에서 드러났다. 이 사실은 이처럼 허술하게 채취되고 관리된 혈액 샘플에서 추출한 DNA 증거를 믿을 수 있느냐는 의문으로 이어졌다.

◉ **부정확한 목격 진술** 변호인단은 사건 발생 당일 심슨을 봤다는 이웃들의 목격담을 정확하지도 않고 혼돈과 혼란의 흔적이 다분하다는 주장으로 일축했다.

사건이 남긴 것

1995년 10월 2일 오후 3시, 단 네 시간의 숙의 끝에 만장일치에 이른 배심원단은 심슨에게 '무죄'를 선고했다. 판사는 이례적으로 평결 결과를 바로 발표하지 않고 다음 날 오전 10시에 공표했다. 단순한 형사 사건을 넘어 흑백 인종 대결의 성격을 띤 사건의 파장을 고려한 조치였다. 미국이나 우리나라의 여론은 오 제이 심슨 사건에 대해 "돈의 힘과 인종주의의 악령이 정의를 짓밟았다"는 시각이 팽배했다. 공정한 사법적 판단이 아닌 '정치적 판단'이 내려졌다고 본 것이다. 하지만 인간이 가진 한계를 인정한 상태에서 기소와 피고 측 양 당사자가 최선의 노력을 다해 증거로 다투고, 입증 책임을 진 기소 측이 '합리적 의심의 범위를 넘어설 정도로 압도적인' 증명을 해내지 못하는 한 '유죄 아님(not guilty)' 판결을 내려야 한다는 미국의 법 원칙을 감안한다면 이해하지 못할 것도 없다. 경찰의 증거 수집, 이동, 보관, 분석, 감정, 증거 제출 등 현장 과학수사 과정의 허술함이 여지없이 드러났기 때문이다.

오 제이 심슨 사건을 계기로 미국에선 연방정부에서 현장 초동 조치와 감식 등 법과학적 수사 과정 전반에 대한 '표준 매뉴얼'을 제작해 배포하고, FBI 및 IACP(International Association of Chiefs of Police, 세계경찰청장협회) 등을 통해 교육 훈련을 실시하고 있다. 심슨이 고용한 '드림팀' 변호인단은 미국 사법 제도, 특히 CSI로 대표되는 현장 과학수사의 수준을 한 단계 끌어 올리는 데 기여한 '악마의 변호인(devil's advocate)' 역할을 했다고 볼 수 있다.

주지하다시피 심슨은 형사 재판에서 승소한 기쁨이 채 가시기도 전에

민사 재판에서 두 피해자의 '불법적인 죽음'에 대한 책임이 인정되어 거액의 배상 명령을 받아 전 재산을 몰수당한다. 결국 그는 생계를 유지하기 위해 자신의 범행 전 과정을 자백하는 내용을 '가상'의 형식으로 담아 『만약에 내가 저질렀다면…』이라는 책으로 출간하기에 이른다. 하지만 그 책의 인세마저 다 날린 끝에 급기야 푼돈을 노린 강도 행각을 벌이다 체포되어 교도소에 수감된다. 때로 정의는 우리 인간이 이해하기 힘든 모습과 방법으로 아주 긴 시간에 걸쳐 구현되는 듯하다.

세계 최고의 CSI: 법과학자

"증거가 스스로 말하게 하라!"
헨리 리 박사

역사적인 현장마다 그가 있었다. 1995년 누구나 유죄라고 믿었던 오 제이 심슨의 무죄를 증명하는 데 결정적인 역할을 한 전문가 증인, 1998년 존 에프 케네디 암살 사건 진상규명위원회 법과학팀장, 클린턴 미국 대통령 성추문 의혹 사건 때 모니카 르윈스키의 옷에서 클린턴의 DNA를 발견해 공개 사과를 이끌어낸 장본인. 하지만 조사 과정에서 연이어 발생한 대통령 비서실장과 비서관의 의혹의 죽음을 자살로 규명해 클린턴을 탄핵 위기에서 구한 것도 그였다. 10여 년 동안 경찰이 해결하지 못한 미제 사건을 마술처럼 해결해 드라마 《CSI》를 탄생시킨 모델이 된 장본인도 헨리 리 박사다. 스위스, 이탈리아, 타이, 말레이시아, 타이완 등 전 세계 각국에서 정치적 의미가 담긴 대형 사건이나 해결이 힘든 강력 사건이 발생하면 헨리 리 박사에게 SOS를 친다.

헨리 리 박사와 3일에 걸쳐 한국 및 세계 과학수사의 현주소와 미래에 대한 심층 대담을 진행했다. 다음은 그 주요 내용을 일문일답으로 정리한 것이다.

'세계 과학수사의 태두'라 불리는 오늘이 있기까지의 과정을 간략히 소개한다면?

중국 상하이에서 태어나 국민당 정권의 몰락과 함께 세 살 때 타이완으로 이주해 왔다. 이후 타이완 경찰대학을 졸업하고 경찰관으로 근무하다가 1964년, 경찰을 그만두고 과학수사를 배우러 미국으로 유학을 떠났다. 아르바이트를 하며 뉴욕 존제이 대학에서 이학사, 뉴욕 대학에서 화학석사 및 박사 학위를 취득한 뒤 뉴헤이븐 대학 조교수로 채용돼 3년 만에 정교수가 되었다. 그때 코네티컷 경찰청에서 과학수사 요원을 특채한다는 공고가 나기에 미련 없이 교수직을 버리고 사건 현장으로 달려갔다. 그저 원칙과 진실만을 생각하며 일했는데, 어느 날 주지사가 주 경찰청장을 맡아 달라고 부탁해 미국 최초의 동양인 이민자 출신 주 경찰청장이 되는 영광을 누렸다. 임기가 끝나 연임 요청을 받았지만 내가 있을 곳은 '현장'이란 생각에 거절하고 다시 뉴헤이븐 대학으로 돌아와 법과학센터를 만들어 강의와 연구, 사건 수사 지원 등을 해 오고 있다.

결코 쉽지 않은 과정이었을 텐데, 성공의 비결이 있다면?

'달성 가능하지만 결코 쉽지 않은' 도전적인 목표를 세우고 집중해 왔다. 하나를 달성하면 또 새로운 목표를 세웠다. 난 결코 남들보다 능력이 뛰어난 사람이 아니다. 그래서 남들만큼 하려고 두 배 세 배로 노력했다. 손해를 보더라도 늘 솔직하려고 했다. 처음에는 바보다, 우직하다는 소리를 많이 들었지만, 마침내 법과학자에게는 생명과도 같은 '신뢰'가 쌓이더라. 실력은 최고가 아닐지 몰라도 '절대로 감추거나 속이거나 거짓말하지 않는 사람'이라는 신뢰가 중요 사건

마다 날 찾게 된 이유 같다.

최고의 법과학자로서 금과옥조로 삼는 좌우명이 있다면?

사건을 접하거나 현장에 나갈 때면 꼭 마음에 새기는 문장이 있다. "증거가 스스로 말하게 하라(Let the evidence speak for itself)." "역사가 증명할 것이다(History will prove it)." 미리 예단하거나 선입관을 갖지 말고 있는 그대로 현장과 사건을 대하고, 증거가 가리키는 방향으로 수사해 나가자는 의미다. 지금 당장 사건 해결이나 범인 검거를 못 하더라도, 증거를 수집하고 증거에 입각한 분석을 해 두면 언젠가는 진실이 밝혀지고 사건이 해결된다는 신념을 갖자는 뜻도 담겨 있다.

가장 기억에 남는 사건이 있다면?

타이완 천수이볜 총통 암살 미수 사건이 떠오른다. 정치적 소용돌이의 중심에 있던 사건이다. 당시 야당이던 국민당은 총알이 배만 살짝 스쳐 지나갔고, 지지율이 바닥을 기던 천 총통이 암살 미수 사건으로 동정표를 받아 재선될 상황이라며 '자작극'을 주장했다. 결국 타이완 사법 당국을 못 믿어 내게 수사를 의뢰했고, 탄두 분석을 통해 발사된 총기를 알아낸 뒤 총포상 판매 기록을 뒤져 범인을 찾았다. 그런데 이미 범인은 바다로 떨어져 사망한 상태고, 가족은 자살을 주장해 시체를 화장한 뒤였다. 그래도 진실 규명을 포기할 순 없었다. 현장에서 탄도 분석을 실시해 저격자의 위치와 방향을 알아낸 뒤 당시 비디오 화면을 분석하여 '장애물과 사람들의 움직임 등 모든 변수를 분석해 천 총통에게 경미한 부상만을 입히기 위해 조준 사격하는 것은 불가능하다'는 결론을 도출했다.

국민당은 격분했다. 내게 민진당이나 총통에게서 돈을 얼마나 받았느냐고 소리쳤다. 난 그들에게 "나도 미국으로 떠나기 전까지는 국민당원이었소. 내가 그동안 단 한 번이라도 한쪽 편을 들기 위해 진실을 감추거나 왜곡한 일이 있다면 이 자리까지 오지 못했을 거요. 사람은 거짓말을 해도 증거는 거짓말을 하지 않으니 다른 사람에게 재조사를 의뢰해도 난 받아들이겠소"라고 응수했다. 논란은 그것으로 종결되었다.

오 제이 심슨 사건에 대해 아직도 논란이 많다. 솔직한 견해는?

오 제이 심슨이 범행 현장에 있었던 것은 사실이라고 생각한다. 하지만 살인을 한 것은 그가 아니다. 증거가 그렇게 말한다. 사건 초기에 경찰이 찍은 현장 사진을 보면 시신 옆에 서로 다른 두 개의 운동화 자국(족적)이 있다. 목격 진술과 통화 내역, 두 집 간의 거리, 비행기 시간 등을 종합하면 오 제이 심슨에게는 딱 30분의 시간이 있었는데, 격렬히 저항하는 두 사람의 성인을 살해하고 도주하기에는 충분하지 않은 시간이다. 현장에서 발견된 피 묻은 장갑도 오 제이 심슨의 손에 들어가지 않을 정도로 작았다. 현장에서 발견된 모자도 오 제이 심슨 것이 아니다.

그럼 나머지 한 사람, 실제 칼을 휘두른 사람은 누굴까? 그의 아들이었을 것으로 추정된다. 피해자 니콜이 낳은 자식이 아니라 흑인 전처와의 사이에서 난 20대 아들. 족적과 같은 운동화, 장갑, 모자 모두 나중에 아들의 것으로 확인되었다. 범행 동기도 있었다. 오 제이 심슨은 니콜과 이혼한 후에도 여자 친구가 많았고 질투를 느낄 이유도 없었지만, 아들은 사건 당일 자신이 일하는 레스토랑에 유명인인 아버지가 와 주기로 했는데, 니콜이 그 약속을 일방적으로 취소시키는 바람에 체면이 크게 손상되었다. 그 전에도 둘은 사이가 매우 나빴다. 아마도 아들이 격분한 채 칼을 들고 갔고, 이를 안 오 제이 심슨이 달려와 말리려 했지만 실패하고, 그 과정에서 손을 다쳐 피를 흘린 채 비행기 시간 때문에 서둘러 돌아온 것이 아닌가 판단된다. 경찰과 검찰이 조금만 더 침착하게 증거 위주로 수사하고 기소했더라면 진실을 밝힐 수 있었으리라 판단된다.

경찰청장까지 지낸 '경찰 측 법과학자'로서 피고인 측의 증인 역할을 할 땐 아무래도

마음이 편치 않았을 것 같다.

그런 것은 전혀 없다. '어느 쪽 증인'이라는 생각은 하지 않는다. 오직 증거와 그에 대한 과학적 분석 결과만 이야기할 뿐이다. 오 제이 심슨 사건 때도 '현장에서 발견된 혈흔의 DNA와 오 제이 심슨의 혈액 DNA가 일치한다'고 하자 검찰은 환호하고 변호인단은 무섭게 노려봤다. 하지만 이후 오 제이 심슨에게서 채취한 혈액 중 상당 부분이 사라진 점 등 과학수사 절차의 문제점을 지적할 땐 그 반대의 반응이 나타났다. 실제로 힘들었던 것은 기소 측이나 변호인 측이나 증거가 불리하면 전문가 증인의 신뢰성을 무너뜨리려고 사생활을 들추고 탈세나 불륜 등 있지도 않은 거짓 주장을 언론에 퍼뜨리는 등의 비열한 행동을 일삼는 점이었다. 결국 '시간과 역사가 진실을 밝혀 내' 큰 문제는 없었지만 마음고생은 무척 심했다. 특히 가족들이 너무 괴로워했다.

드라마 《CSI》에 대해 평한다면?

한마디로 얘기하자면 "대단히 잘 만든 멋진 드라마다. 하지만 현실과는 거리가 멀다." 《CSI》의 인기가 워낙 높으니까 《뉴욕 타임스》에서 '대결: 진짜 CSI 대 드라마 CSI'라는 특집 공개 토론을 기획했다. 청중이 가득 찬 가운데 나와 드라마 제작자가 토론할 예정이었는데, 드라마 제작자가 토론에 앞서 공개 발언을 요청하더니 "드라마는 다 허구다. 우리는 실제로 수사가 어떻게 이루어지는지 모른다. 드라마 속 사실적인 수사 장면이나 용어 등은 다 헨리 리 박사의 책을 보고 베낀 것이다"라고 고백해 기획 의도와 달리 긴장감 없는 대담으로 진행되었다. 하지만 드라마를 워낙 잘 만들었기 때문에 시청자들이 드라마처럼 과학수사를 하라고 요구하는 목소리가 높아져, 경찰의 과학수사 수준이 향상되는 효과를 거둔 것도 사실이다.

단 2년 만에 200억 원을 모금해 최첨단 법과학센터를 지은 것은 지금까지도 신화로

남았다. 과연 그런 일이 어떻게 가능했나?

9·11과 이라크 전쟁, 아프가니스탄 전쟁 후유증으로 미국은 극심한 경제난에 처했고, 대학마다 예산 부족에 허덕였다. 하지만 법과학과 과학수사 교육을 위해 최첨단 시설과 장비가 필요했다. 내 오랜 꿈이기도 했고. '불가능은 없다'는 신념으로 우선 내가 모은 돈 10억 원을 내놓았다. 이어서 그동안 내게 도움이나 자문을 받은 기업과 기관들이 십시일반으로 기부했고, 순회 강연을 다니며 첨단 법과학센터 설립의 필요성을 호소하기 시작하니 언론에서도 크게 보도하기 시작했다. 그 후엔 밀려드는 기부금과 성금을 주체하기 힘들 정도였다. 수십 년 전 학업을 중단할 위기에 처한 학생의 등록금을 내 준 적이 몇 번 있는데 그중 몇 명이 돈을 많이 벌어 빚을 갚는다며 거액을 보내 왔다. 또한 몇 년 전 거동이 불편한 할머니가 내 사인을 받는 게 소원이라고 해서 직접 찾아뵙고 책에 사인해 드린 적이 있는데, 전 재산을 내게 기탁하는 유서를 남기고 돌아가신 일도 있다. 내가 해결했던 미제 사건 피해자 가족들도 기부를 해 주었다. 뉴헤이븐 대학 '헨리 리 법과학센터'는 내 일생의 노력과 꿈, 수많은 사람들의 선의 그리고 미국의 기부 문화가 함께 만들어 낸 기적이다.

한국 과학수사의 현주소와 발전 방향에 대해 조언한다면?

15년 전 국립과학수사연구소 초청으로 한국을 방문한 적이 있다. 열악한 시설과 미비한 법규, 낙후된 시스템에 비해 헌신과 열정에 가득 찬 경찰 과학수사 요원과 국과수 법과학자들의 모습에서 큰 감명을 받은 기억이 새롭다. 그 후에도 나를 찾아온 과학수사 요원과 법과학자들을 만나며 한국 과학수사의 발전상을 지켜봤다. 그야말로 짧은 시간에 눈부신 발전을 이끌어 냈다. 축하한다. 하지만 여전히 과학수사 절차와 관련 법규, 제도, 전문적인 교육 훈련 시스템을 갖추지 못한 것은 아쉽다.

우선 국가의 투자가 필요하다. 예산과 인력의 뒷받침 없이도 할 수 있는 일은 없다. 둘째로는 과학수사 요원과 법과학자들의 투철한 직업 윤리가 필요하다. '오직 증거만 쫓고 진실만 이야기한다'는 자세 말이다. 비록 피의자나 피고인에게 불리한 증거라도 절대 감추거나 왜곡하지 않는 자세로 국민의 절대적 신뢰를 얻어야 한다. 셋째로 법과학을 국가가 독점해서는 안 된다. 민간 법과학 교육 시설과 연구소, 법과학자의 감정 등 '시장'이 열려야 한다. 그래서 견제와 균형을 이뤄야 경쟁하며 발전할 수 있다. 마지막으로 사회의 관심이다. 《CSI》 같은 드라마를 통해서라도 일반 국민이 과학수사에 관심을 갖고 지켜보며 요구하고 평가해야 한다. 국민과 사회의 참여 없이는 과학수사의 발전을 기대하기 어렵다.

마지막으로 법과학자, 과학수사 전문가가 되려는 젊은이들에게 조언을 부탁한다.

과학수사의 현실은 드라마하고 다르다. 시신의 구더기를 친근하게 느끼고, 숲에서 뱀과 독충들을 이웃 삼아야 한다. 쓰레기통을 뒤지고 며칠 밤낮을 씻지도 자지도 못한 채 현장을 파헤쳐야 하는 일도 있다. 무엇보다 과학수사를 좋아해야 한다. 어떤 어려움이나 불만족스런 환경과 처우에도 굴하지 않고 현장에 나갈 수 있으며, 증거를 통해 진실을 밝히고 정의를 실현할 수 있다는 것에 기뻐하고 흥분해야 한다. 당신이 그런 사람이라면 목표를 세우고 정진하라. 불가능은 없다. 행운을 빈다.

Part 3.

DNA, 살인자의 또 다른 얼굴

타액에는 우리의 상상보다 많은 양의 구강 상피 세포가 존재하기 때문에 강간 피해자의 유두, 범인이 사용한 컵과 담배꽁초 등에서 쉽게 DNA를 확보할 수 있다. 심지어 과일을 깨문 자국에서도 DNA를 발견할 수 있다. 가끔 범죄 현장에 마치 동물이 자신의 영역을 표시하듯 대소변을 남기는 범인이 있다. 여기에도 범인의 DNA는 존재한다.

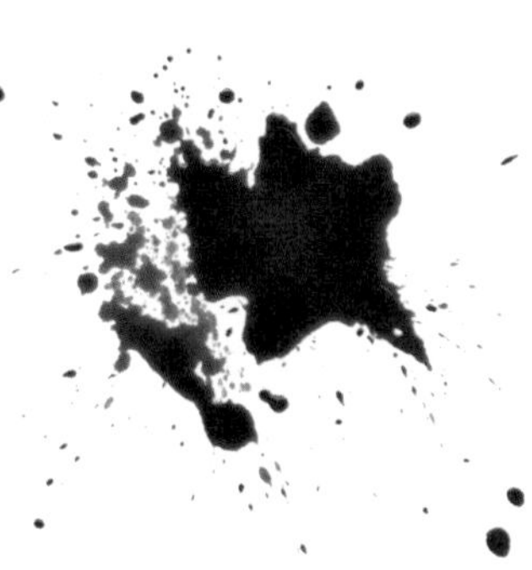

단순 절도 사건의 범인이었다. 주택가를 돌며 네 곳에 침입해 물건을 훔치고 달아난 범인이 잡혔다. 연이은 절도 사건에 분노하고 불안에 떠는 주민들의 걱정을 덜기 위해 기약 없는 잠복 수사에 나섰다가 현행범으로 붙잡은 것이다. 그런데 한 달이 지나 열린 재판에서 초범, 피해액 경미, 반성하는 태도 등을 참작해 집행유예 판결을 내리자 바로 풀려났다. 범죄 현장에서 직접 느끼는 형사나 피해자들의 느낌과는 전혀 다른 '저 높은 곳에 계시는 고귀한 판사님의 아량과 관용' 덕분이었다.

형사들은 열린 창문을 통해 침입하는 그의 수법과 범행 대상 지역이 서울시 용산구에 치우쳐 있다는 점을 수상하게 보고, 혹시나 하는 마음에 구속되기 전 체포 상태에서 DNA 검사를 할 수 있는 구강 상피 세포를 채취해 국립과학수사연구원에 보내 둔 상태였다. 그가 집행유예로 풀려나 자유의 몸이 되자마자 국립과학수사연구원에서 보내 온 긴급 회신은 그가 바로 그 유명한 '신길동 발바리'였다는 놀라운 소식이었다. 절도 방식과 동일하게 혼자 사는 여성의 집만 골라 열린 창문을 통해 침입한 뒤 흉기로 여성들을 위협, 강간하고 금품을 강취해 온 연쇄 성폭행범이었던 것이다. 자유의 기쁨을 채 느끼기도 전에 '신길동 발바리'는 다시 그가 있어야 하고 가장 잘 어울리는 곳인 '철창 안으로' 돌아가야 했다. 이번엔 아주 오랜 세월을.

단순한 절도범으로 알고 DNA를 채취해 두지 않았다면 그 '발바리'는 여성들의 몸과 마음과 영혼을 유린하고 평생 씻기 어려운 상처를 남기는 잔혹하고 파렴치한 성폭행 범죄를 계속 저질렀을 것이다. 절도범의 독특한 수법을 가볍게 여겨 지나치지 않고, 범죄자는 한 가지 범죄를 저지르는 것이 아니라는 사실을 경험으로 터득한 베테랑 형사들의 노련함이 DNA라는 첨단 과학수사 기법을 만나서 만들어 낸 작품이었다.

과학수사의 혁명, DNA의 등장

DNA가 '현대 과학이 범죄 수사 분야에 준 최고의 선물'이라는 의견에 반대할 사람은 별로 없을 것 같다. 지문을 남기지 않기 위해 현장을 열심히 치우거나 장갑을 끼는 데 급급했던 범죄자들은 자신의 미세한 DNA가 어디에 남는지도 모르는 어려움에 처했다. DNA 분석 기술은 그들에게 '침묵의 추적자'로 여겨질 만큼 수사 기관의 강력한 무기가 되었다. 이러한 DNA 분석 기술은 어디에서 왔을까? 우리의 몸속 세포 깊숙한 곳마다 우리가 누구인지 특정 짓는 특별한 무늬가 있다는 사실을 인류가 어떻게 알았을까?

아마도 DNA 역사에서 가장 유명한 인물은 시카고 태생의 미국인 제임스 왓슨과 영국 웨스턴파벨 출신의 프랜시스 크릭일 것이다. 절친이었던 두 사람은 교과서에도 빠짐없이 등장해 누구나 한 번쯤은 들어봤을 것이다. 그들은 1953년 DNA의 이중 나선 구조를 밝히고 노벨상을 수상한 과학자다. 이들이 워낙 유명하다 보니 DNA의 발견, 존재의 인지 등 DNA와 관련된 모든 과학적 발견이 두 사람의 업적인 것처럼 알려져 있지만 사실은 그렇지 않다. 1869년, 그러니까 이들이 DNA의 이중 나선 구조를 알아내기 80여 년 전, 스위스의 과학자 프리드리히 미셰르는 환자의 붕대에 묻은 고름에서 백혈구를 채취하고 그로부터 단백질을 추출하는 과정에서 단백질 분해 효소로는 분해되지 않는 물질을 발견했다. 그 물질의 이름을 뉴클레인(nuclein)이라고 명명했는데, 이것이 지금의 DNA다.

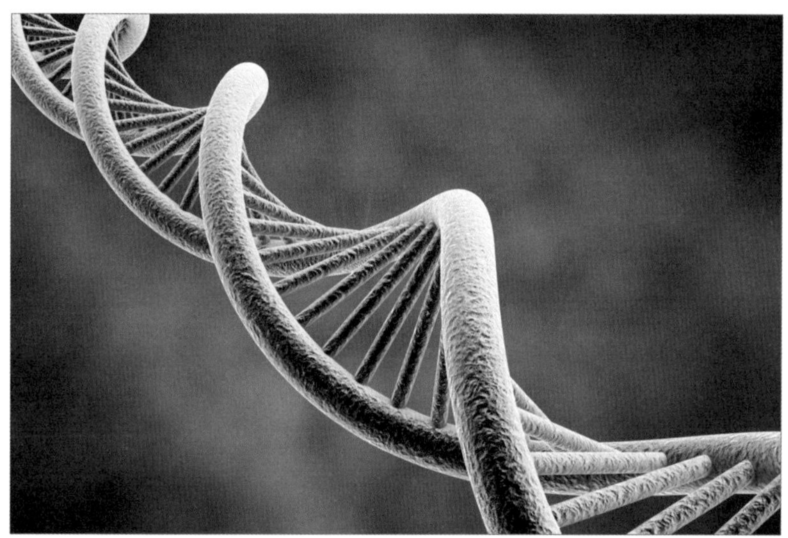

과학의 발전이라는 것이 그야말로 '하늘에서 뚝 떨어지는' 단 하나의 혁명적 사건이나 발견에 의해 이루어지는 것이 아니라 수많은 연구자의 평생에 걸친 노력들이 모이고 쌓여 맺은 결실이라는 사실을, DNA의 발전 과정이 분명하게 보여 주고 있다.

다른 과학수사 기법이 모두 그렇지만 DNA 역시 처음부터 범죄 수사를 위해 연구된 맞춤형 과학은 아니었다. 그럼 언제부터 DNA를 범죄 수사에 사용하기 시작했을까? 이 사람이 없었더라면 지금 같은 DNA 수사는 조금 더 먼 미래에나 가능해졌을지도 모르겠다. 영국 레스터 대학의 알렉 제프리 교수. 1980년대 영국에서 가장 인정받는 생물학자였던 그는 혈액 등 인체 내 물질에 대한 연구로 정평이 나 있었다. 특히 1985년, 미오글로빈이라는 특정 단백질을 연구하다 우연한 기회에 인간의 유전자 중 극히 일부가 사람마다 다른 특징을 가지고 있다는 사실을 밝혀냈다. 인체 세포만 있으면 그가 누군지 확인할 수 있는 새로운 '신원 확인' 방법을 발견해 낸 것이다.

DNA, 최초로 사건을 해결하다

그로부터 1년 후인 1986년, 이 소식을 접한 관할 레스터 경찰청에서는 '혹시나' 하는 심정으로 1983년과 1986년 인근 마을에서 일어난 여학생 연쇄 강간 살인 사건 수사를 의뢰한다. 현장에서 발견된 정액 분석을 요청한 것이다. 레스터 경찰청은 현장에서 발견된 지문도 없고 뚜렷한 용의자 인적 사항도 추정해 낼 수 없어 애를 태우는 참이었다. 다행히

두 건 중 뒤에 일어난 사건이 자신의 범행이라고 자백한 용의자가 검거되었으나, 그는 첫 번째 사건은 자신이 한 게 아니라고 주장했다. 제프리 박사의 검사 결과 자백한 범인은 두 사건의 범인이 아니었다. 결국 그 마을 남성 전체를 대상으로 5,811명의 혈액을 채취하는 인류 최초의 대규모 DNA 수사가 시작되었다. 그런데 이상했다. 마을 전체 남성을 대상으로 벌인 DNA 검사에서도 피해자들의 몸에서 발견된 DNA는 나오지 않았다.

그런데 어느 날 술집에서 술을 마시던 여성이 옆 테이블의 남자들이 나누는 이야기를 우연히 듣고 깜짝 놀랐다. 콜린 피치포크라는 친구를 위해서 자신이 대신 경찰서에 혈액을 제출했다는 이야기를 나누고 있었던 것이다. 그녀는 그 사실을 신고했고 체포된 콜린 피치포크의 혈액 샘플을 조사한 제프리 박사는 드디어 그 길고 긴 수사에 종지부를 찍는다. 그 사건 수사의 종지부가 곧 범죄 수사에서 DNA를 사용하는 신호탄이 된 것은 당연하다.

DNA라는 새로운 첨단 수사 기법이 마치 마법처럼 연쇄 강간 사건을 해결했다는 소식은 빠르게 전 세계로 퍼져 나갔다. 영국에 이어 DNA 수사 기법을 도입한 나라는 미국. 영국의 피치포크 사건으로부터 1년이 지난 1987년, 플로리다에서 오직 DNA만으로 강간 사건의 범인을 검거했고, 범인은 유죄 판결을 받았다.

국내에 도입된 DNA 수사 기법

화성 연쇄 살인 사건의 광풍에 휩싸여 헤매던 경찰과 국과수도 이 소식을 접하고 DNA 분석 시스템 도입에 박차를 가한다. 그러나 우리보다 먼저 도입한 나라는 일본이었다. 화성 연쇄 살인 사건의 범행 일체를 자백한 용의자인 열아홉 살 윤모 군의 혐의를 입증하기 위해 범죄 현장에서 채취한 샘플과 용의자 윤군의 혈액 샘플을 보낸 곳은 일본 경찰과학수사연구소였던 것이다. 영화 《살인의 추억》의 말미를 장식한 것처럼, 일본(영화에서는 미국)에서 온 DNA 분석 보고서 회신은 "동일인임을 판별할 수 없음"이었다. 이례적으로 판사가 참석한 현장 검증에서도 윤군은 시신의 위치를 찾지 못하고 당황해하는 모습을 보였다. 윤군은 구속 정지 결정이 내려져 바로 풀려났지만, 윤군에게서 자백을 받아 낸 형사는 생전 처음 듣는 DNA라는 존재가 심혈을 기울여 자백까지 받아 낸 수사 과정 전체를 무너뜨리는 현실을 이해할 수 없었다.

물 건너 일본의 기법과 장비, 시스템에 의존해야 하는 현실에 분노한 것은 국과수 한면수 박사도 마찬가지였다. 한 박사는 DNA 지문을 이용한 신원 확인 기법을 개발한 영국의 제프리 교수에게 연락해 도움을 청하고, 관련 서적과 논문을 모두 찾아내 연구 분석한 뒤 고가의 장비도 도입했다. '혼자 힘으로' 이해나 기반이 전혀 없는 우리나라에 DNA 수사 시스템을 도입한 것이다.

그 성과는 매우 빨리 나타났다. 1992년 늦은 봄, 의정부의 한 주택가 골목에서 여덟 살짜리 여자 아이가 성추행을 당한 것이다. 범행을 목격한 사람도 없고 아이는 자신을 성추행한 '나쁜' 어른의 모습을 제대로 기억하지 못했다. 현장에서 발견된 증거는 신문지 조각이 유일했다. 그런데 신문지 조각을 조심스럽게 살피던 경찰이 무엇인가 끈적끈적한 액체를 발견했다. 정액이었다. 정액을 통한 혈액형 조사 결과 AB형으로 나왔고 형사팀은 주변 탐문 수사를 통해 유력한 용의자로 책 외판원 C씨를 지목했다. C씨의 혈액형은 다름 아닌 AB형. 물론 AB형 성인 남성은 무수히 많고, 혈액형은 군집 특성을 가진 증거에 불과했다. 그는 범행을 부인했지만 DNA 검사 앞에서는 아무 소용이 없었다. 우리나라에서 최초로 DNA 검사를 통해 범인을 검거한 순간이었다.

알렉 제프리 박사가 세계 최초로 DNA 기술을 사용하여 범인을 검거한 지 불과 몇 년 만에 우리나라에서 DNA 기술을 수사에 활용한 것이다. 다른 과학수사 기법에 비하여 매우 빠른 도입과 발전 과정을 거쳐 온 우리

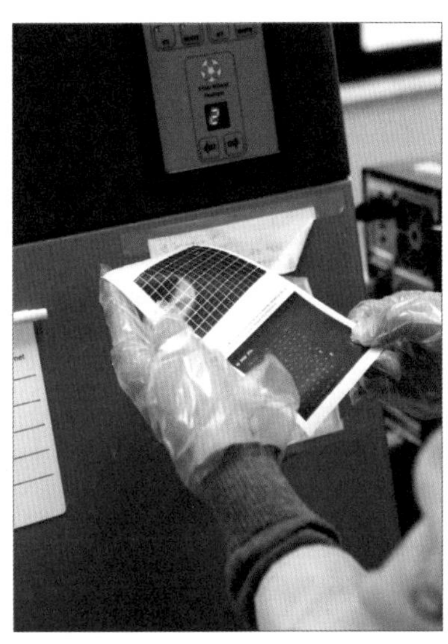

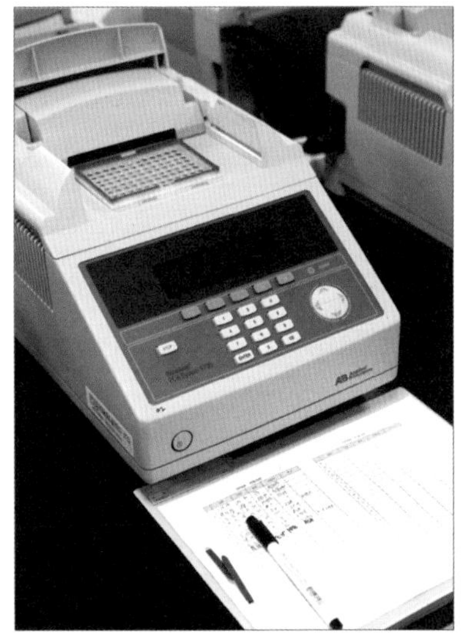

의 DNA 수사 기법은 프랑스 사법 체계를 놀라게 한 '서래마을 영아 살해 사건'에서 확인되었듯이 세계적 수준이다.

DNA로 범인을 검거하는 과정

DNA가 확인되는 신체 조직이 포함된 증거물 발견

DNA를 확인할 수 있는 세포 조직이 포함된 감정 시료의 종류는 크게 혈액, 정액, 타액, 모발, 뼈, 요(尿, 오줌) 등으로 구분할 수 있으며, 현장에서 수거한 이들 증거물은 육안으로 확인되는 것과 그렇지 못한 것이 있다. 그렇기 때문에 범죄 사건 현장에서 범인, 피해자 등 사건 관계자의 DNA를 포함할 가능성이 있는 물질이 훼손되지 않도록 현장을 보존하는 최초 출동 경찰관과, 증거물을 발견해 수집하는 현장 과학수사 요원의 역할이 중요하다. 마음 같아서는 트럭 몇 대를 동원하는 한이 있더라도 현장에 있는 모든 물질을 수거하고 떼어 내고 잘라 내서 가져오고 싶다. 물론 그럴 순 없다. 수사를 위해 다른 사람의 집이나 가구 등 소중한 재산을 훼손할 수도 없거니와 그 많은 물질을 다 분석해 내기 위해 소요되는 시간과 비용과 인력을 감당할 수도 없다.

연쇄살인범 강호순에게 희생된 피해자 중 시신을 찾지 못한 이가 있다. 시신을 암매장한 장소가 골프장으로 개발되어 버린 '지형의 변화' 때문이다. 온통 값비싼 수입 잔디가 깔린 골프장은 수색 범위를 1제곱미터씩 넓힐수록 수천만 원의 보상비가 늘어난다. 경찰은 예산이 허용하는 최대 범위를 정해 파헤쳤지만 결국 시신을 찾지 못했다. 반면, 미국에서

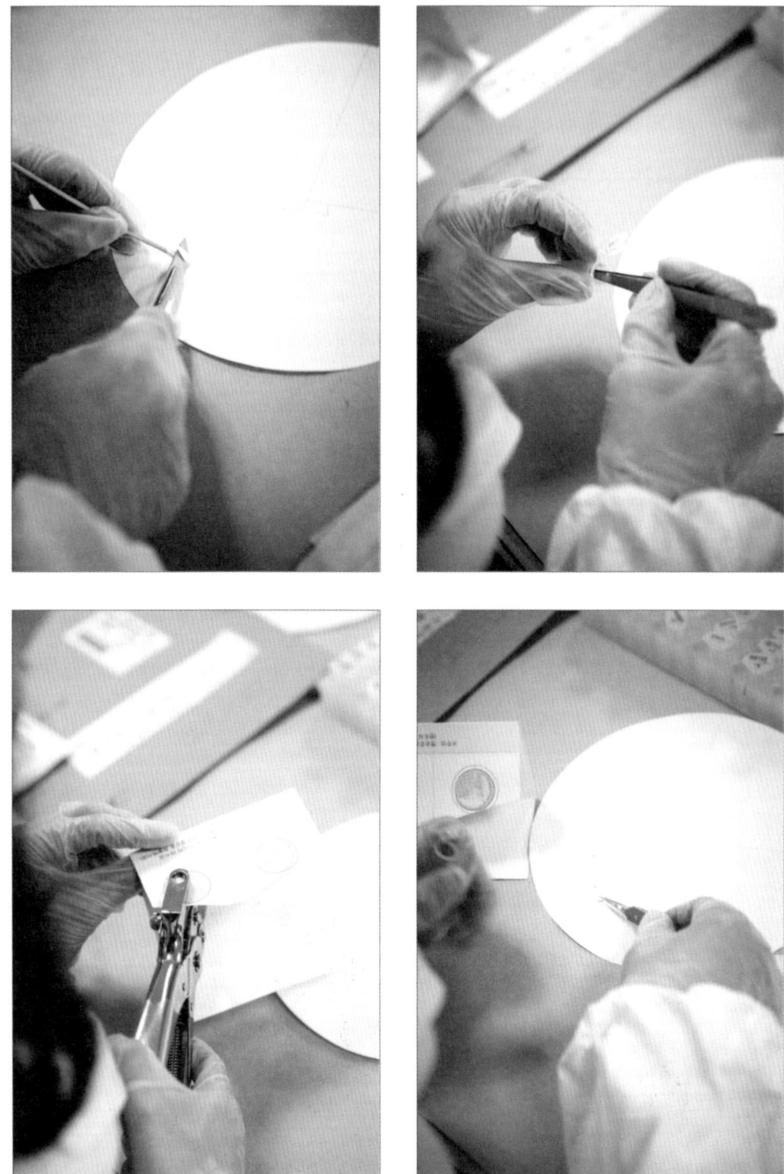

발생한 오 제이 심슨 사건의 경우 현장 과학수사 요원이 담장 위 혈흔 하나를 놓친 점이 드러나 재판 전체에 큰 영향을 미쳤다. DNA 현장 수사는 무엇보다 '선택과 집중', 작은 것도 놓치지 않는 동시에 너무 지나쳐서는 안 되는 '컴퓨터 같은 정확성'이 절실하다. CSI의 전문성과 집중력이 돋보이는 부분이다.

증거물 이동 과정의 무결성

현장에서 수거한 증거물은 이동 과정에서 오염되거나 변질되지 않도록 조치를 취해야 한다. 수집한 시간과 장소, 수집한 사람 등에 대한 기록은 필수다. 또한 마르고 젖은 상태, 크기, 형태, 속성 등에 따라 적절한 용기에 담아야 한다. 어떤 증거물은 냉동, 어떤 것은 냉장, 다른 것은 비닐 봉투, 또 다른 것은 마닐라 종이 봉투 등 적절한 용기에 담아 필요한 기록을 한 후 봉인한 뒤엔 최대한 빠른 시간에 분석과 감정을 위해 국립과학수사연구원으로 운반해야 한다. 국립과학수사연구원에 도착한 증거물은 바코드가 찍히고 자동으로 국과수의 증거물 관리 전산 시스템에 입력된

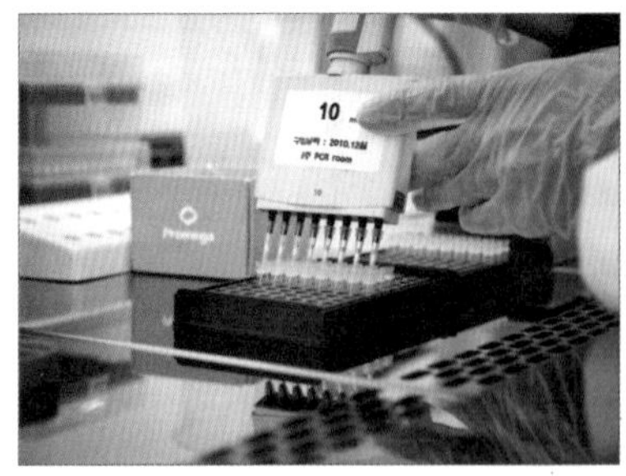

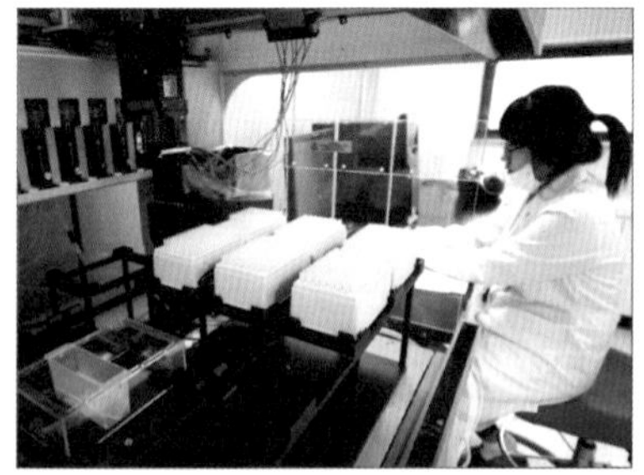

다. 이렇듯 범죄 현장에서 증거물을 발견, 수거하고 국과수에서 범인의 DNA 프로필을 확인하기까지 전 과정이 아무런 흠결 없이 철저하게 진행되어야 하고, 이것이 법적으로 중요시하는 COC(Chain Of Custody, 물적 증거 관리의 연결 고리)다.

DNA 샘플의 증폭

국과수에 증거물이 접수되면 우선 증거물에서 다양한 생물학적 증거물 시료를 확보하기 위해 혈흔 검사, 인혈 검사, 정액 검사, 타액 검사, 요 검사 등 혈청학적 검사를 거친 후 유전자 감식을 수행할 시료를 채취한다. DNA 시료를 추출하면 바로 분리 작업을 하는데, 이는 DNA가 포함된 세포에서 단백질 등 불필요한 물질을 제거하는 작업으로 이해하면 된다. 이때 일반 구강 세포의 경우에는 자동 핵산 추출기를 이용하고, 그 밖에 다른 물질이 많이 섞여 있어 일일이 수작업으로 분리해야 하는 시료들은 철저하게 매뉴얼대로 DNA만 분리한다.

그러나 시체 및 담배꽁초에 묻은 타액이나 작은 혈흔 등 대개 현장에서 수거한 증거물은 그 특성상 DNA의 양이 극히 적기 때문에 분석을 할 수 있도록 부풀리는 '증폭'이 필요하다. 이 경우 주로 PCR(polymerase chain reaction, 중합 효소 연쇄 반응)이라는 증폭 기법을 이용하는데 PCR은 DNA 염기 구조 중 목적에 부합하는 특정 부분만 떼어 내 수천 내지 수백만 개로 복제하는 방법이다. 유전자를 통한 신원 확인뿐 아니라 유전자 복제, 유전 치료, 고고학 등에 광범위하게 사용되는 기법이다.

빙하기 맘모스의 뼈나 이집트 피라미드 속 미라의 DNA 분석 그리고 러시아 마지막 황제의 후손 진위 여부 판정은 모두 PCR 증폭 기법 덕분에 가능했다. 범죄 수사에서는 유전자 중 개인 식별에 사용되는 부분만 복제 증폭해 낸 뒤 다양한 분석 실험을 하는 데 사용된다. PCR을 통해 증폭을 끝낸 DNA 샘플은 16개에서 92개까지의 시료를 동시에 분석할 수 있는 자동 염기 분석 장비를 통해 샘플 고유의 DNA 프로필을 얻을 수 있으며, 매우 정확하고 정교한 결과를 제시해 준다.

PCR 증폭 기법이 개발되기 전에는 RFLP법을 이용했는데, 상당히 많은 양의 시료가 있어야만 분석이 가능하기 때문에 범죄 현장에서 발견된 극소량의 시료로는 분석을 할 수 없었다. 범죄 현장에 있는 더러운 담배꽁초에서 보기 좋은 DNA 지문 막대 사진이 나오기까지의 과정은 마치 첩첩산중에서 금광을 발견하고 발파한 뒤 돌과 모래에서 사금을 걸러 낸 후 용광로에 녹여 이물질을 제거하고 순금만 추출해 내는 과정에 비유할 수 있을 정도다.

DNA 지문(DNA fingerprinting), DNA 프로파일링(DNA profiling)

증폭된 DNA는 식별을 위해 '계량화' 작업을 거친다. 모든 인간의 DNA 구조는 99.9퍼센트가 똑같다. 손, 발, 머리, 뇌 등 신체 구조와 그 기능은 기본적으로 모두 같기 때문이다. 개인차를 결정하는 것은 나머지 0.1퍼센트다. 이 부분은 일란성 쌍둥이를 제외한 모든 사람이 다 다르다. 이 극소량의 '개인차'를 드러내는 DNA 부위에 번호를 붙이고 해당 부위에 같은 염기가 배열되는 상태를 계량화하여 표시한 것이 마치 지문처럼 뚜렷한 개인차를 나타낸다고 해서 DNA 지문이라 부르기도 하고, DNA의 구성을 나열해 보여 준다고 해서 DNA 프로파일링이라 하기도 한다. 계량화된 DNA 프로필은 디지털화하여 전산 입력한다. 이제 혈액 등 시료의 오염 걱정 없이 무한 전송, 검색, 저장할 수 있는 것이다.

DNA 데이터베이스

이쯤 되니 장갑만 끼면 남지 않는 지문보다 더 발견이 용이하고, 지문 못지않은 개인 식별 효과를 나타내는 DNA 지문의 가치는 실로 엄청나다는 것을 알 수 있다. 그런데 DNA 증거에는 한 가지 약점이 있다. 지문과 달리 광범위한 데이터베이스 구축이 이루어지지 않아 용의자를 찾아내 그의 DNA와 1 대 1 비교를 해봐야 한다는 점이다. 강간 사건이 발생하면 주위에 거주하는 남자 수백 수천 명의 구강 상피 세포를 수집하는 이유다. 지문처럼 DNA를 데이터베이스화하려는 시도는 아주 자연스러운 귀결이라고 할 수 있다.

영국은 1995년, 세계 최초로 DNA 데이터베이스를 구축했다. 절도, 폭력, 성범죄 등 '기록 대상 범죄'를 저지른 혐의로 체포되거나 입건되면 지문 찍듯 DNA 샘플을 채취해 계량화를 거쳐 전산 시스템에 입력한 것이다. 곧 뉴질랜드가 뒤를 이었고, 1998년에는 미국과 프랑스에서 유사한 시스템을 구축했다. 스웨덴에서는 2년 이상 징역형을 선고받은 자들의 DNA 지문만 데이터베이스화하고 있고, 노르웨이와 독일은 별도의 영장을 발부받아야 DNA 샘플을 채취, 데이터베이스에 입력할 수 있다. 가장 광범위한 DNA 데이터베이스를 구축한 영국의 경우 2011년 현재 550여 만 명의 정보를 입력해 놓았는데, 전체 인구의 10퍼센트에 해당하는 방대한 양이다. 수사의 효과성만큼 인권 침해의 우려가 제기돼 논란이 되고 있다.

우리나라의 경우 후발 주자답게 DNA 데이터베이스 구축을 원하는 수사기관과 이를 반대하는 인권 단체 간의 줄다리기 끝에 2010년 10월부터 '유전자 신원 확인 정보의 이용 및 보호에 관한 법률(유전자은행법)'이 발효되어 DNA 데이터베이스를 구축했다. 법에 따라 경찰은 수사 단계에서 구속 피의자를 상대로, 검찰은 형이 확정된 수형자를 대상으로 유전자 정보를 취득할 수 있다. 대상은 살인, 강도, 강간, 방화, 절도, 조직 폭력, 마약, 청소년 대상 성범죄 등 11대 강력 범죄 피의자와 수형인이다. 특히 인권을 고려해 유전자 감식 시료는 구강 점막 채취와 간이 채혈 등 최소한의 절차를 통해 수집하도록 했다. 피의자나 수형자가 유전자 채취를 거부할 경우 검찰과 경찰은 법원에서 영장을 발부받아 강제로 채취할 수 있다.

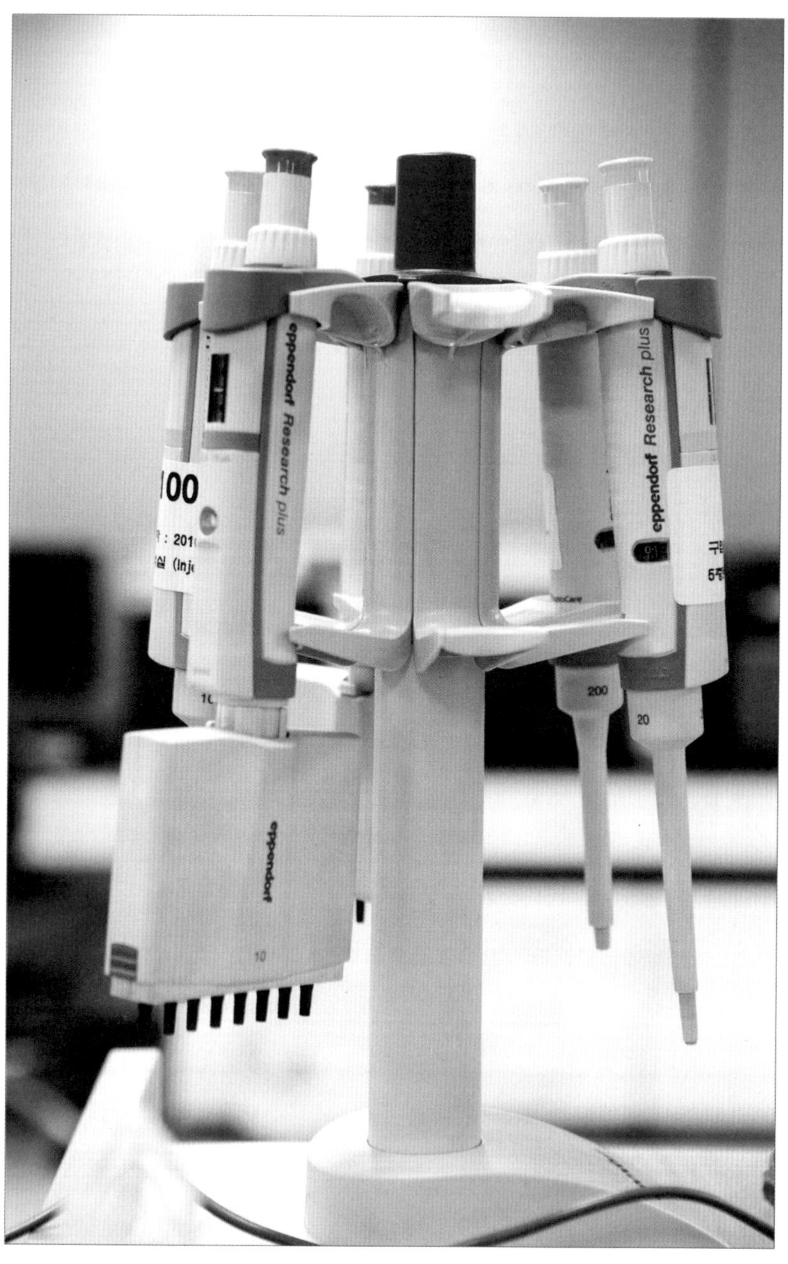
eppendorf Research plus
eppendorf Research plus
eppendorf
200
20
10

DNA, 무고한 시민의 누명을 풀어 주다

DNA 개인 식별 방법은 경찰 수사에만 유리한 것처럼 보이는데, 정반대의 역할도 한다. 경찰 수사의 오류, 무고한 시민을 범죄자로 옭아 넣은 치명적인 실수를 밝혀 내는 것도 DNA다. '양날의 칼'인 셈이다. 힐러리 스웽크가 주연을 맡은 《컨빅션(Conviction)》은 DNA 검사를 수사에 도입하기 전에 일어난 살인 사건에서 범인으로 지목되어 확정 판결을 받은 남자와 그 여동생의 이야기다.

한 여성이 자택에서 잔인하게 살해되는 사건이 발생하고, 폭력 성향이 강한 주변 남성이 용의자로 지목된다. 그는 결국 담당 경찰관의 증거 조작으로 종신형 확정 판결을 받는다. 억울한 오빠의 누명을 벗겨 주기 위해 이혼도 무릅쓰고 로스쿨을 다녀 변호사가 된 여동생은 결백 입증 프로젝트를 통해 현장에 남겨진 범인의 DNA가 오빠의 것이 아니라는 사실을 입증해 낸다. 결국 오빠는 재심을 통해 20여 년의 억울한 옥살이에서 해방되어 무죄로 방면된다.

실제로 미국에서는 1992년, 잘못된 목격자 또는 피해자의 진술, 수사관의 증거 조작, 불확실한 증거를 통한 오판 등에 의해 누명을 쓰고 억울한 옥살이를 하는 사람들을 구제하기 위해 DNA 검사를 실시하는 '결백 입증 프로젝트(Innocence Project)'를 실시했다. 예시바 대학 배리 셰크(Barry Scheck) 교수가 시작한 이 프로젝트를 통해서 결백이 입증된 수감자들은 매년 꾸준히 증가하고 있는데, 2001년 들어서 23명에 이르며 최고치에 도달했다. 2011년 8월 19일 현재까지 총 273명의 수감자가 이 프로젝트에 의해 자유의 몸이 되었다. 이들 중 대부분은 이미 10년 이상 억울하게 자신의 젊음과 자유를 박탈당한 후였다.

가장 최근에 '결백 입증 프로젝트'에 의해 자유를 되찾은 사람은 2011년 8월 19일, 18년간의 억울한 옥살이 끝에 석방이 결정된 세 명의 공범 데미안 에콜스(Damien Echols), 제이슨 발드윈(Jason Baldwin) 그리고 제시 미스켈리(Jessie Misskelley)다. 언론에 의해 '서부 멤피스 3총사(West Memphis

Three)'로 불린 이들은 10대 청소년이던 1993년, 동네에서 발생한 세 명의 남자 어린이 피살 사건의 범인으로 체포되어 12시간에 걸친 경찰 신문 끝에 범행을 자백하고 각기 사형 및 종신형을 선고받아 복역 중이었다. 경찰 수사 과정에서와 달리 법정에서는 결백을 호소하며 눈물을 쏟았지만 받아들여지지 않았고 살해당한 세 명의 피해 어린이들과 겹쳐 보이는 이들의 눈물은 '악어의 눈물'로 해석되었다. 하지만 이들의 부모는 포기하지 않았고 '결백 입증 프로젝트'의 도움을 받아 수차례에 걸쳐 현장 증거물에 대한 DNA 분석을 실시한 끝에 18년 만에 무죄를 입증해 낸 것이다.

우리나라에서도 결국 연쇄살인범 정남규의 소행으로 밝혀진 부천 초등학생 두 명 살해 사건 수사 과정에서 동네 10대 비행 청소년이 범인으로 지목되어 긴급 체포되고 자백까지 한 사례가 있다. 강원도 고성에서는 저지능의 공범이 낀 절도범들이 유도 신문 끝에 살인을 자백했다가 마침 인근에서 백골화된 시신까지 발견되자 1심에서 유죄 판결을 받은 일도 있었다. 그런데 여름에 살해당했다는 시체가 가을 등산복을 입고 있었고, 7층 옥상에서 추락했다는 시신의 뼈에서 골절 흔적이 전혀 발견되지 않았다. 다행히 두 사건 모두 형사 입건되지 않거나 2심에서 무죄 판결을 받아 긴 옥살이를 하지는 않았지만, 자백이나 목격 진술에 의존해 엉뚱한 사람에게 유죄 판결을 내릴 가능성은 늘 존재하고 있으며, 이들에게 유일한 희망은 DNA일 가능성이 크다.

국내 DNA 수사의 현실

현재 우리나라에서 범죄 수사를 위한 DNA 분석과 검사는 모두 국립과학수사연구원에서 담당하고 있다. 국내 DNA 수사 기법의 발전 속도는 실로 놀라울 정도다. 그 뒤에는 190여 명이 사망한 2003년 대구 지하철 방화 참사 현장에서 시신이 모두 고열에 녹아 오직 DNA에만 의존해 신원을 확인할 수 있었기에, 힘들다 말도 못 하고 수도 없는 밤을 꼬박 새워야 했던 한국사의 비극이 자리하고 있다. 그로부터 1년 뒤 동남아 지진해일 현장에서 세계 여러 나라의 관광객들이 피해를 당했을 때, 지문과 DNA를 통해 가장 먼저 신원을 확인하고 시신을 수습한 것이 우리나라였음은 결코 우연이 아니었다.

우리나라에 DNA 수사 기법이 도입된 초창기만 해도 주사기로 피를 뽑아 낸 만큼 시료의 양이 충분하지 않으면 DNA 분석 자체가 어려웠다. 그러나 지금은 현장 어디서든 DNA를 발견할 정도로 기술이 발전했다. DNA는 혈액뿐만 아니라 대부분의 생체 시료에서 발견할 수 있다. 신체에서는 언제나 세포가 탈락하고 유류되는 것을 반복하기 때문에 범인이 현장에서 자신의 DNA를 남기지 않는 것이 남기는 것보다 훨씬 어려운 일임은 분명하다.

타액에는 우리의 상상보다 많은 양의 구강 상피 세포가 존재하기 때문에 강간 피해자의 유두, 범인이 사용한 컵과 담배꽁초 등에서 쉽게 DNA를 확보할 수 있다. 심지어 과일을 깨문 자국에서도 DNA를 발견할 수 있다. 가끔 범죄 현장에 마치 동물이 자신의 영역을 표시하듯 대소변을 남기는 범인이 있다. 여기에도 범인의 DNA는 존재한다. 정상적으로 건강한 사람의 요에서는 쉽게 세포를 발견할 수 없지만 몸에 염증이 있거나 혈뇨의 가능성이 있는 사람의 요에서는 DNA를 확보할 수 있으며, 대변에도 직장 상피 세포나 항문 상피 세포가 부착되어 있을 가능성이 크다.

국과수 유전자감식센터 팀장인 최동호 박사는 DNA 수사에서 현장 수사 경찰관의 역할이 중요하다는 것을 강조하기 위해 "아무리 실력이 뛰어난 요리사라 하더라도 재료가 좋지 않으면 맛있는 요리를 할 수 없어요"라고 설명한다. DNA 검사를 위한 증거는 그 어떤 증거보다도 수집 단계가 중요하다는 것이다. 현장에서 수집하고 이동하는 과정에서, 너무나도 미세한 증거들이기 때문에 훼손되거나, 서로 다른 시료들 간의 철저한 격리가 이루어지지 않아 섞여 버리는 '교차 오염'이 발생할 수도 있기 때문이다. 또한 너무 많은 증거물을 국과수로 가져올 경우 지나치게 긴 시간이 소요되어 정작 중요한 증거 발견이 늦어질 수도 있기 때문에 경찰 현장 수사 요원은 반드시 '어떤 것이 증거가 되며 어떤 것이 증거가 되지 않는지'에 대해 정확하게 이해할 필요가 있다.

범죄 현장에서는 반드시 마스크를 쓰고, 되도록 대화를 삼가는 것도 현장 수사 요원의 DNA를 남기지 않기 위한 수칙이다. 눈에 잘 보이지 않지만, 사람은 말을 하는 중에 많은 양의 타액을 공기 중으로 배출한다. 그것이 시체나 현장의 다른 물건에 부착되고 다시 채취될 경우 그 과학수사 요원은 자신이 범인이 아님을 밝혀야 하는 애매한 상황에 처할 수도 있다.

성폭력범의 DNA를 확보하는 '성폭력 키트'

전국 경찰관서와 성폭력상담소, 원스톱지원센터 등에는 사건 발생 즉시 성폭력 피해자에게서 가해자의 DNA를 확보할 수 있는 응급 도구를 모은 '성폭력 키트'가 배포되어 있다. 모든 샘플은 각자 다른 종이 봉투에 담는 것은 물론, 일일이 봉인하여 물적 증거 관리의 연결 고리도 확보하게 되어 있다.

성폭력 사건이 발생하면 이 '성폭력 키트'를 사용해 시료를 채취한 후 바로 국과수로 보낸다. 서울권역에서 발생한 사건을 주로 담당하는 국립과학수사연구원 본원에서 하루에 처리하는 성폭력 키트는 10개 전후다. 성폭력 키트를 사용하지 않은 성 관련 범죄까지 포함하면 하루 15건 전후가 된다. 영화 《살인의 추억》에서 송강호가 이단옆차기를 날리며 쏟아 낸 대사가 생각난다. "강간의 천국이냐!" 너무 많다. 여름이면 더 많아진다. 아마도 사람들의 활동 시간이 늦은 밤까지 이어지기 때문일 것이다.

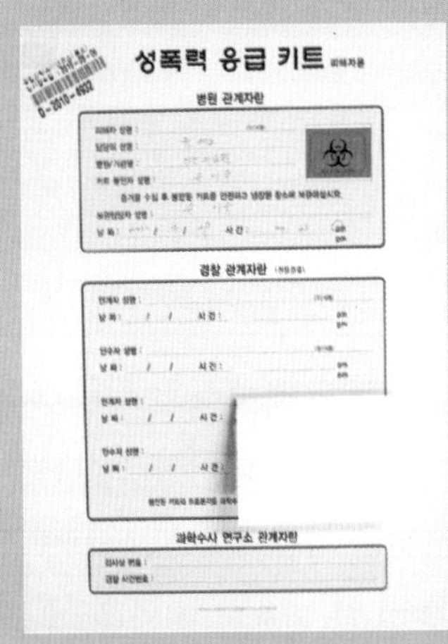

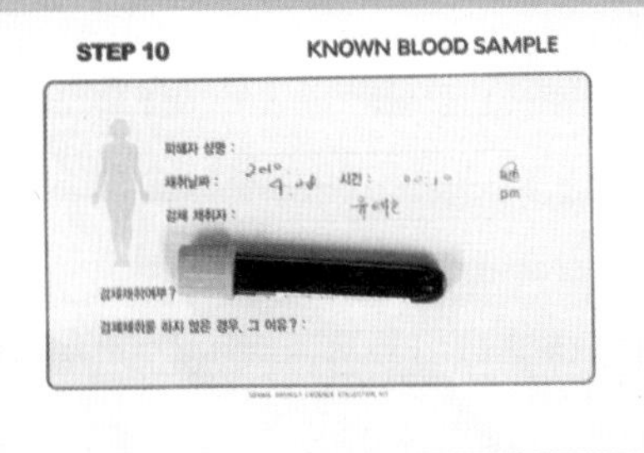

최악의 환경에서 빚어낸 최고의 기술

우리나라의 DNA 기술이 세계 최고의 수준에 올랐음은 의심의 여지가 없다. 하지만 행정안전부 소속의 국립과학수사연구원은 국가의 지원을 충분히 받지 못하는 형편이다. 대부분의 강력 사건과 절도 등 현장 증거가 있는 사건 현장에서 수거된 증거물은 거의 예외 없이 DNA 분석 과정을 거친다. 일은 쏟아져 들어오는데 인원은 턱없이 부족한 것이다.
유전자감식센터의 연구원들은 그야말로 숨도 쉬기 어려울 만큼 바쁘게 일하고 있다. 2011년 상반기만 해도 이미 4만 5,000건의 감정 요청을 접수한 상태다. 그런데 실제로 유전자를 분석하는 연구원의 수는 본원의 경우 최대 27명에 불과하다. 계산기를 두드려 보지 않아도 그 수치는 이미 수용 한계를 훨씬 넘어섰음을 알 수 있다. "과학적 절차상에 오류 가능성은 전혀 없습니다. 하지만 이것도 사람이 하는 일입니다. 매번 극도의 긴장을 요구하는 업무인 데다 그 양이 과중하여 앞으로가 더 걱정입니다. 인식의 전환이 필요한 시기입니다." DNA의 수장 한면수 박사는 자신들이 처한 사정을 어렵게 털어놓았다.

물론 대안은 있다. 민영화와 아웃소싱. 영국의 과학수사연구원은 민영화되었다. 경찰이든 누구든 DNA 분석을 의뢰하려면 돈을 내야 한다. 시료 건에 따라 요율이 계산되니 신중에 신중을 거듭해 꼭 필요한 시료만 감정을 의뢰하는 것이다. 미국에는 수많은 민간 DNA 분석 회사가 성업 중이다. 대형 경찰관서는 자체 분석 요원과 장비를 가동하지만 그럴 여력이 없는 곳은 민간 회사에 맡긴다. 우리도 변화가 필요한 시기다. 지금처럼 '독점 국립 체제'를 유지하려면 국가가 투자를 늘려 인력과 장비를 보강해야 한다. 민영화나 아웃소싱 같은 혁신적 변화는 사회적 합의가 필요하다.

한국 최고의 CSI: DNA 분석가

"DNA는 현존하는 최고의 과학수사 기법이다!"
한면수 박사

1986년 영국의 제프리 박사가 세계 최초로 개발한 DNA 개인 식별법을 이용해 콜린 피치포크를 잡아낸 직후, 국과수 한면수 박사가 직접 제프리 박사에게 연락하며 수년간 협의하고 연구한 끝에 우리나라에도 DNA 분석 기법을 도입했다. 이후 한 박사를 중심으로 국과수 유전자분석실 팀원들이 지속적으로 연구하고 노력한 끝에 지금 같은 세계 수준의 DNA 수사 체계를 구축한 것이다. 한면수 박사는 실로 '국내 DNA 수사의 아버지'라고 할 수 있다.

국내에 DNA 수사 기법을 도입한 과정을 간략히 소개한다면?

1985년 11월 국과수 생물학실에 채용되어 과학수사에 첫발을 내디뎠다. 당시에는 생물학적 증거물인 혈흔, 모발, 타액 등에서 ABO식 혈액형을 시험하여 용의자가 배제되는지 여부를 결정해 주는 것이 주 업무였다. 하지만 혈액형으로는 개인 식별을 할 수 없어 사건 해결에 결정적인 역할을 하지 못한다는 한계를 느끼고 있었다. 그런데 1986년 어느 날 한 일간지에 실린 'DNA 지문법 개발'이란 외신 기사를 보고 이 방법이야말로 범인을 정확히 식별할 수 있다는 생각에 눈이 번쩍 뜨였다.

곧바로《네이처》에 실린 제프리 박사의 논문을 찾아 그 내용을 분석했고, 우리에게도 적용하는 것이 가능하다고 판단, 제프리 박사에게 연구 과정 중에 발표된 논문을 보내 줄 것을 정중히 요청하는 편지를 썼다. 그리 큰 기대를 하지 않으면서도 간절히 기다리고 있었는데 거짓말처럼 회신이 왔다. 제프리 박사가 흔쾌히 자신의 관련 논문 몇 편을 동봉하여 보내 준 것이다.

난 이를 정리하여 정부에 연구 제안서를 제출했지만, 안타깝게도 채택되지는 않았다. 하지만 보류된 연구 제안서는 결국 빛을 보았는데 당시의 치안본부장(지금의 경찰청장)이 우리 국과수에 DNA 지문법을 개발해 달라는 협조 공문을 보낸 것이다. 이미 연구 계획서를 작성해 놓은 상태였기 때문에 바로 연구 과제를 받아 막대한 장비와 예산을 확보할 수 있었고, 그것이 국내 DNA 수사의 시작이었다.

알렉 제프리 박사가 1986년 DNA로 사건을 해결한 것이 세계 최초의 DNA 수사였다. 우리나라에서는 그로부터 채 6년도 안 된 1992년 의정부 초등학생 성추행 사건 해결이 그 시작이었다. 다른 기법에 비해서 선진국을 매우 빠르게 쫓아간 것인데, 그 원동력은 어디에 있었는가?

당시 우리나라는 과학수사 수준이 낙후된 편이라 사건 현장의 증거물 채취가 영국 같은 선진국에 비해 잘 이루어지지 않았다. 당시 제프리 박사가 개발한 DNA 지문법을 적용하는 것 역시 쉽지 않았다. 제프리 박사의 방법은 범죄 현장의 증거물에서 완벽한 상태와 많은 양의 DNA를 요구하는데 증거물 채취 시스템이 뒤떨어진 우리로서는 증거물에서 그러한 DNA를 얻는다는 게 쉽지 않았다. 그 당시 이러한 문제점을 개선하기 위해 미국 등에서 제프리 박사의 DNA 지문법을 개선하여 미량의 DNA를 증폭함으로써 DNA 식별 정보를 분석하는 PCR법을 개발했는데, 우리는 PCR법이 개발되자마자 이를 도입해 실용화했다.

지금 우리나라 DNA 수사의 수준은 어디까지 와 있다고 평가하는가?

DNA 감정관의 개인 능력은 어느 나라에 비해 뒤지지 않는다고 본다. 그렇지만 시스템 측면에서는 아직 많이 뒤져 있다. 2010년에 들어서야 비로소 'DNA 신원확인 정보의 이용 및 보호에 관한 법률'이 시행되어 인터폴 가입 국가 중 56번째로 DNA 데이터베이스를 구축했다. 사실 이것이 우리나라 과학수사의 현실이라고 본다. 세계 10위를 주장하는 국가 경제력을 감안한다면 좀 더 많은 투자와 관심 그리고 인력 양성이 필요하다.

과학수사의 길을 선택한 이유가 있다면?

내가 처음 국과수에 들어올 때만 해도 과학수사란 말은 잘 사용하지 않는 아주 낯선 용어였다. 국과수 하면 과학수사의 대표 기관이라는 브랜드보다는 그저 '시체 부검하는 곳'이라는 인식이 더 강할 때였다. 그렇지만 과학 기술의 발달이 범죄 수사에도 기여해야 한다는 것은 시대의 요구이며, 과학수사가 국민의 인권을 지키고 사건 현장의 진실을 밝히는 중심 역할을 할 거라는 믿음이 있었다. 여기까지 오는 동안 많은 고민이 있었지만 내가 택한 이 길을 후회하지는 않는다. 오히려 성실한 과학기술자에게는 권장하고픈 직업이다.

서래마을 사건은 DNA 수사를 통해 전 세계에 한국 과학수사의 수준을 알리는 계기

가 되었다. 이 사건에 대한 소회는?

서래마을 사건은 어떻게 보면 단순한 사건이다. 상식 이하의 범죄가 일어났고, 이 사실을 DNA 수사로 밝혔을 뿐이다. 언론이 지나치게 과장한 측면도 있다. 단지 범죄 발생지가 외국인 거주 주택이었고, 당사자가 외국인이었다는 것이 일반 사건과 다른 정도였다. 당시 우리 국과수는 이미 국제적으로 표준화된 방법을 사용해 철저한 품질 관리 시스템을 도입, 운용 중이었다. 우리 기술력으로 행한 DNA 감정 기술을 다른 나라에서도 검증받았다는 데 의미가 있다. 모든 사건에 이러한 시스템을 적용하도록 노력해야 한다. 다만 수사 진행 과정 중에 나타난 언론의 지나친 보도 경쟁과, 수사 대상인 외국인 용의자가 출국하도록 방치한 수사 진행상의 허점은 '옥의 티'였다.

DNA 기법은 과학수사에 혁명적인 발전을 가져왔다. DNA의 미래는?

과학의 발전은 끝이 없다. 향후 DNA 감식 기술은 상상하기 힘들 정도로 발전할 것이다. DNA가 NT(Nano-Technology), IT(Information Technology) 및 BT(Bio-Technology)와 융합하는 시점에 이르면 인간의 표현형을 통한 범죄자 지목을 위시하여 가족의 DNA 정보를 이용한 범죄자 검색 등이 원활하게 이루어지고, 분석 시간도 훨씬 단축될 것이다.

검찰과 경찰이 유전자 정보를 나누어 관리하는 현 시스템에 문제는 없는가?

우리나라의 경우 다른 나라와 달리 세계에서 유일하게 검찰과 경찰 두 기관이 데이터베이스를 분리해 관리하고 있다. 우선은 두 기관이 국가 DNA 신원 확인 정보 데이터베이스 법률을 제정하기 위해 협력하는 협약 조건이었으므로 이 같은 이원화 체제는 당분간 유지될 것으로 보인다. 일단은 상호 협력 아래 데이터베이스의 효율성이 극대화되도록 노력하고 차후에 문제가 있을 경우 업무상 더 필요한 기관에서 통합해야 한다.

DNA가 과학수사를 대표하는 기술이긴 하지만 한계도 있을 듯한데?

지금까지 개발된 과학수사 기법 중 DNA는 최고의 과학 기술이다. 타액 한 방울, 모발 한 점만 있으면 바로 누구인지 확인되고, 그 정확도는 100퍼센트에 가깝다. 1나노그램 이하 모기 눈물 정도의 DNA에서도, 온갖 쓰레기 속에서도 사람의 DNA를 찾아낼 수 있다. 하지만 그만큼 위험성도 크다. 가장 유념해야 할 것이 'DNA가 일치한다고 해서 반드시 범인이라고 단정할 수 없다'는 원칙이다. 사건 현장에 일치하는 DNA가 왜 남아 있는지를 먼저 확인해야 한다.

실제로 범죄 현장에서 사건과 관계없는 사람의 DNA가 발견되는 경우가 간혹 있다. 범행 발생 전이나 후에 사건 현장에 출입한 사람이 있을 수 있기 때문이다. 수사관 또는 범죄 현장을 오간 사람들의 것이 남아 있어 수사에 혼선을 일으키기도 하고 시험 기관 분석관의 것이 시험 과정 중에 혼입될 수도 있다. 또한 1나노그램 이하의 DNA를 증폭하는 과정에서 분석관의 판정 오류가 발생할 수도 있다. 이 같은 오류를 막기 위해 좀 더 강화된 품질 관리가 필요하고, 결과에 대해 품질 보증을 할 수 있는 시스템이 요구된다.

기억에 남는 잘된 사건과 아찔했거나 아쉬운 사건이 있다면?

최근에 일어난 사건은 거의 다 해결되어 보람을 느낀다. 강호순, 김길태 등의 강력 사건부터 단순 강도 및 절도 사건, 서래마을 사건, 황우석 교수 허위 논문 의뢰 건 등을 모두 무난하게 해결할 수 있었다. 이는 DNA 분석 기술의 발전과 더불어 사건 현장에서 과학수사 요원들이 매뉴얼에 따라 치밀하고 정확하게 사건 관련 증거물을 채취해 준 활약 덕분이다.

반면, 과거 DNA 기술이 발달하기 전에 해결이 안 된 채 남겨지거나 역사의 뒷전으로 사라진 사건들은 평생 마음에 남아 있을 거 같다. 1990년대 초까지 이어진 화성 연쇄 살인 사건이 대표적이다. 그 밖에도 범죄 현장 증거가 확보되지 않아

미제로 남은 사건 같은 것이 미래에는 일어나지 않기를 바란다. 그 당시 증거물이라도 남아 있었다면 새로운 첨단 기술을 적용해 지금이라도 해결할 텐데, 증거물조차 보관해 두지 않은 과거의 잘못된 수사 관행이 너무 아쉽다.

영국이나 미국의 경우 미제로 남아 있던 30~40년 전 사건도 증거물을 잘 간직했다가 지금의 첨단 기술로 다시 분석해 범인을 검거하는 모습은 우리 수사 기관과 감정 기관이 같이 검토해 볼 문제다.

과학수사를 하고 싶어 하는 젊은이가 많다. 그들에게 하고 싶은 말이 있다면?

과학수사의 영역은 크게 세 가지로 분류된다. 막연히 과학수사를 동경하기보다 어떤 역할을 목표로 삼을지부터 정해야 한다. 과학수사 영역은 먼저 범죄 현장을 수사하는 경찰 과학수사 요원이 있고, 사망의 원인을 밝히는 법의학자와 사건사고의 원인 물질을 확인하거나 범인 여부를 확인하기 위해 과학 기술을 이용하는 법과학자가 있다. 물론 각 역할마다 장단점이 있다. 무엇보다 자신이 선호하는 분야가 어느 것인지 목표를 정하고, 이 목표를 달성하기 위해 꾸준히 노력하는 것이 중요하다.

Part 4.

혈흔 형태 분석, 범죄 상황의 생생한 증언

*사망자의 혈흔은 사람의
키높이 이상으로 벽면과
천장에 튀어 있었고,
그 혈흔의 크기도 충격
부위로부터 비산했다고
보기에는 너무 컸다. 병원
응급실에서 전송해 온 사진을
통해 사망자의 상처 부위를
살피던 그는 이 죽음이
사고사가 아님을 확신했다.*

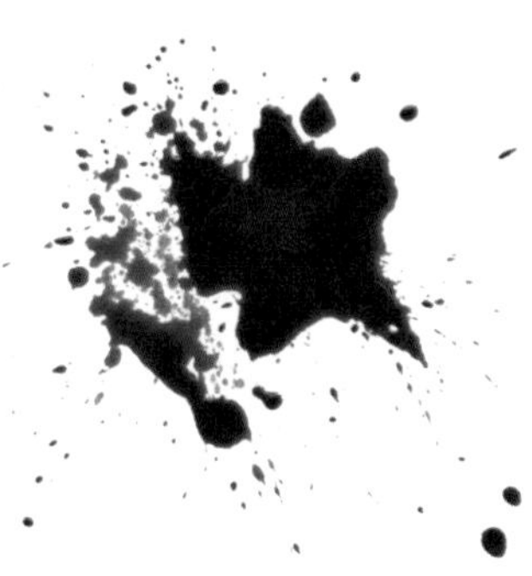

예기치 않은 갑작스런 죽음만큼 비극적인 일이 있을까? 특히 사랑하는 가족이 이런 일을 당한다면. 새벽 녘 112에 걸려 온 다급한 목소리에도 그런 비극의 내음이 가득했다. "빨리 좀 와 주세요. 제 아내가 2층 계단에서 굴렀는데 움직이질 않아요. 어떡해요… 빨리 좀 와 주세요." 지방경찰청 과학수사팀이 현장에 도착해 보니 피해자는 병원 응급실로 옮겨져 사망했음이 확인된 상태였다. 경찰 업무 중 가장 괴로운 부분은 사랑하는 가족이 죽어 충격과 슬픔에 빠져 있는 사람들을 상대로 조사를 진행해야 하는 상황일 것이다. 사망 원인, 범죄 관련 여부 등 사망을 둘러싼 진실이 모두 밝혀지기 전까지는 어떠한 판단이나 예단도 용납되지 않는다. 철저한 현장 수사를 통해 한점 의혹 없이 사건을 재구성하는 것이 과학수사팀의 역할이다.

집 안에서 발생한 사망 사건. 신고한 가족은 계단에서 굴렀다고 하고…. 누구인지 모를 범인의 흔적과 신원을 찾는 통상적인 과학수사와는 다른 접근이 필요하다. 피해자가 목격 진술처럼 발을 헛디뎌 계단에서 구른 것인지, 아니면 외부의 힘에 의해 떠밀린 것인지, 그도 아니면 스스로 자해 혹은 자살을 위해 굴러 떨어진 것인지 등 사망에 이른 원인과 과정을 밝혀 내야 한다.

전문 교육을 여러 차례 이수하고 현장 경험을 쌓아 온 '국내 최고의 혈흔 형태 분석 전문 수사관' 서 형사가 투입되었다. 계단에 뿌려진 사망자의 혈흔을 자세히 관찰하던 서 형사는 뭔가 이상한 점을 발견했다. 머리를 계단에 부딪혀 사망했다면 혈흔이 시작한 부분은 계단 모서리여야 한다. 그런데 사망자의 혈흔은 사람의 키높이 이상으로 벽면과 천장에 튀어 있었고, 그 혈흔의 크기도 충격 부위로부터 비산했다고 보기에는 너무 컸다. 병원 응급실에서 전송해 온 사진을 통해 사망자의 상처 부위를 살피

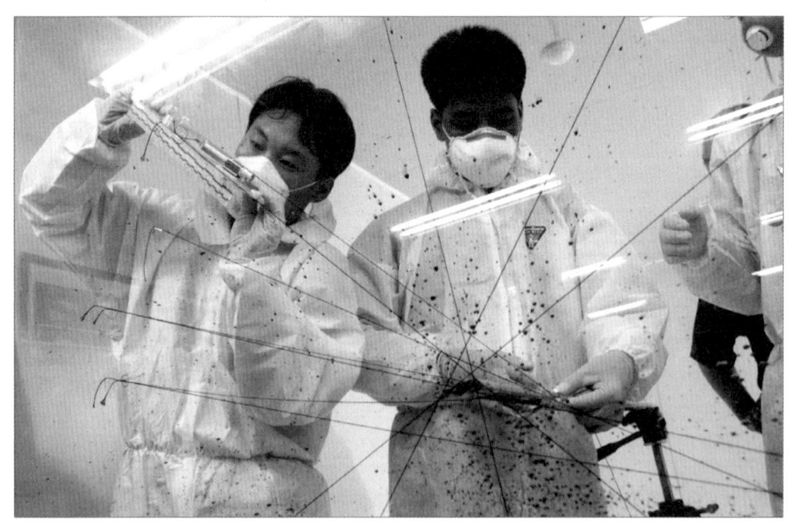

던 그는 이 죽음이 사고사가 아님을 확신했다. 다양한 방향으로 크게 벌어진 정수리 부위의 상처는 실족으로 넘어져서 생길 수 있는 형태라기보다는 묵직한 둔기가 직접 타격한 좌열창의 형태를 하고 있었기 때문이다. 서 형사는 곧 현장팀장에게 보고한 뒤 사건을 담당한 강력팀에 분석 결과를 설명했다. 곧이어 신고자인 피해자의 남편이 사고 전 피해자 명의로 거액의 생명보험을 여러 차례 가입했다는 사실이 밝혀졌고, 프로파일러(범죄 심리 분석관)의 면담 조사 과정에서 범행 일체를 자백했다.

혈흔 형태 분석의 역사

혈흔 형태 분석은 현장에 남아 있는 혈흔을 통해 범죄가 일어난 당시의 모습을 재연하는 방법이다. 용의자가 피해자를 공격한 위치와 방향, 공격 횟수, 흉기 모양, 공격 방법까지도 재구성이 가능하다. 혈흔의 모양을 분석하는 일은 언제부터 시작된 것일까?

혈흔 형태 분석은 등장할 때마다 항상 새로운 기법임을 자처해 왔다. 하지만 알고 보면 지문이나 미세 증거 같은 오래된 기법보다도 먼저 과학자와 수사관들에게 인식되어 온 기법이다. 위대한 명탐정 셜록 홈스를 탄생시킨 영국의 코난 도일 경은 1887년 자신의 첫 작품인 《주홍색 연구》에서 최초로 혈흔을 다룬다. 물론 이것은 소설이라는 허구의 산물에 불과하다. 그러나 이미 코난 도일은 매우 과학적으로 혈흔 분출 분석을 제시하고 있다.

앞에서 소개한 지문의 아버지 헨리 폴즈는 1880년에 출간한 책에서 혈흔으로 표현된 지문의 모양을 언급하고 있으며, 1895년에는 빈 대학의 에드워드 피오츠로프스키 교수가 혈흔의 발혈점과 분포에 관한 논문을 발표하여 혈흔 형태 분석을 본격적인 학문 분야로 삼았다. 그는 살아 있는 토끼의 머리를 망치로 가격하여 충격 비산 혈흔이 방사형으로 퍼져나간다는 사실을 확인했는데, 이러한 발견은 지금까지도 충격 비산 혈흔을 구별하는 중요한 단서로 사용되고 있다.

그 뒤를 이어 현대 수사학의 아버지인 오스트리아의 한스 그로스는 1904년에 지금까지도 수사학의 성경처럼 읽히는 『범죄수사학』에서 혈흔 형태 분석을 깊이 있게 다루었는데, 비산 혈흔의 타원 길이를 보고 방향성을 판단하는 매우 전문적인 부분까지 언급했다. 최근 미국 드라마 《덱스터》《CSI》 등을 접하면서 대중들에게 알려진 혈흔 형태 분석이 이렇게 긴 역사를 가진 법과학 기법이라는 사실은 신선한 충격이다.

영화 《도망자》의 실제 주인공, 샘 셰퍼드 사건

우리가 한국전쟁의 참화로 인한 폐허 속에서 망연자실하던 1950년대, 미국에서는 혈흔 형태 분석에 큰 획을 긋는 사건이 발생한다. 훗날 이 사건은 세계적인 명배우 해리슨 포드가 주연을 맡은 《도망자(The Fugitive)》(1993)로 만들어져 전 세계에 알려졌다. 1954년 여름밤 젊은 외과의사가 아내를 참혹하게 살해한 혐의를 받고 체포되었지만 완강하게 범행을 부인한 사건. 유명한 '샘 셰퍼드' 사건이다. 이 사건은 수사 과정에서도 많은 논란거리를 낳으면서 세간의 이목을 집중시켰고, 재판 진행 중에도

《도망자》라는 드라마가 방영될 만큼 엄청난 관심의 대상이었다.

현장을 최초로 분석한 검시관 거버는 아내 메릴린을 죽인 범인은 남편인 샘 셰퍼드라고 단정하여 샘을 체포하게 했고, 샘의 불륜 사실과 부부 불화가 드러나면서 대중과 언론은 그를 범인으로 몰아갔다. 그가 체포되고 실형을 산 지 12년 만인 1966년, 당대 최고의 법과학자였던 버클리 대학의 생화학, 범죄학 교수 폴 커크 박사는 셰퍼드 가족의 의뢰로 이 사건을 처음부터 다시 검토하기 시작한다.

샘은 사건 발생 직후 출동한 경찰에 발견될 당시 상의를 벗은 채 물에 젖은 면바지를 입고 있었다. 폴 커크 박사는 메릴린의 얼굴을 40회 이상 둔기로 공격한 범인이라면 면바지와 가죽 벨트에 '튀어서 묻은' 혈흔이 있어야 한다고 주장했다. 그런데 샘의 옷에서는 왼쪽 무릎 부위에 스며든 혈흔 정도가 발견되었을 뿐이다. 또한 벽면에 형성된 이탈 혈흔(cast-off, 피 묻은 흉기를 휘두를 때 떨어져서 날아가는 혈흔)의 형태가 범인이 왼손잡이임을 말해 주는데, 샘은 오른손잡이였다.

무엇보다 결정적인 증거는 현장에 떨어진 수많은 낙하 혈흔(수직으로 떨어

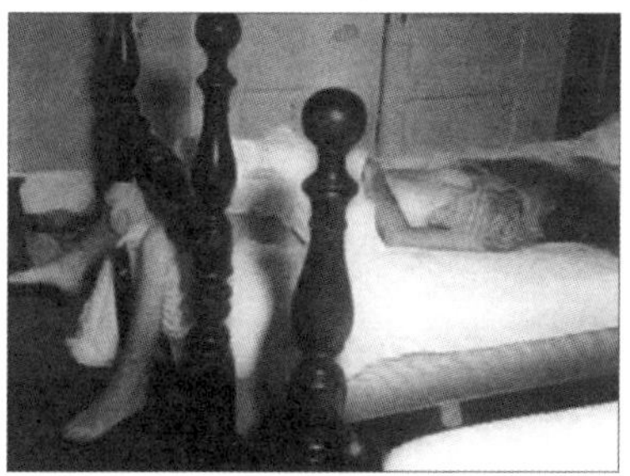

진 혈흔)이었다. 폴 커크 박사는 '흉기에서 떨어진 피해자 메릴린의 피'라는 거버 검시관의 최초 조사 결과와는 다르게 '공격한 범인이 개방성 손상을 입었으며 거기서 비롯된 것'이라는 의견을 제시했다. 흉기 모서리의 표면적이 아무리 커도, 그 흉기에 아무리 많은 양의 혈액이 묻어 있어도 낙하 혈흔의 숫자는 일고여덟 개를 넘어서지 않는다는 것을 실험을 통해 제시한 것이다. 현장에는 그보다 훨씬 많은 낙하 혈흔이 연결되어 곳곳에 있었기 때문에 이것은 피해자의 혈흔이 아닌 공격자의 상처에서 나온 혈흔이라고 판단할 수밖에 없는 것이다. 그러나 샘의 몸 어디에도 출혈을 보이는 개방성 손상은 없었다. 결국 당대 법과학계의 권력자인 검시관 거버의 조사 결과를 대학 교수인 법과학자 폴 커크 박사가 뒤집은 셈이 되고 말았다. 법정에서도 폴 커크 박사의 혈흔 형태 분석 보고서를 증거로 채택하여 재심을 통해 무죄를 선고했다.

샘은 12년 만에 풀려났지만 수감 생활을 하는 동안 상심한 부모의 자살이 이어졌고, 더 이상 외과의사로서 메스를 잡지 못할 만큼 몸과 마음이 병들어 버렸다. 결국 생계를 위해 자신을 평생 따라다닌 오명인 '더 킬러(The Killer)'를 닉네임으로 쓰며 프로레슬러 생활을 하던 샘은 석방된 지 3년 만에 간 질환으로 사망한다.

폴 커크 박사는 최고 권위의 미국법과학회(AAFS) 권력자인 거버를 망신주었다는 이유로 결국 AAFS의 일원이 되지 못했다. 그러나 거버의 세력이 약해진 뒤 제정된 AAFS에서 가장 권위 있는 상의 이름이 '폴 커크 어워드'라는 사실은 참 흥미롭다.

놀라운 한국의 혈흔 형태 분석 발전 속도

우리나라는 혈흔 형태 분석 기법이 비교적 늦게 도입되었다. 그것도 한 개인의 '특별한 관심사'가 낳은 혁명적 결과였다. 현재 경찰청 과학수사센터 과학수사계장으로 재직하는 최용석 경정이 그 주인공이다. 최용석 경정은 경찰대학을 졸업하고 수년간 현장에서 직접 과학수사와 강력 수사를 지휘해 오며 혈흔 형태 분석 분야의 베테랑으로 인정받고 있다. 남보다 먼저 '수사는 현장 재구성 방향으로 발전해 나가야 한다'는 생각을 했고, 혈흔이 존재하는 대부분의 강력 사건에서 현장 재구성을 위한 가장 중요한 요소가 혈흔 형태 분석임을 깨달았다. 그 후 무작정 법과학 선진국 캐나다의 온타리오 경찰대학으로 날아가서 혈흔 형태 분석 전문 교육을 이수하고 돌아와 혈흔 형태 분석의 전도사를 자처하며 나선 것이 불과 몇 년 전이다.

다른 분야보다 비교적 빠른 발전 속도를 보인 혈흔 형태 분석 분야는 수사 요원 전문 교육 기관인 경찰수사연수원의 정규 과정으로 편성되어 많은 전문가를 양산하고 있다. 혈흔 형태 분석 분야의 발전 속도를 지켜보

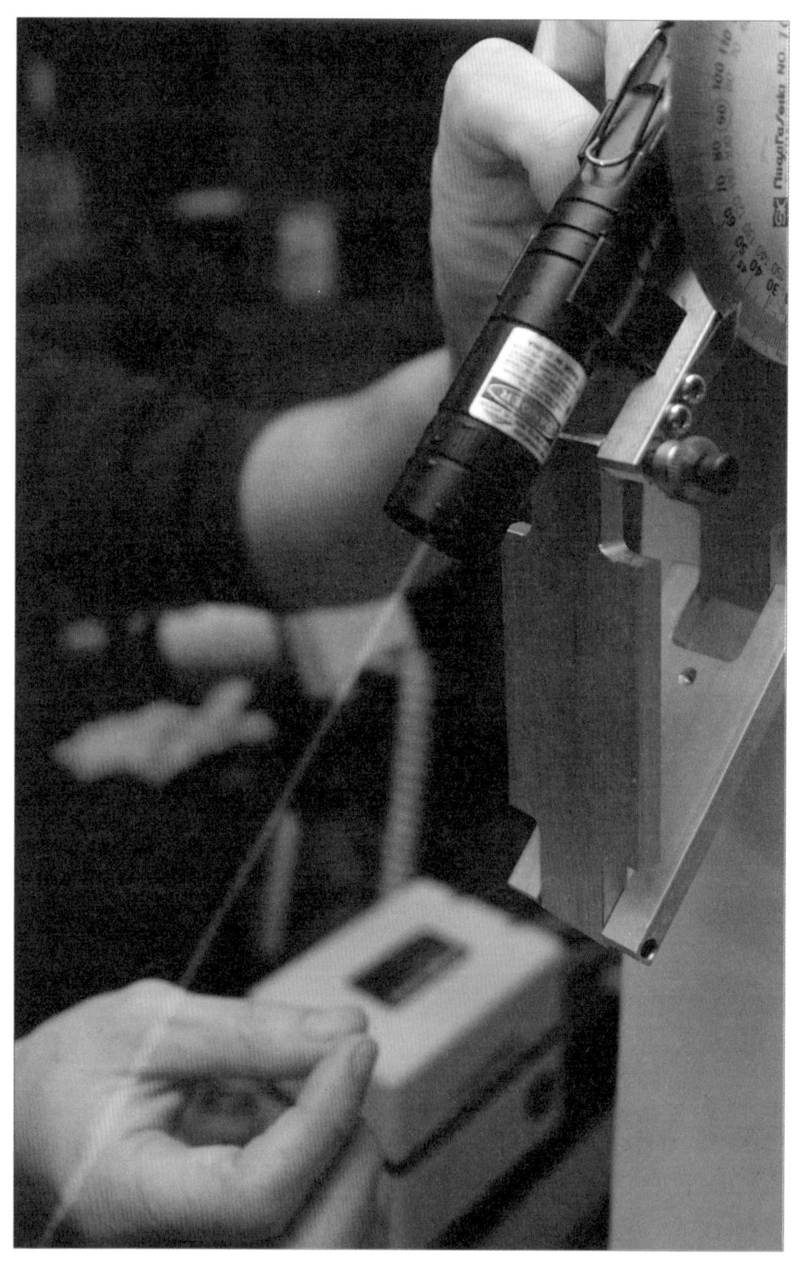

고 있으면 "과학의 발전은 그 발전의 속도까지도 발전시킨다"는 말을 실감할 수 있다. 혈흔 형태 분석이 외국에서 100년 넘는 역사를 갖고 발전해 온 것에 비하면 우리나라는 많이 늦었다고 생각하기 쉽지만, 현대 과학의 눈부신 성과가 한 세기의 역사가 쌓은 경험의 벽도 짧은 시간에 뛰어넘을 수 있는 수단이 된 것이다.

지금 우리나라에는 세계 어디에 내놔도 손색없는 혈흔 형태 분석 전문가 20여 명이 전국의 사건 현장을 누비고 있다. 물론 혈흔 형태 분석 전문가가 필요하지 않은 나라가 되는 것이 더 좋은 일이겠지만.

혈흔의 방향

혈흔의 생성 기전을 추적하는 일은 혈흔을 만들어 낸 피해자, 용의자 등 범죄 현장을 만든 이들의 행위를 짐작하게 한다. 현장의 혈흔은 생성 기전에 따라 크게 두 가지로 분류한다. '날아가서 형성된 혈흔', 즉 비산 그룹에 속하는 혈흔과 '날아가지 않은 혈흔'인 비비산 그룹에 속하는 혈흔이다. 같은 성분으로 이루어진 혈액이 일정 시간 공기 중을 비행하면 동그란 공 모양을 유지한다. 이것이 직각으로 어떤 물체와 만나면 정원(正圓)에 가까운 혈흔이 되는 것이고, 90도 이하의 각도를 가지면 각도가 작아질수록 좁고 긴 모양의 타원형 혈흔이 된다.

타원형의 가장 긴 축, 다시 말해서 뾰족한 모서리의 끝단을 이은 직선은 혈흔이 날아온 방향을 의미한다. 혈액은 날아와서 사물과 부딪치며 표면장력이 견딜 수 있을 때까지 해당 방울의 혈액 양이 밀려오는 것을 버티

다가 운동 방향으로 2차 혈흔을 튀기는데 이것은 작은 혈흔(자혈흔)의 모양을 띠기도 하고 가리비 모양을 띠기도 한다. 따라서 이렇게 혈흔이 추가로 퍼져 나간 쪽이 발혈점(혈흔의 출발 지점)의 반대 방향이다.

날아간 혈액 방울

원 또는 타원 형태의 혈흔이라고 하여 같은 생성 기전을 갖는 것은 아니다. 때때로 전혀 다른 생성 기전을 갖고 있으면서도 혈흔이 비슷한 형태를 나타내는 경우가 있기 때문에 신중하게 관찰해야 한다. 혈액은 어떤 행동을 통해 날아갈까? 가격 순간에 상처가 생기면서 흉기 등과의 충격으로 인해 혈액이 날아갈 수 있다. 이런 것을 충격 비산 혈흔(impact spatter)이라고 부른다. 현장에서 범인의 공격 행동을 가장 잘 나타내는 혈흔이다.

일단 충격 비산 혈흔이 있다는 것은 바로 그 장소에서 어떠한 형태로든 직접적인 공격 행위가 있었음을 의미하기 때문에 매우 중요하게 취급해야 한다. 고여 있는 물웅덩이를 차가 지나갈 때 그 물이 튀는 장면을 상상하면 이해가 쉬울 것 같다. 부채꼴 모양으로 퍼져 나가며, 크기가 작은 방울일수록 멀리까지 날아간다. 중심에서 멀어질수록 혈흔이 정원의 모양에서 점점 뾰족한 타원의 모양으로 바뀌는 규칙적인 패턴을 갖고 있다. 멀리 날아갈수록 사물과 충돌하는 각도가 작아지기 때문이다.

현장에서 많이 관찰되는 혈흔 중에 용의자가 휘두른 흉기의 모양과 형태, 휘두른 방향 등을 알려 주는 혈흔이 있는데, 바로 이탈 혈흔이다. 선행 행위에 의해 혈액이 묻어 있는 흉기를 휘두르는 과정에서 급격한 휘두름이나 급격한 멈춤 동작을 하는데, 이때 관성에 의해 흉기로부터 이

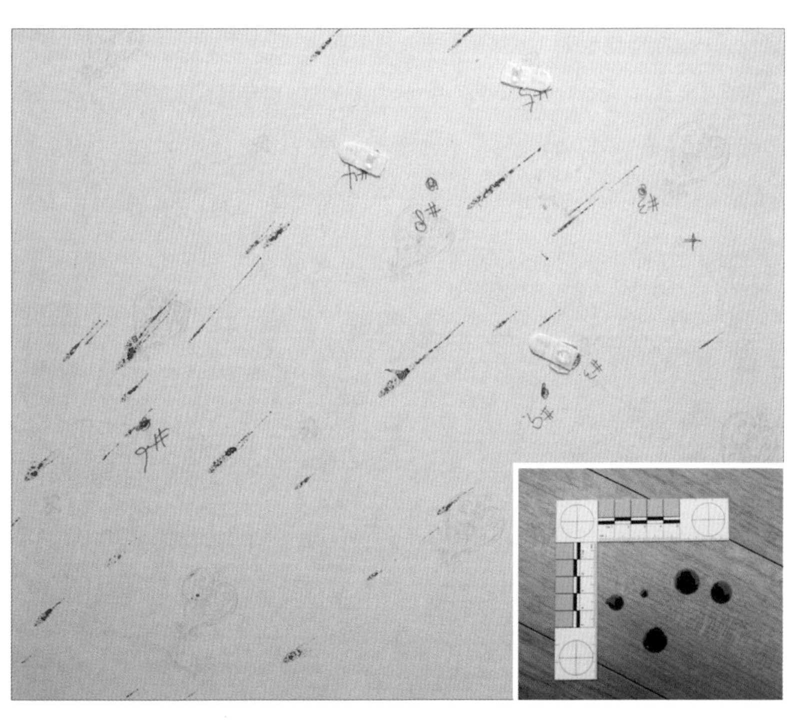

탈한 혈액들이 만들어 내는 혈흔을 말한다.
이러한 혈흔은 충격 비산 혈흔과 마찬가지로 휘두름 동작의 위치와 횟수를 알려 준다. 충격 비산 혈흔과 구별되는 점이라면 휘두름 동작에 의해 생기는 혈흔은 일정한 구간에 연결된 형태를 보인다는 점이다. 흉기나 팔 등의 궤적에 따라 곡선의 형태로도 형성되기 때문에 앞에서 소개한 샘 셰퍼드 사건처럼 범인이 오른손을 사용했는지 왼손을 사용했는지 알 수 있다. 또한 흉기의 길이에 따라 휘두름의 궤적이 직선에서 곡선으로 다양하게 변화하기 때문에 흉기의 길이에 대한 추정도 가능하다. 개별 이탈 혈흔의 크기는 혈흔이 떨어져 나간 사물의 표면적 크기에 비례한다. 한번에 많은 양의 혈액이 모일 수 있는 형태라면 날아가는 혈액의 양도 많아지기 때문이다. 야구 방망이에서 이탈한 혈흔의 크기가 과도의 끝에서 이탈한 혈흔보다 크게 나타나는 현상을 그 예로 들 수 있다.
일정한 높이에서 떨어지는 혈액도 비산 혈흔으로 분류한다. 이것을 낙하 혈흔이라고 하는데 현장에서 발견되는 낙하 혈흔은 피를 흘리는 사물 또는 사람의 동선이나 이동과 멈춤을 해석하는 좋은 단서가 된다. 낙하 혈흔이 정원의 형태에서 타원의 형태로 갈수록 빠른 속도로 이동했음을 의미하기 때문에 이동 속도에 대한 판단 근거로도 작용한다.

날아가지 않은 혈액

현장에 날아간 혈흔만 있다면 혈흔을 분석하기가 훨씬 쉬울 것이다. 그러나 현장은 일정한 패턴의 혈흔을 발견하는 것조차 어려울 정도로 매우 복잡한 형태의 혈흔이 뒤섞여 있다. 특히 인위적으로 문질러진 혈흔과 닦인 혈흔 그리고 피 묻은 물건이 다른 사물과 접촉하면서 만들어 내는 다양한 형태의 전이 혈흔 등은 혈흔 형태 분석가의 판단력을 어지럽힌다.

출혈 부위에서 다량의 혈액이 흘러내린 흐름 혈흔과 그것이 고여서 생긴 고인 혈흔(pool)이 대표적인 비비산 혈흔에 해당한다. 이러한 혈흔은 쉽게 구별되지만 고인 혈흔에 또 다른 혈흔이 떨어져 생기는 누적 혈흔(blood into blood)은 마치 충격 비산 혈흔 같은 모양의 2차 튐 혈흔을 형성하기도 한다.

현장에서 혈흔이 발생하는 것은 격렬한 접촉 때문인 경우가 많다. 그러다 보니 혈흔은 이론적으로 설명하듯이 분명하게 구별되는 형태로 잘 정리되어 형성되지 않는다. 먼저 형성된 혈흔을 닦기도 하고 문질러 옮기기도 한다. 또는 의복에 흡수되기도 한다. 이러한 과정이 단서를 지우기만 하는 것은 아니다. 이 역시 현장에서 있었던 행동을 보여 주는 혈흔이기 때문에 혈흔 형태 분석가들에게는 날아간 혈액과 마찬가지로 매우 많은 이야기를 해 주는 혈흔이다.

형태 전이 혈흔은 특정 사물에 묻은 혈액이 다른 사물에 전이되면서 원래의 사물의 형태를 남기는, 마치 피로 찍은 도장 같은 혈흔을 의미한다. 흉기의 모양을 남기기도 하고 머리카락의 모양을 남기기도 한다. 현장 요원들에게 가장 반가운 형태 전이 혈흔은 혈흔 족적과 혈흔 지문이다. 도장에 인주를 묻히고 계속 찍으면 그 인장이 흐려지듯이 족적이나 지문도 흐려져서 거의 보이지 않는 경우가 있다. 이때 사용하는 것이 보이지 않는 잠재 혈흔을 시각화하는 시약이다. 잘 알려진 루미놀이 대표적이며, 최근에는 완전한 암실 환경을 요구하고 발현 시간도 몇 초에 불과한 루미놀의 단점을 개선한 다른 시약이 나오고 있다.

옷에 남아 있는 혈흔이 말하는 것

두 남자가 길을 가다가 강도 넷을 만났다. 그런데 신고한 사람은 친구를 놔두고 겨우 도망쳐서 경상만 입은 채 살았고, 미처 도망치지 못한 친구는 머리에 여러 차례 칼을 맞아서 사망한 것을 현장에 다시 돌아온 신고자가 발견했다. 신고자의 정황 설명이 좀 석연치 않았다. 네 명이 공격하는 상황에서 무사히 혼자만 도망친 점도 이상하고, 강도들에게 공격당할게 뻔한 친구를 현장에 놔두고 혼자 도망쳤다가 나중에 친구가 사망한 것을 확인하고 신고한 점도 이상했다. 또 심증을 넘어선 무엇인가가 신고자의 얘기가 거짓임을 강하고 확실하게 말하고 있었다.

혈흔이다. 형사는 그의 옷에 남겨진 혈흔이 속삭이는 진실을 들을 수 있는 사람이었다. 신고자는 옷에 다량의 혈흔이 있는 것에 대해 현장에 돌아와 쓰러진 친구를 안고 그의 상태를 확인하는 과정에서 전이된 것이라고 설명했다. 그의 말이 사실이라면 옷에는 '날아가지 않은 혈액 자국'만 있어야 했다. 하지만 그의 팔, 어깨, 오른쪽 어깨 너머 등 쪽에 남은 '날아온 혈액'에 의한 타원형 혈흔이 진실을 말해 주고 있었다. 오른손잡이인 신고자의 휘두름에 의해 생긴 피해자의 이탈 혈흔이었다. 돈 때문이었단다. 친구의 돈이 필요했단다. 조용한 곳으로 불러내서 죽이고 마치 강도를 당한 것처럼 신고한 거였다. 진실은 가린다고 가려지는 게 아닌 것이다.

혈흔 형태 분석은 혈액 방울의 운동에 관한 학문이다. 따라서 물리학과 수학이 그 이론적 토대를 구성한다. 연구실을 빠져나온 기초 과학이 현장에서 그 힘을 발휘하는 대표적인 법과학 분야인 것이다. 범죄 현장은 다양한 학문이 서로 만나고 새로운 이론이 생기며 적용되는 통섭의 장이다. 혈흔 형태 분석은 혈액의 성질에 대한 기초 이론과 혈액이라는 특별한 액체의 운동에 관한 물리학적 지식과 혈흔의 출발점을 정확히 찾아내기 위한 수학적 계산이 개입하여 논리학적으로 범행 당시에 있었던 일을 재연해 내는 현장 재구성 기법의 대표 주자다. 선진국에 비해 늦게 출발했지만 다양한 분야의 과학자와 현장 과학수사 요원들의 노력으로 빠르게 자리를 잡아 가고 있어 앞으로가 더 기대되는 분야다.

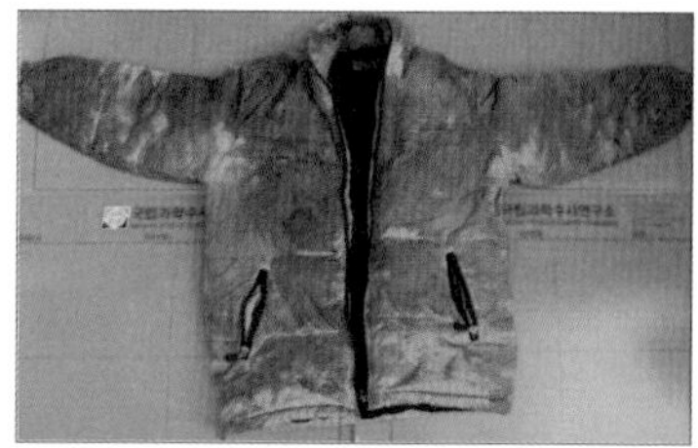

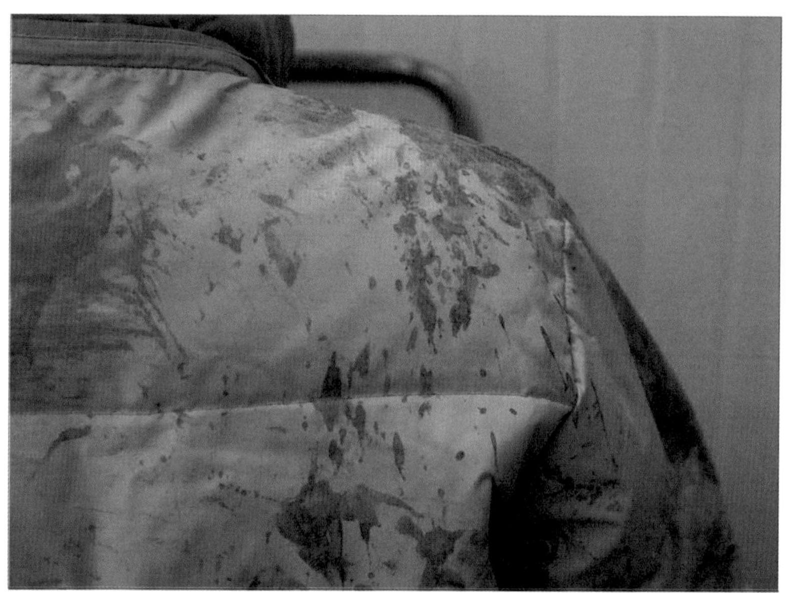

한국 최고의 CSI: 혈흔 형태 분석가

"혈흔은 현장을 재구성하는 스토리텔러다!"
서영일 박사

대학에서 물리학과 수학, 대학원에서 물리학을 전공해 박사 학위를 취득한 뒤 좋다는 직장을 다 뿌리치고 과학수사 발전에 헌신하기 위해 국과수에 투신한 서영일 박사. 현재 국과수 남부분원에서 물리학과 공학 지식을 기반으로 공구의 흔적, 안전 사고, 화재 및 폭발 사고, 음성, 총기 사고 등을 감정하는 '물리 분석'을 담당한다. 그중에서도 혈흔 형태 분석에 대한 연구와 감정에 집중하고 있다. 다음은 서영일 박사와 나눈 일문일답이다.

범죄 현장에서 '피를 봐야' 하는 혈흔 형태 분석가가 겪는 스트레스는 없는가?

혈흔 형태 분석은 주로 사건 현장에서 유전자, 지문, 족적 등의 현장 감식이 끝나고 시체가 치워진 후에 실시한다. 자칫하면 혈흔 형태 분석을 하면서 중요한 증거가 훼손될 수 있기 때문이다. 따라서 혈흔 형태 분석가가 현장에 갔을 때는 현장에 혈흔만 남아 있는 경우가 많다. 현장에 가면 혈흔의 형태를 구분하고 생성 원인을 찾는 데 관심이 집중되기 때문에 피는 어려운 분석 대상으로만 보인다. 흔적으로 현장을 재구성하는 일은 대학 때 '애먹었지만 재미있었던' 양자 역학 시험 문제보다 어렵지만 더 재미있다는 생각도 종종 한다.

혈흔 형태 분석이 실제로 재판에 얼마나 큰 영향을 미치는가?

혈흔 형태 분석은 현장에서 어떤 행위가 일어났는지 시간적으로 재구성하는 범죄 현장 재구성(crime scene reconstruction)의 한 분야다. 현장을 재구성하면 유전자, 지문, 족적 등의 증거가 어떤 행위를 하는 도중에 발생했는지 법정에서 일목요연하게 보여 줄 수 있다. 살인 사건 가해자와 피해자 간에 어떤 행위가 있었는지 시간의 순서에 따라 시각적으로 보여 주기 때문에 배심원뿐만 아니라 판사도 사건을 이해하는 데 큰 도움이 된다.

또한 혈흔 형태 분석을 통해서 가해자와 피해자의 행위를 알 수 있는 경우가 많기 때문에 가해자 진술의 진위성 여부를 밝히는 데 큰 역할을 하곤 한다. 이에 따라 기존에는 증거 부족으로 기소되지 않았던 살인 사건이 혈흔 형태 분석에 힘입어 기소되는 경우가 점차 증가하고 있다.

혈흔 형태 분석이 지문, DNA 등 다른 과학적 증거와 구별되는 가장 큰 특징은?

DNA나 지문 증거는 수집된 증거가 누구의 것인지 밝혀서 범인을 특정하는 데 큰 역할을 한다. 이에 비해 혈흔 형태 분석은 현장에서 어떤 일이 일어났는지를 재구성하는 스토리텔링 역할을 한다. 유혈 살인 사건을 재구성하여 어떤 행위가 일어날 때 어떤 증거가 나왔는지 설명함으로써 DNA, 지문, 족적 등의 증거를 전체적 관점에서 알려 주는 역할을 하는 것이다.

물리학과 수학 등 순수 과학이 혈흔 형태 분석에서 꼭 필요한가?

피해자가 가격당하여 발혈이 된 혈액 방울은 중력과 공기 저항의 영향을 받는 포물선 운동을 한다. 범죄 현장에서 혈흔 형태 분석을 할 때 정확한 발혈점을 도출하는 과정에서 혈액 방울의 궤적에 대한 물리학적 이해가 필요하다. 또한 혈액 방울의 속도는 혈흔 형태 분석을 이해하는 데도 중요하지만 실제 사건에서 속도 분석이 필요한 경우도 있다. 이 경우 속도 측정 실험을 할 때도 물리학 지식이 유용하게 쓰인다.

혈액 방울은 충돌 각도가 변함에 따라 형태도 일정하게 바뀐다. 충돌 각도를 계산할 때는 기하학 지식이 필요하며, 기초 삼각함수는 실제 발혈점을 계산할 때 사용된다. 따라서 혈흔 형태 분석 교육 시 과학수사 요원들은 기초 물리학과 수학도 배우고 있다. 혈흔 형태 분석에 대해 심층적으로 연구하거나 특정 사건에서 혈흔의 발혈 원인에 대한 물리학적 분석을 할 때 수학과 물리학 지식이 요긴하게 사용된다.

혈흔 형태 분석과 관련해서 기억에 남는 사건이 있다면?

혈흔 형태 분석을 처음 의뢰받은 친구 간의 살인 사건이 가장 기억에 남는다. 점퍼에 묻은 다량의 혈흔에 대해 피의자는 불상(不詳)의 가해자에게 칼에 찔려서 쓰러진 피해자를 안았기 때문이라고 진술했는데, 의복에서 비산 혈흔이 발견된다면 진술이 거짓임을 밝힐 수 있는 사건이었다. 감정 결과, 칼로 안면부를 가격하다가 뒤로 젖힐 경우 나타날 수 있는 정지 이탈 혈흔이 점퍼 뒷부분에서 발견되었다. 이 사건은 내게 첫 사건이면서 혈흔 형태 분석으로 용의자의 주요 진술을 반박할 수 있는 강력한 증거력을 발휘한 사례여서 기억에 남는다.

법정에서 혈흔 형태를 증거로 제출할 때 어려움은 없는가?

최근 대구에서 발생한 살인 사건 재판 중에 혈흔 형태 분석이 가장 중요한 쟁점으로 대두된 적이 있다. 피고인 측에서 범행을 강력하게 부인했고, 혈흔 형태 분석 외에는 특별한 증거가 없는 사건이었다. 기소 측의 주장대로 '살해 공격 중에 발생한 비산 혈흔'인지, 피고인의 주장처럼 '피해자를 발견하고 구호하려다 생긴 전이 혈흔'인지가 쟁점이었다. 이 사건도 중요하지만 앞으로 유사한 사건에도 대비해야 한다고 판단한 대구지방경찰청의 의뢰로 '실험'을 실시했다. 특히 중심 이슈가 된 '혈흔의 생성 원인별 속도'는 해외에서도 연구 결과가 많지 않고 정립된 자료가 별로 없어서 연구 목적으로도 가치가 있는 실험이었다. 실험 결과 역시 아주 잘 나왔다. 다만 법정에 제출하여 판결에 영향을 미치기에는 다소 늦은 감이 있어 아쉬웠다.

법정 자료를 만들기 위한 실험이라면 과학적인 실험이어야 하며, 시기적으로도 적절해야 한다. 과학적인 실험은 법과학자가 당연히 해야 하는 것이므로 즐거운 시간이었던 반면, 법정 재판이 진행 중일 때 실험을 실시하여 법정 신뢰성을 충분히 주기에는 시기적으로 늦지 않았나 하는 생각이 들었다. 물론 아직 재판이 진행 중이라 결과는 두고 봐야 할 것이다.

이 사건을 통해 얻은 교훈은 유혈 살인 사건 발생 시 신속하고도 심층적으로 혈흔 형태를 분석하려면 평상시 지속적인 실험 연구를 통해 기법과 사례를 축적해 둘 '경찰 과학수사 연구 조직'의 신설이 시급하다는 것이었다.

혈흔 형태 분석이 법정에서 더 중요하고 신뢰받는 증거가 되기 위해 필요한 것은?

법과학의 역할은 법정에서 이슈가 되는 수사상의 증거에 대해 과학적 판단을 하는 것이라고 생각한다. 주어진 증거에 대해서 혈흔 형태 분석으로 도출된 결론은 하나가 될 수도 있고, 여러 결론을 가진 가설군이 나올 수도 있다. 만약 가설군이 나왔다 하더라도 각 가설군에서 도출된 행위의 현실적인 발생 개연성에 대한 실질적 검토가 필요하다고 생각한다. 이를 위해서는 먼저 혈흔 형태 분석 결과에 대한 정확한 이해가 필요하다. 따라서 혈흔 형태 분석 분야의 비전문가라고 할 수 있는 판사, 배심원 등에게 혈흔 형태 분석의 결론에 대한 쉬운 설명이 반드시 필요하다고 본다. 법정에서 혈흔 형태 분석이 신뢰성 있는 법과학의 한 분야라는 것을 먼저 알려 주고, 프레젠테이션 등을 통해 사건 분석 결과에 대하여 비전문가가 이해할 수 있는 설명을 해야 한다고 생각한다.

우리나라 혈흔 형태 분석의 현주소를 진단하자면?

미국이나 캐나다 등의 서구권은 일선 경찰서의 과학수사 요원, 법과학 연구소의 법과학자, 이들 출신의 사설 컨설턴트 등 혈흔 형태를 분석할 수 있는 인적 자원이 충분하다. 그만큼 유혈 살인 사건이 발생했을 때 신속하고도 심층적인 분석이 가능한 데 비해, 우리나라는 경찰 과학수사 요원들에 대한 교육은 활발하게 이뤄지는 편이나 법과학 분야는 아직 연구실도 갖춰지지 않은 힘든 현실이다. 한마디로 '경찰만 너무 앞서 나간' 현실이라고 할 수 있다. 과학수사 분야가 과학적인 신뢰성과 법적 신뢰성을 동시에 갖추려면 법과학과의 동반 성장이 필수적이므로 법과학의 뒷받침이 필요한 시기가 아닌가 생각한다.

국과수에 들어와서 서 박사님 같은 법과학자가 되려면 어떻게 해야 하나?

우리 연구원에서 현장을 감정하는 분야에는 혈흔 형태 분석을 비롯한 화재 및 폭발 사고, 교통 사고, 각종 안전 사고 등이 있다. 혈흔 형태 분석은 물리학과 생물학 등의 지식이 필요한 분야다. 화재 사고는 전기공학과 물리학 지식이, 교통사고는 기계공학과 물리학 지식이, 안전 사고는 기계공학과 전기공학 그리고 물리학 지식이 필요하다. 해당 전공 분야의 석사 이상 학위를 소지하면 일단 지원 자격이 된다. 지원 자격을 갖춘 분은 국립과학수사연구원 웹사이트 등에 게시하는 채용 공고에 따라 형식을 갖추어 지원하면 된다.

혈흔 형태 분석 등 과학수사에 흥미를 느끼는 젊은이들에게 해 주고 싶은 말은?

현장을 감정하는 법과학자가 되어 혈흔 형태 분석, 방화, 폭발, 안전 사고, 교통사고 등을 조사하는 일은 힘들기도 하지만 그만큼 보람 있고 재미있는 일이기도 하다. 뿐만 아니라 미세 증거물, 유전자, 약독물, 부검, 디지털 증거물 분석 등 다양한 분야에서 법과학자가 되어 사건을 해결하는 데 일익을 담당할 수도 있다. 경찰 과학수사 요원과 국과수 법과학자들은 모두 과학 지식을 기반으로 현장 혹은 실험실에서 법과학적 분석을 하며, 대부분 자신의 분야에 상당한 열정을 가지고 있다. 따라서 법과학 및 과학수사 분야는 평생 해도 될 만큼 가치가 있는 재미있고 보람된 분야라고 생각한다. 꿈꾸고 도전하길!

Part 5.

미세 증거,
범인 자신도 알 수 없는 증거

그는 반사적으로 시신의 손을
증거물 봉투로 감싸고 테이프를
감아 봉인했다. 그리고 남편이
입었던 옷에서 섬유 샘플을
채취했다. 홍 형사는 이 사건이
정말 자살이기를 바랐다. 여자의
손톱에서 아무런 섬유도 나오지
않기를 바라고 있었다. 그렇지
않다면 너무 슬픈 결말을 맞이할지
모른다는 불안감 때문이었다.

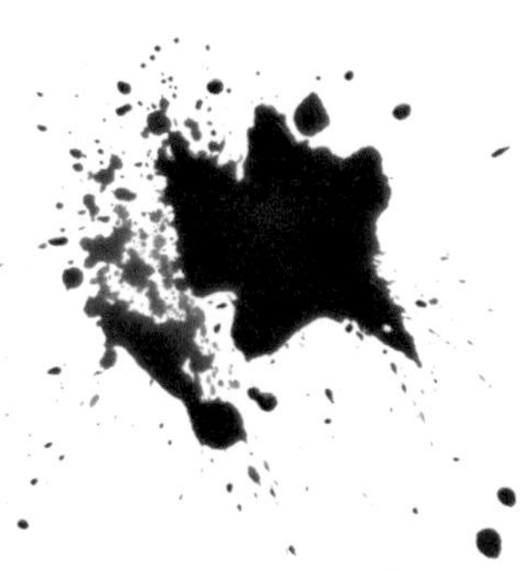

그 부부가 각방을 쓴 지는 오래되었다고 했다. 남편은 아내의 방문이 잠겨 있어 베란다 쪽 창문으로 들어가 봤더니 옷장 손잡이에 넥타이로 목을 매어 자살한 상태였다고 진술했다. 현장에 도착했을 때 넥타이는 이미 남편이 가위로 잘라 낸 상태였고 현장은 다소 변형되어 있었다. 신고자인 남편의 진술을 그대로 믿어야 할까? 현장을 어지럽힌 것이 매우 의심스러웠지만 아내의 시신 옆에서 슬퍼하는 남편을 집요하게 추궁한다는 것이 결코 쉬운 일은 아니었다. 외국에서는 살인 등 중요 강력 사건 현장에서 피해자의 지위와 용의자의 지위를 동시에 지닌 피해자 가족이나 지인 대상의 질문 기법을 따로 훈련받는다고 하는데, 우리에게도 꼭 필요하다는 절실함을 느끼는 순간이다.

죽은 여성의 목을 감았다던 저 넥타이는 남편의 진술대로 옷장 손잡이에 묶여 있던 것일까? 홍 형사는 마치 셜록 홈스나 형사 콜롬보를 연상케 하는 능숙한 동작으로 늘 지니고 다니는 휴대용 현미경을 꺼내 옷장 손잡이를 관찰했다. 이상하다. 현장의 넥타이는 섬유가 쉽게 이탈되는 재질이었다. 그런데 옷장 손잡이에서는 단 한 올의 섬유도 발견되지 않은 것이다. 여성의 몸무게를 견뎌 낼 정도의 마찰력으로 섬유가 매달렸던 곳이라면 반드시 그 섬유의 일부가 남아 있어야만 했다. 그게 자연의 법칙이고, '모든 접촉은 흔적을 남긴다'는 법과학 제1원칙인 '로카르의 교환 법칙'에도 부합한다.

홍 형사는 남편의 팔뚝을 주시했다. 긁힌 상처로 보이는 흔적이 뚜렷했다. 그는 반사적으로 시신의 손을 증거물 봉투로 감싸고 테이프를 감아 봉인했다. 그리고 남편이 입었던 옷에서 섬유 샘플을 채취했다. 홍 형사는 이 사건이 정말 자살이기를 바랐다. 여자의 손톱에서 아무런 섬유도 나오지 않기를 바라고 있었다. 그렇지 않다면 너무 슬픈 결말을 맞이할지 모른다는 불안감 때문이었다.

1910년 프랑스 리옹의 한 다락방에서는 서른세 살 과학자의 꿈이 현실화되고 있었다. 현미경 등의 기본 장비와 조수 둘만 데리고 있던 그는 리옹 경찰국의 재정 지원을 받아 과학적 방법을 도입하여 범죄를 수사해 나가기로 한 것이다. 세계 최초의 범죄수사연구소 전신인 '로카르의 다락방'이 만들어지는 순간이었다. "모든 접촉은 흔적을 남긴다"라는 격언을 남긴 이 젊은 과학자가 바로 근대 법과학의 아버지 에드몽 로카르다. 이후 그는 리옹 대학에 세계 최초의 법과학연구소를 설립하고 그곳의 소장으로 취임한다. 지금의 모든 법과학연구소는 에드몽 로카르의 연구소를 모델로 한 것이다. 에드몽 로카르는 범죄는 접촉을 필요로 하고 그 접촉 과정에서 상호 간에 물질의 전이가 일어난다고 주장했다. 100여 년

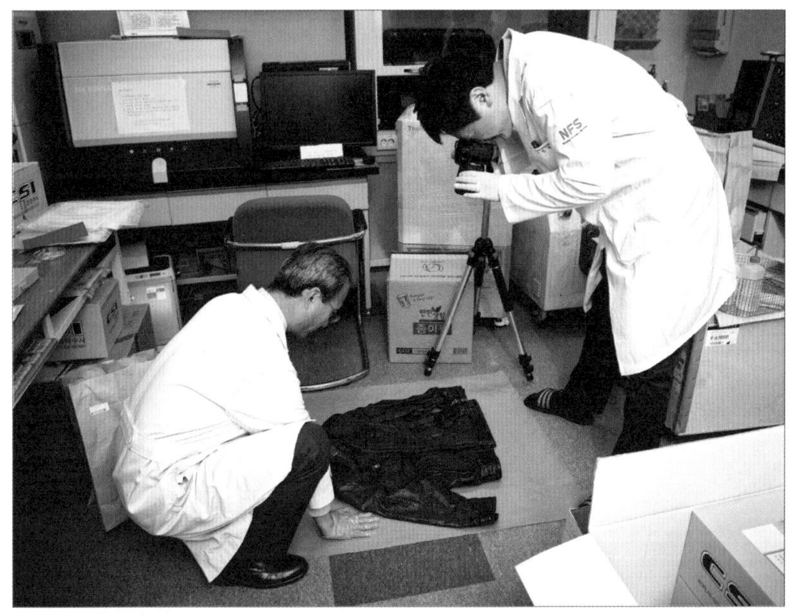

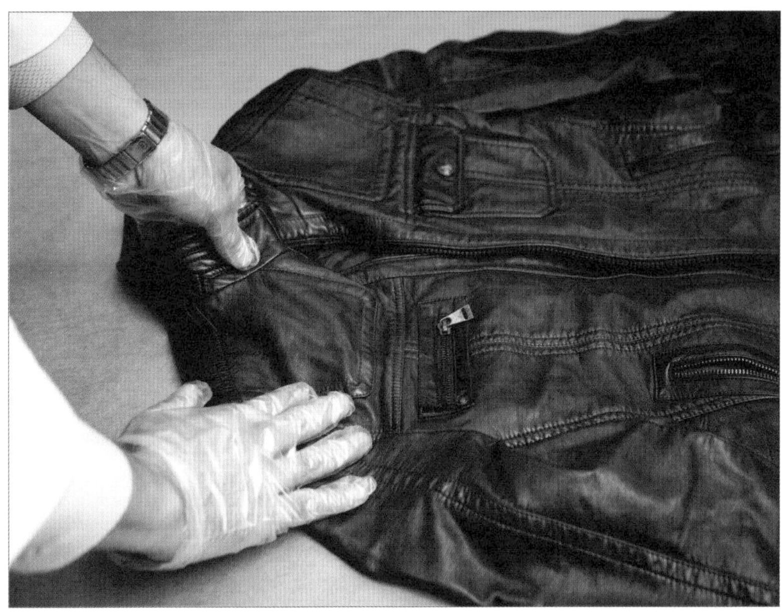

전에 지금과 같은 미세 증거 분석이라는 확립된 개념이 있었던 것은 아니지만, '미세한 흔적의 전이'라는 개념을 수사에 도입하여 '현미경 수사'를 시작했다는 점이 경이롭다.

작지만 결정적인 증거

미세 증거 전문 CSI: 부산진경찰서 송성준 과학수사팀장

경찰에 막 들어와서 아무것도 모르던 형사 시절, 폴리스 라인으로 보호되는 살인 사건 현장에서 일하는 과학수사 요원에 대한 막연한 동경이 이후 10년 동안 과학수사팀에서만 일한 계기였다고 말하는 송성준 팀장. 그는 국과수 박사들도 인정하는 미세 증거 분야 최고의 전문 수사관이다. 2006년 경찰청과 서울지방경찰청에서도 생각하지 못한 '경찰서 단위' 다기능증거분석실을 부산진경찰서에 최초로 설치한 주인공이기도 하다. 그의 노력 덕분에 지금은 많은 경찰서에 증거분석실이 설치되어 있다.

증거분석실을 설치하면서 우연히 구입한 싸구려 현미경이 지금의 그를 있게 한 일등 공신이다. 현미경을 구입한 지 얼마 되지 않아 관내에서 식당 여주인이 무참히 살해되는 사건이 발생했는데 검거된 용의자는 증거를 대 보라고 혐의 사실을 잡아뗐다. 그때 송 팀장이 용의자의 옷에서 채취해 현미경으로 발견한 미세 증거가 범인 구속에 결정적인 역할을 했다. 용의자의 옷에서 발견된 미세 증거가 식당 여주인이 살해 당시 입고 있었던 옷의 섬유 성분 및 침입구로 사용된 창틀의 나무 성분과 정확하게 일치한 것이었다. 그토

록 완강하게 범행을 부인하던 용의자도 마술 같은 증거 앞에서는 고개를 떨굴 수밖에 없었다.

송 팀장이 '한국 미세 증거의 전도사'로 불리는 국과수 홍성욱 박사로부터 반신반의하며 미세 증거 채취 기법을 전수받은 지 얼마 안 된 시점이었다. 홍성욱 박사는 이 사건의 해결을 누구보다도 기뻐했다고 했다. 자신의 연구 분야가 연구실이 아닌 현장에서 실제로 위력을 발휘한다는 사실처럼 연구자에게 보람된 일은 없을 것이다.

송 팀장은 이렇게 말한다. "미세 증거는 범인 자신도 어디서 어떻게 묻었는지, 어디에 어떻게 남겼는지 알 수 없는 증거입니다. 우리 같은 과학수사 요원에게 이보다 더한 축복이 어디 있겠습니까?" 현미경을 향한 그의 사랑을 그대로 보여 주듯 그의 현미경은 반질반질 빛났다.

미세 증거의 종류

섬유 증거

섬유는 미세 증거 중에서도 가장 많이 발견되는 증거로 강간이나 폭행, 살인에 이르기까지 상호 간에 강한 접촉이 있음을 말해 주는 결정적인 단서로 작용한다. 미세 증거가 발견됨으로써 범인임을 입증하기도 하지만, 반대로 미세 증거 조사에서 아무것도 발견되지 않음으로써 무고한 사람이 의심에서 벗어나기도 한다.

송 팀장은 섬유 증거와 관련해 아찔한 경험을 한 적이 있다. 어느 날 강간 미수 신고가 들어왔다. 피해자가 완강히 저항하자 범인은 도주했고, 정신을 차리고 큰길로 나온 피해자는 주변에 있던 경찰관을 붙들고 상황을 설명한 후 아직 주변에 머물고 있을지도 모를 범인을 찾아 나섰다. 그녀가 큰길에서 무단횡단을 하던 남자의 얼굴을 보곤 범인이라고 소리쳤고 경찰관은 그 남자를 붙잡아 경찰서까지 동행을 요구했다. 남자는 황당해하며 자신은 전혀 관련이 없고 피해자를 본 적도 없다며 억울하다고 항변했다. 피해자는 용의자에게 멱살을 잡히고 주먹으로 얼굴을 맞았다고 했다.

송 팀장은 용의자의 동의를 얻어 손톱을 잘라 그 밑부분을 현미경으로 관찰했다. 그런데 그 남자의 손톱 밑에서 피해자가 입고 있는 옷의 색깔과 같은 붉은색 섬유가 한 올 발견된 것이다. 그사이 남자는 범행 시각에 함께 있던 지인과 연락이 닿아 자신의 알리바이를 입증해 놓은 상태였다. 알리바이가 분명한 용의자에게서 피해자의 옷 색깔과 유사한 섬유가 나왔으니 붉은색 섬유와 알리바이 둘 중 하나는 거짓이었다. 색상

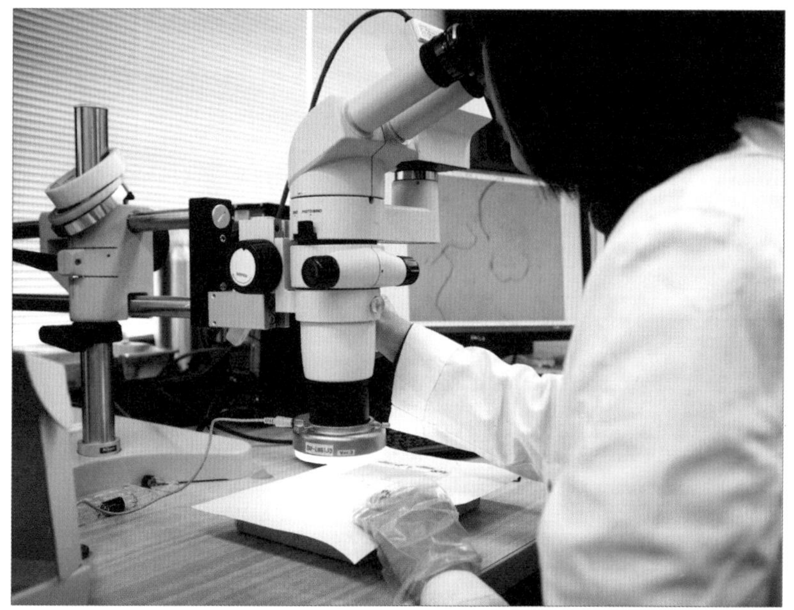

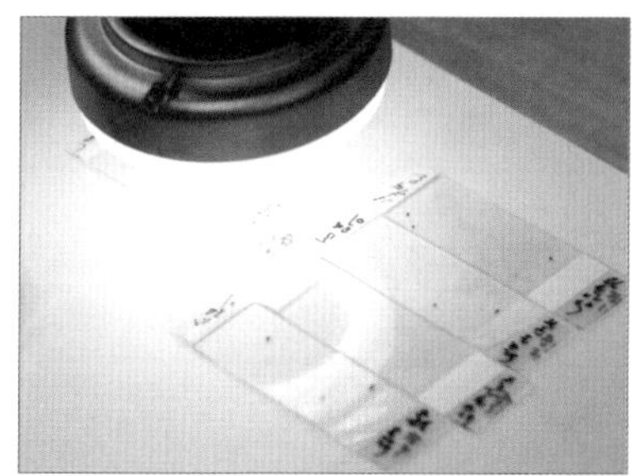

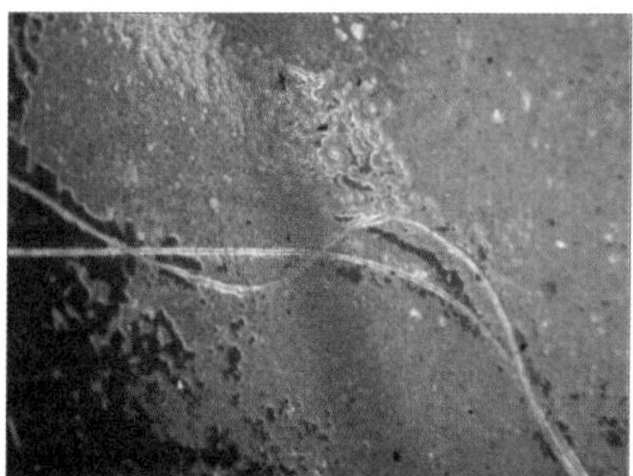

이 같은 섬유는 얼마든지 있을 수 있는 만큼 이럴 경우에는 동일한 섬유인지 아닌지에 대한 더욱 구체적인 검사가 필요하다. 용의자의 손톱 밑에 있던 섬유와 피해자의 의복 샘플을 국과수에 보냈고, 분석 결과 서로 다른 섬유라는 회신이 왔다. 섬유 증거의 위대함과 무서움을 동시에 느낀 순간이었다.

◉ 물적 증거의 개별 특성과 군집 특성

지문은 모든 사람이 다 다른 '만인 부동'과 평생 동안 변하지 않는 '종생 불변'의 특징을 가지고 있어 신원을 확인하는 '개별 특성 증거'에 해당한다. DNA의 경우에도 일란성 쌍둥이를 제외하고는 개별적 특성을 가진 증거로 활용되어 대조 DNA만 확보된다면 신원 확인에 바로 사용할 수 있다. 혈액의 성분을 가지고 DNA를 다룬다면 '개별 특성', 혈액형을 다룬다면 '군집 특성'을 확인하는 일이다. 살인 사건 현장에서 발견된 샘플에서 추출한 DNA와 용의자의 몸에서 채취한 샘플에서 추출한 DNA가 일치한다면 용의자가 범인이라고 판단할 수 있다.

하지만 현장에서 발견된 범인의 혈흔이 AB형이고 용의자의 혈액형도 AB형이라고 해서 용의자가 범인이라고 확정할 수는 없다(용의자 혈액형이 O형이나 A형 혹은 B형이라면 '범인이 아니다'라고 배제할 수는 있지만). 혈액형이 일치한다는 점에서 더 나아가 용의자가 범인이라고 확인할 수 있는 추가적인 '개별 특성' 증거의 확보가 필요하다.

대부분의 미세 증거는 혈액형 판단과 같이 군집 특성을 가진 증거다. 동일한 섬유로 만든 옷을 다른 사람도 입었을 가능성은 얼마든지 존재한다. 동일한 페인트로 칠한 벽면은 얼마든지 많다. 같은 성분의 토양도 어디든 있다. 따라서 이렇게 군집을 이루는 증거들을 개별화하는 과정을 거치지 않으면 용의자나 실체를 특정할 수 없다. 이것을 '군집 특성을 가진 증거의 개별화'라고 한다. 여기서부터는 학창 시절

현대순정
elf
D9
유영주
Kixx RV
G14

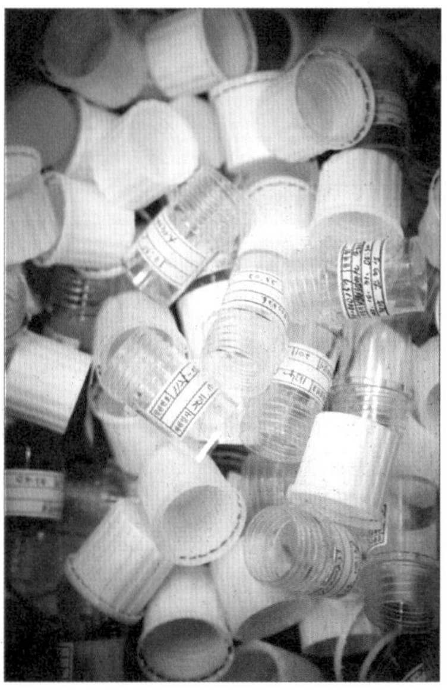

숫자나 수학이라면 지독히도 싫었던 독자들에게 거부 반응을 일으킬 만한 확률의 문제가 개입된다.

앞에 언급한 사건의 경우, 처음 용의자로 지목된 사람의 몸에서 피해자가 입은 옷의 재질과 비슷한 붉은색 섬유가 나왔다. 그러나 이것만으로 범인임을 입증하기에는 부족하다. 개별화가 필요한 시점이다. 개별화는 두 가지 방법으로 이루어진다.

첫 번째는 상호 간에 미세 증거의 전이가 있었음을 입증하는 방법이다. 이 사례에 비추어 보면 용의자에게서는 피해자의 섬유가, 피해자에게서는 용의자의 섬유가 발견되는 경우다. 서로 물질을 교환하는 것은 접촉이 있지 않고는 매우 드문 일이다.

두 번째는 여러 종류의 군집 증거가 일치함을 입증하는 것이다. 여기서는 가해자의 손톱에서 피해자가 입고 있는 상의, 하의, 속옷 등의 섬유가 함께 발견되는 경우를 예로 들 수 있다. 한 가지 섬유가 아무리 많은 양이 전이되었다고 하더라도 그런 섬유로 구성된 옷을 입은 사람과 접촉할 가능성은 얼마든지 있다. 그런데 특정 조합의 섬유들이 동시에 전이되었다면 이야기는 달라진다. 그 섬유 조합의 옷들을 모두 입고 있는 사람과의 접촉을 의미하기 때문이다. 다른 사람과 속옷까지 맞춰 입을 수 있을까?

유리 증거

유리는 '침입'이라는 단어와 매우 친숙한 미세 증거물이다. 도구를 사용해서 유리를 깨고 대상 공간에 침입하는 경우, 깨진 유리의 미세한 조각들은 범인도 모르는 사이에 범인의 몸 곳곳으로 튀어 들어간다. 유리는 한없이 단단해 보이지만 사실은 탄성을 가진 물체다. 탄성 이상의 힘이 가해지면 유리는 결국 깨지는데 그 순간 특유의 형태와 방향성을 보인다. 유리에 힘을 가할 때 반대 방향으로 튀는 것을 '백스캐터(backscatter)'라고 하는데, 가까운 거리에서 총격 사건이 발생할 경우, 범행에 사용된 총기에서 피해자의 혈흔이 발견되는 것과 같은 원리다. 힘이 나아가는 방향 쪽으로만 혈흔 또는 유리 조각이 튀는 게 아니라 충격에 의해 힘이 출발한 쪽으로도 그 흔적이나 파편이 튀는 것이다. 이때 부서지면서 튄 유리 조각은 침입자의 머리카락, 의복, 신발 등에 남는데 유리만의 특징으로 인해 한번 부착된 유리 조각은 잘 떨어지지 않으며 쉽게 변질되지도 않는다. 그래서 어지간한 접촉이 아니라면 한번 전이된 것이 다른 사람에게 전이되는 일은 쉽지 않다는 연구 결과도 있다.

유리가 범인에게 전이되는 경우가 아니라도 범인의 행위를 입증하는 수단이 될 때가 있다. 술집에서 발생한 상해 사건에서 가해자가 재떨이를 피해자에게 던진 사실을 경찰 수사에서는 자백했다가, 목격자가 없다는 것을 알고는 '증거가 없다'고 판단한 끝에 법정에서 자백을 번복하고 범행을 부인한 일이 있었다. 서로 뒤엉켜 싸우다가 넘어져 다쳤다는 것이다. 고의적인 상해가 아닌 우발적인 쌍방 과실성 부상으로 사건의 성격을 바꿈으로써 처벌의 수위를 낮추려는 속셈이었다.
사건 발생 당시로부터 오랜 시간이 지났고 이미 현장은 깨끗이 치워진 뒤였지만 피해자가 서 있던 벽면에 새로 바른 벽지를 제거하고 콘크리트 벽면을 다시 테이프로 리프팅한 결과 그곳에서 미세한 유리 조각이 발견되었고, 그 유리 조각은 현장에 있던 재떨이의 재질과 같다는 사실이 확인되었다. 그 유리 조각은 목격자가 없는 사건에서 순순히 자백한 것을 후회하던 피고인이 꾸며 낸 거짓말을 조용히 반박해 주고 있었다.

페인트 증거와 그린리버 연쇄 살인

1982년, 미국 시애틀의 그린리버에서 젊은 여성의 시체가 계속 떠오르기 시작했다. 대부분 시애틀에서 성매매에 종사하는 여성들의 시체였다. 처음 성매매 여성의 실종 사건이 발생했을 때만 해도 다들 우발적인 사건이라 여기고 지나쳤다. 이 작은 시골 마을에서 발생한 실종 사건이 미국 최대 규모의 연쇄 살인 사건이 될 줄은 아무도 몰랐던 것이다. 수사 본부 추산으로 적게는 60명 많게는 104명에 이르는 성매매 여성들이 연쇄 살인 참극의 희생자가 되고 말았다. 그린리버에서 시체들이 발견된 이후에도 범죄는 계속되었고 그로부터 20년이나 지난 2001년 초겨울, 여성들의 몸에서 발견된 DNA를 검사할 수 있을 만큼 과학이 발달하고 나서야, 그 과학이 존재하기 전에 시작된 범죄의 실체가 서서히 드러나기 시작했다.

연쇄 살인의 범인은 시애틀에 거주하는 자동차 회사 페인트공 게리 리지웨이였다. 피해자 네 명의 몸에서 발견된 DNA로 그를 잡아내는 데 성공한 것이다. 하지만 리지웨이는 결정적인 증거가 제시되고 난 후에는 범

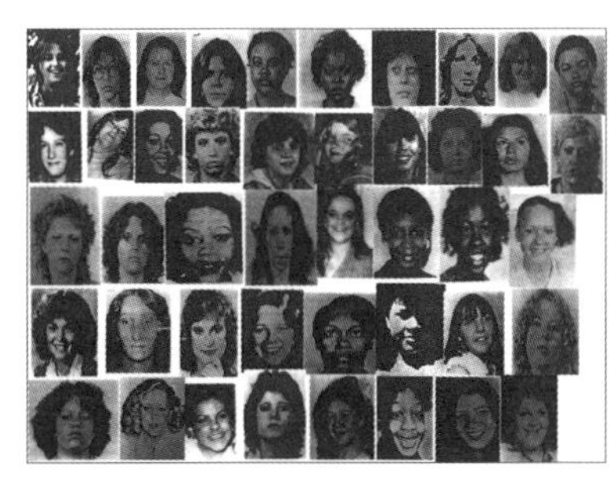

행을 자백하는 다른 연쇄살인범들과 달랐다. 모든 피해자가 성매매 여성이었다는 점 또한 그의 자백을 어렵게 했다. 그는 그 여성들과 성관계를 가진 일은 있으나 결코 죽이지 않았다고 항변했다. 그 여자들의 몸에서 자신의 DNA가 발견된 것이 자연스러운 현상이며 범죄와는 아무런 관계가 없다고 주장한 것이다.
경찰 과학수사 요원과 법과학자들이 우려하는 부분이 바로 이런 것이다. 지문과 DNA 관련 기술의 발달로 범죄 자체는 비교적 쉽게 해결되고 있지만 그것만으로는 눈앞의 범죄자를 놓칠 수 있다는 것. 현장에 있었고 피해자와 접촉했던 사실을 인정하면서도 범행에 대해서는 부인하는 경우가 그러하다. 따라서 추가로 범행을 입증할 수 있는 과학적 증거가 필요하다. 지문이나 DNA보다 군집 특성이 강하지만 때로는 최고의 무기로 작용할 수 있는 것, 그것이 바로 미세 증거다.

앞에서 말한 난처한 상황에 처한 경찰은 피해자의 의복과 리지웨이의 의복을 다시 감정하기로 결정한다. DNA 이상의 것을 찾아낼 수 있을지도 모른다는 기대감 때문이었다. 경찰은 저명한 법과학자인 스킵 팰러닉(Skip Palenic) 박사에게 도움을 요청했다. 팰러닉 박사가 모든 감정물을 직접 검사해 달라는 경찰의 제안을 받아들이면서 사건은 본격적으로 재조사에 돌입했다. 그 결과 얻어 낸 것이 현미경으로 겨우 보일 듯 말듯한 '푸른색 페인트볼'이었다. 이 작은 증거물이 장차 자신을 그 많은 여성을 죽인 범인으로 단정짓게 만들 거라는 사실을 리지웨이는 꿈에도 생각하지 못했을 것이다. 팰러닉 박사는 피해자들의 의복을 철저히 관찰해 여섯 명의 옷으로부터 리지웨이의 몸에서 발견한 것과 동일한 성분의 페인트볼을 찾아냈다. 이 페인트볼은 듀폰(Dupont)사에서 생산하는 Imron 이라는 특수 페인트였다. 자동차 회사 페인트공인 리지웨이가 작업 중에 사용하는 것과 같은 페인트였다. 이 페인트 증거를 통해 경찰은 DNA가 발견된 네 명의 피해자 외에도 네 명을 죽인 혐의를 추가하여 리지웨이를 기소할 수 있었다. 게리 리지웨이는 사형을 면해 주는 조건으로 40건의 살인을 인정했으며, 재판 과정에서는 48건의 살인을 시인하고 결국 종신형을 선고받았다. 모든 정황이 게리 리지웨이가 70명 이상을 죽였을 거라는 사실을 가리키고 있었지만, 리지웨이 자신이 얼마나 많은 여성을 죽였는지 제대로 기억하지 못했다.

이 사건에서 결정적인 증거로 사용된 것은 다행히도 특수한 곳에서만 사용하는 특수 페인트였다. 페인트 증거는 대부분 군집 특성을 가진 증거라

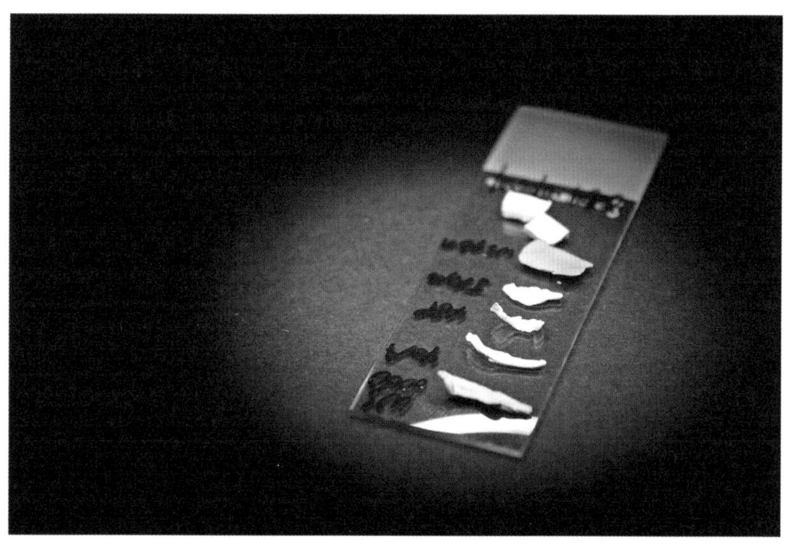

어려운 개별화 과정을 거친 후에야 결정적인 단서로 사용할 수 있다. 그렇다면 이처럼 특별한 경우가 아니라 일반적인 페인트가 연관된 사건에서는 증거로 사용될 수 없는 것일까? 그렇지는 않다. 같은 색상의 페인트라 하더라도 페인트에는 그때그때마다 각기 다른 양의 첨가제가 들어간다. 페인트 성분을 검사하면 동일한 페인트인지 여부를 알아낼 수 있다는 뜻이다. 특히 자동차의 도장이나 벽면의 반복된 도색은 일정한 패턴의 페인트층을 만든다. 다양한 색상의 페인트가 순서대로 누적된다는 뜻이다. 충격에 의해 그러한 페인트 조각들이 전이되었을 경우 그 층이 동일함을 확인하면 두 사물 간에 강한 접촉이 있었음을 입증할 수 있다.

토양 증거

추리 소설 『셜록 홈스』의 저자 코난 도일 경은 실제로 탐정 활동을 한 것으로 유명하다. 조지 에달지 사건도 그가 해결했다. 조지 에달지는 다른 사람의 가축을 칼로 난자하여 죽인 혐의로 재판을 받았다. 그러나 코난 도일은 그의 부츠에 남아 있는 흙이 가축이 살해된 목장의 것과 다르다

는 점을 입증했다. 코난 도일이 상상한 과학수사 기법이 소설에서만 가능한 게 아니라는 사실을 여실히 입증해 낸 장면이다.

한 택시기사가 여성 승객을 태우고 가는데 갑자기 뒷문을 열고 들어온 괴한들이 여성 승객을 칼로 찌르고는 뒤따라오던 차로 옮긴 뒤 도주했다고 신고했다. 기사의 신고 내용이 사실이라면 2인 이상으로 구성된 강도의 범죄인 것이다. 그런데 2인 이상의 강도가 택시 안에 있는 금품은 그대로 놔두고 여자만 끌고 나갔다는 점, 시내만 주행했다는 택시기사의 진술과는 다르게 차량 하부와 운전석 깔판 곳곳에서 흙탕물 흔적이 발견된 점이 수상했다. 그로부터 얼마 후 한 여성 변사체가 하천변에서 발견되었다. 시체가 발견된 곳에 가려면 물웅덩이를 반드시 지나야만 했다. 경찰은 택시의 바퀴, 차량 하부, 운전석 깔판 등에서 수집한 토양과 그 물웅덩이의 토양을 철저히 비교 분석했다. 택시기사의 거짓말이 드러나는 순간이었다. 시체를 처리하려고 다른 사람이 잘 다니지 않는 곳을 지난 것이 오히려 독이 된 셈이다.
토양은 지속적으로 이동되고 변화하기 때문에 채취의 위치와 깊이가 정확하지 않으면 결과도 정확하다고 할 수 없다. 따라서 족적, 타이어 자국 등을 참고하여 되도록 정확한 위치를 찾는 일이 선행되어야 한다.

소훼흔 증거

방화는 그 자체만으로도 인명과 재산을 순식간에 앗아 갈 수 있는 범죄다. 그런데 방화가 더욱 심각해지는 것은 범행을 은폐하기 위한 수단으로 사용될 때다. 살인 후에 현장을 모두 태우는 것은 그렇지 않아도 찾기 힘든 증거를 완전히 없애 버리는 결과를 가져온다. 하지만 범행을 위장하거나 은폐하기 위한 행동은 또 다른 증거를 남기는 법이다.
부산의 주택가 골목에서 연쇄 방화 사건이 발생했다. 누군가 지나가면서 길가에 주차해 놓은 트럭 덮개에 연속적으로 불을 지른 것이다. 발 빠른 수사 끝에 용의자를 잡았지만 범행 사실을 완강히 부인했다. 범인으로 입증할 만한 증거가 없을 거라고 믿은 것이다. 하지만 그것은 눈으로 볼 때까지만이었다. 현미경 앞에서는 그도 다른 범죄자들처럼 온순해질 수밖에 없었다. 머리카락은 그도 모르는 사이에 끝 부분이 타 버렸고 심지어는 팔과 손의 체모까지도 모두 타 버린 상황이었다. 엄지손가락에는 녹은 트럭의 천막이 미세하게 눌어붙기까지 했다.

웨인 윌리엄스 사건과 미세 증거

1970년대 후반부터 애틀란타에서 흑인 남자 아이들의 시체가 발견되었다. 동일범의 행위로 보이는 시체가 벌써 27구나 발견된 것이다. 지역 경찰은 시체 발견 장소 인근인 애틀란타 강둑에서 수상한 거동을 보이는 웨인 윌리엄스를 검문했지만 특별한 혐의점을 발견하지 못하고 돌려보냈다. 얼마 되지 않아 웨인 윌리엄스가 있었던 자리에서 두 구의 흑인 남자 아이 시체가 떠올랐다. 경찰은 긴급히 웨인을 체포하여 추궁하기 시작했다. 시체에서 발견된 다양한 종류의 섬유가 결정적인 증거였다. 웨인이 타고 다니던 차량의 섬유, 웨인의 집에 있던 카펫의 섬유와 동일한 섬유가 시체에서 발견된 것이다.

차량과 집 안 카펫의 섬유는 특별한 게 아니라 동일한 유형이 다른 수많은 차량과 집에서도 발견될 수 있는 '군집 특성'을 가지고 있다. 이제 군집 특성을 가진 증거 여러 개가 함께 전이될 가능성에 대한 확률이 문제다. 각 섬유들의 출처가 된 차량의 바닥재와 카펫이 생산되어 팔린 양을 확인해 최종적으로 웨인 윌리엄스가 범인이 아닐 확률이 약 2,900만 분의 1이라는 결론에 도달한 수사 당국은 그를 기소했고, 그는 종신형 확정 판결을 받아 현재 복역 중이다.

윌리엄스는 시종일관 범행을 부인하고 있다. 이 사건은 아직까지도 한 개인의 자유와 생명을 박탈하는 법적 강제력을 적용하는 데 2,900만 분의 1이라는 확률이 과연 충분한 법과학적 확실성을 담보한 것일까에 대한 의문을 미국 사회에 던지고 있다.

한국 최고의 CSI: 미세 증거물 감정 전문가

"미궁에 빠진 사건은 미세 증거가 해결한다!"

홍성욱 박사

우리나라는 지문과 DNA라는 첨단 기법으로 과학수사에서 일찌감치 재미를 봤다. 그러다 보니 상대적으로 다른 과학적 증거에 대한 관심이 부족할 수 있다는 이면이 존재한다. 우리나라에 '미세 증거'라는 새로운 개념을 도입하고 소개한 이가 있다. 국립과학수사연구원 홍성욱 박사. 홍 박사의 전공 분야는 화학이다. 미세 증거 분석의 범위는 상당히 넓지만 화학을 전공한 그의 입장에서 보면 미세 증거가 비교적 '미세'하지는 않다. 미세 증거 분야보다 더 미세한 DNA도 존재하고 지문이나 혈흔도 존재하기 때문에 오히려 다루어지는 덩어리가 더 크게 느껴진다.

그의 주장은 이렇다. 어차피 지문과 DNA만 있으면 수사는 할 수 있다. 그런데 그것이 없을 때는 어떻게 하겠는가? 그는 국내 미세 증거 분석의 전도사를 자처하며 보이지 않는 증거의 분석에 대한 인식을 넓혀 나가고 있다. 에드몽 로카르가 100년 전에 한 일을 2000년대 초반부터 우리나라에서 실현해 나가는 홍 박사는 미세 증거물의 감정 방법을 개발하고 그 이론을 정립하는 데 힘써 왔다. 그 결과 2006년부터는 전국 경찰 과학수사 요원을 상대로 미세 증거물 채취 기법을 교육하고, 2010년에는 미세 증거물 현장 실무서를 출간하기에 이르렀다. 그의 노력으로 지금 국립과학수사연구원의 미세 증거물 감정 전문가와 전문 시설은 처음 출발할 때와는 비교가 되지 않는 수준으로 발전했다.

법과학이라는 당시로서는 생소한 분야에 투신한 계기는?

어린 시절 부모님이 독서를 강조하셨다. 청계천 헌책방에서 참으로 많은 책을 사다 주셨는데, 난 그걸 깡그리 읽었다. 그것도 모자라 친척집에 있는 책까지 모두 빌려다 읽었다. 초등학교 시절에는 전국 독서왕 상도 타 봤고, 고등학교 때는 국어 시간이면 펄펄 날았다. 고등학교 1학년을 마치고 문과와 이과로 나누는데 당연히 문과로 진학해 문학자가 되려고 했다. 그러나 지금처럼 사회가 다양화되지 않았던 1970년대 후반에 문학자의 꿈을 키우려면 엄청난 고통을 감수해야 한다는 것을 잘 알았기 때문에 문과를 포기하고 이과를 선택했다. 용기가 없었던 거다. 이과라면 당연히 수학을 잘해야 하는데 애초에 흥미가 없고 보니 잘할 턱이 없었다. 수학에 관심이 없어지니 물리학, 지구과학, 기술 등 관련 과목이 모두 어려워지더라. 그런데 화학은 달랐다. 화학은 상상 속의 학문이다. 즉 이 세상 누구도 화학의 기본 단위인 원자를 직접 본 사람은 없다. 그럼에도 불구하고 화학자들은 상상력만으로 원자의 모양을 알아내고 원자의 움직임을 정확하게 예측했다. 그런 점에 매료되어(사실은 수학이 싫어서) 화학자가 되기로 결심했다. 화학자가 된 후에도 책에서 찾고 흥분했던 정의와 진실을 밝히는 역할을 하고 싶어 국과수의 문을 두드린 거다.

화학을 전공했으면서 미세 증거물에 평생을 바친 이유는?

국립과학수사연구원에 들어와서 아주 다양한 경력을 쌓았다. 처음에는 혈중 알코올 농도를 감정했다. 교통계가 주 파트너였기 때문이다. 그러다 총기실에서 총기와 폭발물을 감정했다. 국정원과 정보 부서가 주 파트너가 된 것이다. 남부분원에 가서는 뺑소니 사건을 감정했다. 교통경찰관이 뺑소니 용의 차량을 감정 의뢰하면 페인트와 섬유를 찾아 뺑소니 차량인지 여부를 감정해 주었고, 그러면서 페인트와 섬유에 관심을 갖기 시작했다. 또한 교통경찰관들도 내 감정서를 받아 보면서 자연스레 페인트와 섬유에 대해 자각했다. 이때까지만 해도 형사계와는 한 번도 인연을 쌓지 않았다. 그러다가 2002년 가을에 본원의 고분자연구실장으로 복귀했다.

고분자연구실은 주로 형사 사건에 대한 감정 의뢰가 들어온다. 그런데 놀라운 사실을 발견했다. 교통경찰관에게 페인트나 섬유를 통해 접촉했다는 사실을 입증해 줬기 때문에 형사 사건에서도 섬유나 페인트를 많이 활용할 줄 알았는데 개념조차 없는 거였다. 그 순간 내가 앞으로 해야 할 일, 즉 '미세 증거물'에 눈을 뜨게 되었다. 이때부터 할 일이 생겨 좋았다. 국내에 미세 증거물 개념을 정립할 수 있다면 내가 공직 생활을 하는 보람을 찾을 거라 믿었다. 외국 문헌을 참고해 미세 증거물의 개념을 스스로 정립하고 감정 기법을 재정립하며 필요한 장비를 하나 둘 구입하기 시작했다.

국내에 미세 증거물 수사 기법을 정착시키고 전파하기 위해 어떤 일을 해 왔나?

내 나름대로 미세 증거에 대한 관심을 효율적으로 전파하려면 어떻게 해야 할지 생각한 결과, '좋은 책', '교육', '신뢰'의 세 가지를 갖춰야 한다고 판단했다. '좋은 책'이란 미세 증거물의 중요성을 역설한 외국 서적을 말한다. 나 혼자 미세 증거물이 중요하다고 떠드는 것보다는 저명한 법과학자의 말을 빌리는 것이 훨씬 더 효율적일 테니까. '교육'은 문자 그대로 경찰관을 직접 교육하는 것이고, '신뢰'는 이 둘을 받쳐 주는 핵심 요소라고 생각했다. 잘하지도 못하면서 마치 미세 증거물이 사건을 해결하는 요술봉인 양 떠들어 대면 절대로 정착되지 못한다고 생각한 것이다. 즉 내가 할 수 있는 만큼만 서서히 알려야 한다고 생각했다.

전략을 세웠으면 실행해야 한다. 2003년부터 미국에서 가장 유명한 법과학 교과서인 R. 세이퍼스타인(R. Saferstein)의 『법과학(Criminalistics)』을 번역하기 시작해 2005년에 출간했다. 그 밖의 번역 작업은 지금도 계속하고 있다.

미세 증거 수사 기법을 전파해 오면서 가장 보람을 느낀 일은?

수사 현장에 미세 증거 개념과 기법을 전파하기 위한 교육을 2006년 봄에 처음 시작했다. 3년 반의 준비 기간을 거친 후였다. 경찰청의 협조를 얻어서 만든 '미세 증거물 채취 전문화 과정'이라는 교육 프로그램을 통해 서울청과 경기청 현장반원 중에서 각각 다섯 명씩 열 명을 추천받아 내가 아는 내용을 성심껏 알려줬다. 그러면서 앞으로 10년 동안은 그렇게 천천히 교육해야 신뢰를 잃지 않으면서 미세 증거 수사 기법을 전파시킬 수 있을 것이라고 생각했다.

그런데 사태(?)는 예상하지 못한 방향으로 번져 갔다. 서울청에서 교육받은 분들이 동료 직원들도 교육해 달라고 요청해 와서 어쩔 수 없이 가을에 2차 교육 과정을 개설했다. 그 후 2006년 겨울, 서울청 과학수사계 송년회 자리에 참석해 달라는 요청이 왔다. 보고 싶은 교육생들 얼굴이나 한번 보자는 마음으로 참석했다가 "자고 일어나니 유명인이 되었다"라는 말을 실감하게 되었다. 참석자 소개 시간이었는데 내 순서가 되자 우레 같은 박수가 터져 나온 것이었다. 이어서 지난 1년의 교육에 감사한다는 인사말이 쏟아져 나왔다. 가슴이 뭉클해지면서 눈물을 참느라 눈이 아파 왔다.

돌이켜 생각하면 대단한 사건이었다. '분명 좋은 수사 방법이니 국내에 전파해 보자'라는 마음이었지만, 한편으로는 '현장에서 고생하는 분들께 짐 하나 더 얹어 주는 건 아닌지?'라는 의구심을 떨칠 수 없었는데, 그 일 이후에는 자신감이 붙으면서 '사명감'까지 가지고 오늘에 이르렀다.

미세 증거물의 위대함을 느낀 사건이 있다면?

미세 증거물은 미궁에 빠진 사건을 해결하는 유일한 수단, 즉 마술이 결코 아니다. 다른 여러 증거와 수사 노력에 의해 사건이 해결되는 과정에 포함되는 '한 부분'이다. 그동안 미세 증거가 큰 기여를 한 사건은 많지만, 그 공은 현장에서 힘들고 어려운 전문 기술과 작업으로 눈에 잘 보이지 않는 증거물을 찾아낸 현장 과학수사 요원들에게 있다.

한국 법과학의 발전 방향을 제시한다면?

솔직히 잘 모르겠다. 뭘 해보려고 해도 제도, 인프라, 예산, 인력, 지식 등 부족한 점만 눈에 들어오지 앞으로 어떻게 해야겠다는 것은 잘 안 보인다. 법과학에 대한 뾰족한 발전 방안은 없지만 한 가지 바람이 있다면 '우리는 세계 최고가 아니다'라는 점을 분명히 인식했으면 좋겠다. 우리나라의 가장 큰 문제는 몇몇 성과에 도취되어 최고가 아니면서도 최고라고 생각해 안주하는 것이다. 외국 사람들은 100년 전에 시작한 미세 증거 수사 기법을 이제야 시작하면서 세계 최고라고 우기면 안 될 것이다. 미세 증거 수사 기법뿐이 아니다. 다 부족하다. 모두가 그걸 알아야 발전이 있을 것이다.

법과학자로서 이루고 싶은 꿈이 있다면?

정년 퇴직을 하더라도 '옛날에 홍성욱이란 사람이 한국 과학수사의 물줄기를 바꿔 놨다'란 이야기를 듣고 싶다. 속된 바람이라고 생각하지 않았으면 좋겠다. 그 정도로 과학수사 발전에 기여하고 싶다는 뜻이다.

과학수사 지망생들에게 하고 싶은 말은?

국내 과학수사의 수준은 아직 걸음마 단계다. 경찰이든 국과수든 과학수사 환경은 열악하기 그지없다. 그러나 열악하다고 절망하지 말고 오히려 긍정적으로 생각하기를 바란다. 현재가 열악하니 앞으로는 좋아지는 일만 남았으니까.

CSI를 탄생시킨 과학수사 실패 사례 3

가수 김성재 사건

인기 가수의 갑작스런 죽음

1995년 11월 20일 오전 6시, 인기 가수 김성재(23세) 일행이 투숙한 호텔의 스위트룸이 분주해지기 시작했다. 바쁜 하루 일정이 시작된 것이다. 로드 매니저 이씨(22세)가 거실 소파에 엎드려 있는 김성재를 흔들어 깨웠지만 일어나지 않았다. 그는 너무 피곤하기 때문이라 판단하고는 다른 멤버들에게 김성재를 깨우라고 이른 뒤 다른 일을 보았다. 잠시 후 김성재를 깨우던 멤버들이 김성재가 일어나지 않는다고 소리쳤다. 곧 다른 멤버들도 합류해 흔들어 보았지만 전혀 기척이 없었다. 뭔가 이상했다. 그때 누군가 외쳤다. "숨을 쉬지 않아!" 곧 몸을 뒤집어 코와 입에 손을 대 보니 호흡이 없었다. 6시 50분 즈음이었다. 당황해 어쩔 줄 모르는 멤버들 중에서 누군가 소리쳤다. "119! 119!" 멤버 중 한 명이 전화기를 들어 0번을 누르고 응답한 호텔 프런트에 119 응급 구조를 요청했다. 7시 11분에 도착한 119 구급대는 김성재를 가까운 종합병원 응급실로 이송했다. 하지만 김성재는 이미 숨진 뒤였다. 당황한 일행은 어쩔 줄 몰라 하며 시간만 보냈고, 병원에서는 사망을 확인한 시신을 영안실로 옮겼다. 어느 누구도 '경찰에 신고'해야 한다는 기본 조치를 취하지 않았다.

경찰이 사건 소식을 들은 것은 김성재가 사망한 채 발견된 지 다섯 시간 후인 낮 12시경이었다. 김성재 일행이 투숙한 호텔을 담당한 외사경찰관(외국인, 국제적 범죄 등과 관련된 정보를 수집하는 임무를 수행하는 경찰관)이 첩보를 입수해 알게 된 것이다. 곧 김성재가 이송된 병원으로 형사들이 출동했고, 담당 의사와 목격자 등을 상대로 사망 원인을 조사하기 시작했다. 하지만 그 중요한 '최초 다섯 시간'의 공백은 이후 진실 규명 과정에 엄청난 영향을 끼친다. '최초 발견 당시 그대로의 현장 보존'이 이루어지지 않았고, 목격자 등 관련자들이 '자신들에게 가장 유리한 시나리오'를 궁리하고 짜맞출 시간적 정신적 여유가 확보된 것이다.

병원에 도착한 경찰은 의사와 함께 시신을 검안했지만, 오른팔의 무수한 주삿바늘 자국 외에는 별다른 이상 징후를 발견하지 못했다. 흉기나 둔기에 맞은 흔적, 결박당한 흔적 혹은 누군가 팔을 세게 잡은 멍자국 등이 전혀 발견되지 않은 것이다. 경찰은 당시 현장 수사에 주로 사용하던 '폴라로이드' 즉석 카메라로 사체를 촬영했다. 병원에 모여 있는 목격자와 김성재의 지인들을 대상으로 간단한 조사를 실시하는 과정에서 고인의 여자 친구로부터 '김성재가 오른손 왼손을 다 쓰는 양손잡이다. 평상시 마약을 해 왔다'는 이야기를 들은 검안의사는 연예인이나 외국 유학생에게서 간혹 발생하는 '약물 과잉 복용에 의한 급성 중독사'라는 소견을 제시한다. 하지만 경찰은 변사자가 유명 인기 가수인 점을 감안해 정확한 사인 파악을 위하여 국과수에 부검 및 혈액과 소변 반응 검사를 의뢰했다.

거짓말 그리고 혼란

일단 '자발적인 마약 투약' '집단 마약 투약' 내지 '동의에 의한 조력자의 투약' 등으로 가닥을 잡은 경찰은 지난밤 김성재와 함께 있었던 사람들의 신원을 파악하는 데 집중했다. 1차 수사의 '현장'이 사건이 발생한 호텔방이 아닌, 시신이 옮겨진 병원 영안실이 된 것이다. 최초 발견자인 매니저 이씨는 이 최초 조사에서 매우 심각한 '거짓말'을 하고 만다. 당시 호텔 스위트룸에서 함께 밤을 보낸 여덟 명(김성재 포함) 중 한 사람을 고의로 누락시킨 것이다. 고인의 여자 친구인 김씨(25세)의 존재를. '고인을 둘러싼 불필요한 스캔들이 생길까 봐'라는 것이 그의 변명이었다.

경찰은 바로 고인과 함께 같은 호텔 스위트룸에서 밤을 보낸 것으로 파악된 여섯 명 중 매니저 이씨와 백댄싱 그룹 세 명 등 네 명에 대해 약물 반응 검사를 실시하고, 미국인 두 명에 대해서는 본인 동의를 구한 뒤 주삿바늘 자국 여부에 대한 신체 검사를 실시했다. 약물 반응 검사 결과는 음성이었고, 두 명의 미국인에게서는 주삿바늘 자국이 발견되지 않았다. 하지만 두 명의 외국인을 상대로 약물 반응 검사를 실시하지 않은 부분은 뒤에 쟁점으로 부각한다. 특히 고인의 죽음을 둘러싼 의문을 밝히는 과정에서 함께 한 '사람'에 대한 조사에 주력한 나머지 '장소'인 현장은 계속 무방비 상태로 방치된 채 시간이 흘러간다.

유족인 김성재의 어머니와 여자 친구는 부검을 반대했지만, 사건의 중요성을 감안해 부검 요청과 결정은 신속하게 이루어졌다. 뒤에 김성재의 어머니는 부검을 반대한 데 대해 "충격에 휩싸여 정신이 없는 가운데 여자 친구 김씨가 '부검은 망자를 두 번 죽이는 짓'이라며 강하게 부검 반대를 주장해 얼떨결에 따랐다"고 주장한다. 결국 시신 발견 다음 날인 11월 21일 경찰 수사진과 함께 이례적으로 담당 검사와 검사 시보 다섯 명이 참관한 가운데 국과수에서 부검이 이루어졌다.

정식 부검 결과는 각종 검사 결과를 종합해 판단해야 하기 때문에 상당한 시간이 소요된다. 하지만 수사진은 그 시간 동안 기다릴 수가 없기 때문에 부검의에게 잠정적인 의견을 물었다. 수사의 방향을 설정하기 위해서였다. 이때 부검의가 수사진에게 전해 주는 '잠정 소견'에는 단서가 붙는다. '최종 결론이 아니기 때문에 변경 가능성을 염두에 둬야 하며, 지나치게 맹신해서는 안 된다'는 단서. 1995년 11월 21일 부검이 끝난 후 부검의 김 법의관이 수사진에게 제시한 '잠정 소견'은 다음과 같다.

◉ **사인** 질병이나 외상 등 다른 원인이 발견되지 않아 사망 원인은 다음의 두 가지 중 하나로 추정된다 1. 청장년 급사 증후군(이유를 알 수 없는 돌연사) 2. 약물 중독

◉ **팔 주위 주삿바늘 흔적** 총 28개소로 모두 오른팔에 위치하며, 피하 출혈이 모두 '신선혈'로 생활 반응이 있어 생존 시에 발생한 것으로 보인다. 아울러 강제로 주사한

흔적은 발견되지 않았다. 즉 '사망 전 3일 이내에 본인이 주사한 것으로 추정'된다.

이러한 잠정 소견은 경찰의 초기 심증을 '자발적인 약물 투여 과정에서 발생한 사고사'로 굳히는 데 결정적인 역할을 한다.

뒤늦은 현장 수사, 사라진 증거들

11월 21일, '약물 중독사'라는 잠정적 사인을 확인한 경찰은 주삿바늘 등 관련 증거를 확보하기 위해 검찰을 거쳐 법원에 압수 수색 영장을 신청했고, 다음 날인 22일 영장이 발부되자 사건 현장인 호텔 스위트룸 정밀 수색에 들어갔다. 하지만 '아무것도' 발견할 수 없었다. 주사기, 약병, 약, 혈흔, 체액 등 사건과 관련 지을 만한 어떤 증거물도 찾을 수 없었던 것이다. 이미 사건 발생 2일이 지났고, 이미지와 고객 관리를 생명으로 하는 호텔의 특성상 자발적으로 현장을 보존해 주길 바랄 수는 없었다.

결과는 같다 하더라도 사건 직후 현장 출입 통제와 보존이 이루어지고 최단 시간 안에 수색과 과학적 현장 조사를 행했더라면, '김성재에게 약물이 투여된 시점부터 현장 통제가 시작된 시점 사이에 누군가 주사기 등 증거물을 외부로 반출했다'는 정황만큼은 확인할 수 있었을 것이다. 더 큰 아쉬움은 그때라도 호텔 내에 설치된 CCTV 촬영 테이프를 확보했더라면 이후 '피해자 사망 추정 시간에 용의자가 함께 있었는지' 여부를 입증할 수 있었을 것이라는 점이다. 10여 일이 지난 뒤 용의자 진술의 진위성이 문제가 되어 호텔 CCTV 녹화 테이프를 찾았을 땐 이미 사건 당일 기록 내용이 다 지워진 뒤였다. 이 순간, 이 사건과 관련한 '시간의 증거'들은 모두 증발해 버린 것이나 다름없었다.

이때까지도 사건의 명칭은 이유를 알 수 없는 죽음을 뜻하는 '변사 사건'이었고, 매니저 이씨의 거짓말에 놀아난 경찰은 사건 전날 밤부터 사건 당일 새벽까지 김성재의 여자 친구 김씨가 함께 있었다는 사실을 몰랐다.

참고인 조사

11월 22일부터 공식적인 부검 결과가 나온 12월 1일까지 김성재가 '왜', '누구와 함께(혹은 누구의 도움으로)', '언제', '어디서', '어떤 약물을', '어떻게' 투약하다가 사망에 이르렀는지를 확인하기 위한 참고인 조사를 실시했다. 가장 강도 높은 조사를 받은 대상자는 김성재의 평상시 생활 습관 등을 가장 잘 알고, 사망 직전에 함께 있었으며, 시신을 처음 발견한 매니저 이씨였다. 김성재의 여자 친구 김씨는 11월 23일 경찰의 조사를 받았지만 특별한 혐의점이 발견되지 않았다. 매니저 이씨는 11월 28일, 경찰에서 세 번째 조사를 받을 때 비로소 여자 친구 김씨가 사건 전날 밤 함께 있다가 언제인지 모르게 현장에서 사라졌다는 사실을 털어놓았다. 곧 경찰은 김씨를 다시 불러 약물 반응 검사와 소변 검사를 의뢰하지만 결과는 음성이었다.

참고인 조사를 마친 경찰의 판단은 '어느 누구에게도 김성재를 살해할 동기는 없었고, 함께 약물을 투약한 사람도 없다'는 것이었다. 여자 친구 김씨는 치과대학을 졸업하고 국가 고시만 합격하면 치과의사가 될 사람으로 김성재와는 양가 부모 허락 아래 결혼을 전제로 사귀었다고 주장했고, 매니저나 조사 대상이었던 지인들 모두 여기에 이의를 제기하지 않았다. 사건 당일까지 호텔 숙소에서 김성재와 함께 생활한 매니저를 비롯해 백댄싱 팀 등 멤버들은 모두 김성재에게 수입과 생활, 미래를 의존한 터라 김성재를 살해할 동기가 없었다. 특별히 사이가 안 좋거나 다툰 흔적도 찾지 못했다. 약물 투여 흔적도 발견할 수 없었다.

지금까지의 조사 결과는 모두 '김성재 혼자 왼손으로 자기 오른팔에 20여 번 주사를 놓아 약물을 주입한 뒤 사망했다'는 것으로 모아지는 것처럼 보였다. 다음은 참고인 조사를 통해 재구성한 사건 전후 상황이다.

1995년 7월 20일

김성재와 이현도로 구성된 2인조 인기 그룹 '듀스' 해체. 김성재 혼자 미국으로 출국. 여자 친구 김씨와는 전화 연락.

1995년 11월 15일

김성재 귀국. 솔로로 활동 재개. 여자 친구 김씨와 재회.

1995년 11월 19일

17:00 김성재 SBS《생방송 TV 가요 20》출연으로 솔로 데뷔. 방송 후 김성재가 여자 친구 김씨에게 전화해 멤버들과 함께 만나 식사한 후 오후 9시경 같이 숙소인 호텔로 감.

21:00~01:00 호텔 별관 57호 스위트룸 거실에서 팀원들과 함께 여자 친구 김씨가 녹화해 온《생방송 TV 가요 20》녹화 테이프를 반복 시청하며

대화한 후 다음 날 오전 6시부터 시작할 일정을 위해 각자 방으로 돌아가고, 김성재와 여자 친구 김씨만 남음.

01:00~03:40 흥분과 피로감에 잠을 못 이루는 김성재를 위해 여자 친구 김씨가 안마와 지압 등을 해 준 뒤 김성재가 잠들자 귀가.

06:00 매니저와 멤버들 기상. 김성재는 깨워도 안 일어남.

06:50 재차 깨웠지만 일어나지 않고 흔들고 몸을 뒤집어도 반응이 없어 119 신고.

처음 소식을 접했을 땐 충격과 혼란에 빠져 상황을 파악하지 못한 채 당황하기만 했던 김성재의 어머니와 유가족은 시간이 지나면서 경찰과 언론, 주변 사람들이 사건을 '김성재의 자살 내지 마약 중독'으로 몰아간다면서 강하게 반발하기 시작했다. 특히 처음부터 김성재의 어머니에게 부검을 하지 말자고 무리하게 요구하다가 부검을 하게 되니 '부검의사에게 돈을 줘서라도 단순한 심장마비라고 발표하게 하자'고 황당한 주장을 제기한 여자 친구 김씨에 대한 의구심이 커졌다.

의혹을 갖기 시작하니 모든 것이 의심스러웠다. 사고 전날 밤부터 사망 전까지 함께 있었으면서도 경찰에 그 사실을 숨겼고, 새벽에 귀가한 뒤 김성재가 사망했다는 연락을 받기까지 시간이 길지도 않았는데 병원 영안실에 새로 화장까지 한 모습으로 나타난 점도 의심스러웠다. 그동안 김씨의 지나친 집착과 소유욕에 질린 김성재가 여러 차례 헤어지려 했지만 일방적으로 연락하고 찾아오는 바람에 관계가 이어져 온 것도 '치과의사가 될 엘리트니까' 그러려니 하며 넘겨 왔는데, 다시 돌이켜보니 소름 끼치는 상상을 불러일으켰다.

의외의 부검 결과

12월 1일, 국과수의 공식 부검 감정서가 작성되었고 검토와 결재 단계를 거쳐 12월 5일, 경찰에 통보되었다. 사인은 처음 부검 당시 '잠정 소견'으로 제시된 두 가지 추정 중 '약물 중독'으로 확정되었다. 문제는 '잠정 부검 소견'에서는 제시되지 않았거나, '잠정 소견'과 달라진 두 가지였다. 하나는 중독을 야기한 약물의 성분이고, 두 번째는 '누가', '어떻게' 주사했는지에 대한 소견이었다. 이 두 가지는 김성재의 죽음이 스스로 야기한 자살 혹은 사고사인지, 아니면 누군가 고의로 야기한 '타살'인지를 구분하는 결정적인 증거가 된다. 국과수에서 정리한 최종 부검 감정서의 핵심 내용을 정리하면 다음과 같다.

사인은 약물중독사로 추정.

김성재의 사체에서 검출된 약물은 틸레타민(혈중 농도 0.85ug/ml)과 졸라제팜(혈중 농도 3.25ug/ml).

- 두 약물의 치사량에 대해서는 아직 확인된 것이 없음.
- 하지만 틸레타민과 같은 계열인 펜사이클리딘을 복용하고 사망한 17건에서 혈중 농도는 0.3~25ug/ml, 졸라제팜과 같은 계열인 다이아제팜을 다른 약물과 함께 복용하고 사망한 67건에서 평균 혈중 농도는 18ug/ml였음.
- 틸레타민과 졸라제팜이 포함된 약품은 동물용 마취제인 졸레틸 혹은 테라졸이라는 상품으로, 수의사들이 개나 고양이 등 애완 동물 수술을 위한 마취 등에 사용함.

- 사람이 환각이나 각성 등을 위해 일반적으로 사용하는 약물이 아님.
- 필로폰 등 마약류 성분은 검출되지 않았으며, 혈중 알코올 농도 0.05% 미만으로 음주를 하지 않은 것으로 볼 수 있음. 다만 마그네슘염(혈액에서 67.8ppm, 요에서 281.5ppm)이 정상 범위(혈액 12~31.2ppm, 요 24~144ppm)보다 많이 검출되어 황산마그네슘의 투약을 의심할 수 있음.
- 오른팔에만 정맥 혈관을 따라 치밀하게 주사되고, 28개소라는 지나치게 많은 주사 흔적이 있으며, 시신 발견 당시 주변에서 주사기가 발견되지 않은 점 등을 종합해서 고려할 때 '타인에 의해' 만들어진 주삿바늘 자국이라고 추정됨.

결론적으로 '타살 가능성을 배제할 수 없다'.

국과수의 부검 결과가 발표되자 김성재의 유가족은 검찰에 '살인 혐의에 관한 수사 요망 및 출국 금지 요청서'를 제출했고, 일간지들은 이 사실을 대서특필하며 적극적인 수사를 통한 진실 규명을 촉구했다.

결정적인 제보, 체포된 용의자

이제 '김성재 살인 사건'은 모든 방송과 언론의 헤드라인을 장식하는 톱뉴스가 되었다. 대한민국에서 이 사건을 모르는 사람이 없고, 특히 사망 원인으로 지목된 졸레틸이라는 동물 마취제의 정체와 출처가 인구에 회자되었다. 그 효과는 바로 나타났다. 제보자가 나타난 것이다. 서울 반포동의 한 동물병원에서 올 11월 초에 애완견을 안락사시킨다며 졸레틸과

황산마그네슘, 주사기 두 대를 사 간 사람이 있다는 내용이었다.

놀랍게도 그 사람은 유가족이 강하게 의혹을 제기한 김성재의 여자 친구 김씨였다. 경찰은 바로 해당 동물병원을 찾아 원장 등을 상대로 사실을 확인한 뒤 김씨를 소환해 추궁했지만 그녀는 '그런 일 없다'고 강하게 부인했다. 곧이어 김씨와 동물병원장의 대질 조사가 진행됐다. 대질 조사에서도 전면 부인으로 일관하던 그녀는 네 시간 만에 사실을 시인했다. 11월이 아닌 9월, 국가 고시 실패와 얼굴 부스럼 등 신병을 비관해 '자살'하려고 구입했지만 바로 마음을 바꿔 집 밖 쓰레기통에 버렸다는 것이다. 병원장이 불과 4일 전인 12월 1일, 김씨가 만나자고 한 뒤 '부검을 하면 졸레틸 성분이 검출되느냐'고 묻고는 자신이 '개 안락사용 약품과 주사기를 사 간 사실을 누구에게도 얘기하지 말아 달라'고 부탁한 사실을 밝힌 뒤였다.

12월 7일 오후 5시, 경찰은 김씨를 긴급 체포한 뒤 검찰에 구속 영장 청구를 요청했다. 김성재가 소속된 기획사 대표와 제작자, 매니저, 백댄서 등 팀원들을 포함한 김성재의 지인들도 그동안 김씨가 일방적으로 김성재를 쫓아다녔고, 집착과 소유욕이 지나치게 강했으며 질투가 많아서 김성재가 헤어지려 했다는 진술들을 쏟아냈다. 특히 김성재와 팬들의 접촉을 차단하기 위해 난동을 부리고, 가수 활동을 중단하라고 요구했으며, 가스총으로 김성재의 얼굴을 쏜 적이 있고, 중요한 계약을 앞둔 밤에 잠자는 김성재의 온몸을 끈과 테이프 등으로 묶어 계약 장소에 나가지 못하게 했으며, 자신을 피하여 팀원들끼리 회식을 하는 장소를 찾기 위해 서울 시내를 뒤져 결국 그 장소에 나타난 일 등을 거론하며 '충분히 김성재를 살해할 만한 동기와 성격을 가지고 있다'고 진술했다.

경찰의 심증을 더욱 굳힌 것은 사건 직전 김성재와 김씨 간의 관계였다. '서로 사랑하고 결혼을 약속했다'던 김씨의 주장과 달리, 김성재는 미국에 있는 내내 그녀의 전화를 피했고, '이제 끝났다'는 이별 선언을 했다는 것이다. 그러던 중 김성재가 귀국을 앞두고 있을 때 김씨가 '국가 고시도 합격했고, 일본 도쿄 대학 대학원에 합격하면서 부속 병원에도 취직해 일본으로 유학을 떠날 것이다. 마지막으로 일주일 동안만 만나서 잘 대해 주면 영원히 떠나겠다'고 말해 다시 만났다는 것이 김성재 가족과 지인들의 일관된 진술이었다. 더구나 나중에 확인해 보니 국가 고시도 합격하지 못했고, 일본 도쿄 대학 이야기도 모두 거짓말이었다. '절망적인 막바지에 몰린 이상 성격 스토커'라는 것이 김씨에 대한 김성재 가족과 지인들의 평가였다.

사건의 재구성

경찰의 수사를 통해 확인된 사실과 지인들의 주장, 정황들을 토대로 사건 전개 과정을 재구성해 보았다.

1993년 9월

인기 가수 김성재와 여자 친구인 치과대학생 김씨, 나이트클럽에서 만나 교제 시작.

1994년 5월

타이 푸켓으로 6박7일 동반 여행을 떠나 애정을 확인하며 장래를 약속.

하지만 이후 김성재에게 여성 팬이 너무 많다는 것을 질투해 다툼이 잦았으며, 김씨가 너무 집착하는 것을 김성재가 못마땅해함. 결국 김씨가 김성재 얼굴에 가스총을 쏘고, 잘 때 끈과 테이프 등으로 결박해 중요한 약속에 나가지 못하게 하는 등 이상 행동을 하자 김성재가 헤어지려 함.

1995년 1월

김씨, 치과의사 국가 고시 불합격.

1995년 7월 20일

듀스 해체 후 김성재 도미. 김성재가 미국 체류 중 연락을 끊자 김씨는 기획사 여직원을 통해 김성재의 미국 전화번호를 입수, 하루에 한두 차례 집요하게 전화. 이에 질린 김성재가 '너와 끝났다'고 하자 살해 결심.

1995년 11월 초

반포동 단골 동물병원에서 '치매에 걸린 애완견 안락사'에 필요하다며 졸레틸 50g 황산마그네슘 7g 주사기 두 대를 3만 원에 구입. 김성재가 귀국할 무렵 '이제 곧 일본으로 유학 갈 테니 그때까지만 만나 달라'고 전화.

1995년 11월 15일

김성재 귀국. 김씨, 김성재와 다시 만나며 살해 기회를 엿봄.

1995년 11월 19일 오후 5시

솔로 데뷔 방송을 마친 김성재가 김씨에게 전화해 팀원들과 함께 만나 식사. 김씨, 주사기와 약품을 준비해 감.

1995년 11월 19일 오후 9시~다음 날 오전 1시

호텔 별관 57호, 팀원들과 그날 방송 녹화 테이프를 반복 시청하며 대화를 나눔.

1995년 11월 20일 오전 1시

팀원들은 각자 방으로 자러 들어가고 거실에 김성재과 김씨 둘만 남음.

1995년 11월 20일 오전 1시 30분

흥분과 피로 때문에 잠을 못 이루는 김성재에게 김씨가 '피로 해소 특효약'이라며 졸레틸 5cc 희석액 주사. 마취되어 의식을 잃자 27회에 걸쳐 나머지 졸레틸 및 황산마그네슘을 김성재 정맥에 추가로 주사.

1995년 11월 20일 오전 3시 40분경

김씨, 김성재 사망 확인 후 호텔 떠남.

1995년 11월 20일 오전 4시 5분

김씨, 자택인 여의도 아파트에 도착.

1995년 11월 20일 오전 6시~6시 50분

매니저와 팀원, 김성재를 깨우려 했으나 깨어나지 않아 119 신고.

1995년 11월 20일 오전 7시 11분

119 응급구조대 도착. 김성재 병원 후송 후 사망 사실 확인. 이후 김씨, 깨끗한 옷에 새로 화장한 모습으로 병원에 나타나 시체를 검안하며 오른팔에 생긴 많은 수의 주삿바늘에 의혹을 제기하는 의사에게 '김성재는 오른손 왼손 다 사용, 평상시 마약 사용 의심' 등의 발언을 해 이해시켰고, 김성재의 어머니에게는 '부검은 성재를 두 번 죽이는 일, 절대 부검해선 안 된다'고 설득.

1995년 11월 21일

김씨, 부검 당시 김성재의 어머니에게 '부검의에게 돈을 줘서라도 단순 심장마비로 발표하게 하자'고 권유.

1995년 12월 1일

김씨, 부검 결과 발표가 임박하자 불안을 느낀 나머지 졸레틸 등을 구입한 동물병원장을 불러내 '부검하면 복용한 졸레틸이 검출되느냐' 묻고, '이 사건으로 내게 의심이 집중되니 졸레틸 등 약품과 주사기를 사 간 사실을 누구에게도 이야기하지 말아 달라'고 부탁.

피의자 측의 반격

12월 11일, 구속된 김씨의 가족과 변호사는 경찰에 '엄정 수사'를 촉구하는 탄원서를 제출하며 기자들 앞에서 "그녀는 범인이 아니다. 진범은 따로 있다. 증거를 제출하겠다"고 주장해 파장을 불러일으켰다. 이들이 지목한 진범은 사건 당시 김성재와 함께 투숙한 미국인 백댄서 두 명. 김성재 사망 확인 후 경찰이 다른 멤버들과 달리 약물 반응 검사를 실시하지 않고 주삿바늘 자국만 육안으로 검사했는데, 이미 미국으로 출국한 뒤였다. 김씨 측은 두 미국인이 평상시 마약을 복용했다는 이야기가 담긴 전화 통화 녹음 테이프가 있다고 주장했다. 또한 김씨가 범인이 아니라는 근거로 '김성재와 사이가 좋아 살해할 이유가 없다', '졸레틸 구입 시기는 11월이 아닌 9월로 사건과는 관계없다', '검출된 약물 혈중 농도는 치사량이 될 수 없다', '여덟 명이 함께 자는 호텔방에서 나약한 여자가 다른 사람 몰래 강제로 28번이나 주삿바늘을 찌를 수 있느냐?' 등을 제시했다. 이러한 김씨 측의 반격은 그대로 언론과 방송을 통해 대대적으로 보도되었고, 쉽게 해결될 것 같던 사건은 복잡한 진실 게임 양상으로 바뀌었다.

1995년 6월 5일, 서울지법 서부지원에서 열린 1심 재판은 피고 김씨의 살인 혐의에 대해 유죄를 선고했다. 형량은 무기징역. 검찰과 피고 양측 모두 즉각 항소했다. 검찰은 '빗나간 증오와 집착으로 계획적인 살인을 저지르고도 거짓 주장으로 범행을 부인하고 은폐하는 등 전혀 뉘우치는 기색이 없어 극형에 처할' 정도로 죄질이 무거운 데 비해 무기징역이라는 형량이 너무 가볍다는 것이 항소 사유였다. 반면, 피고 측은 '증거가 없고', '살인의 동기가 입증되지 않았으며', '사망 추정 시간에 피고인은 이미 귀가해 알리바이가 입증되고', '피고의 범행이 성립하기 어려운 정황'이라는 점을 들어 무죄를 주장하며 항소했다.

5개월 뒤, 서울고등법원에서 열린 항소심에서는 또 다른 변수가 작용했다. 1심과 달리 강력한 '거물 전관 변호사'가 피고 측 변호를 이끈 것이다. 경기고와 서울대 법대를 수석 졸업한 뒤 사법 시험에 합격해 대전지법 판사, 서울민사지법 판사, 서울고법 판사, 대법원 재판연구관, 서울지법 부장판사, 서울고법 부장판사 등을 거쳐 1993년 변호사 개업을 한 서정우 변호사였다. 그가 이끄는 피고 측은 다음과 같이 검찰이 제시한 모든 근거와 증거들을 반박했다.

◉ **'살인 동기가 없다'(이상 성격과 행동이 입증되지 않았다)** 김씨가 '통상의 범위를 벗어난' 질투를 한 적이 없고 집착과 소유욕이 강하다든지, 김성재가 헤어지려 했다는 등의 주장은 모두 왜곡, 과장한 남의 얘기를 듣고 전한 '전문(傳聞) 진술'로 증거 능력이 없다. 오히려 김성재가 미국에 체류하는 동안 김성재의 어머니가 김씨를 자주 만나 다정하게 대했고, 김성재도 미국에서 귀국하며 어머니보다 김씨를 먼저 만난 데다 부츠 등 선물을 사 왔으며, 지인들이 김성재가 사망한 사실을 어머니보다 김

씨에게 먼저 연락한 점 등에 비추어 볼 때 사건 당시 두 사람은 여전히 '다정한 연인'이고 장래를 약속한 사이였기 때문에 김씨에게는 김성재를 살해할 동기가 없다.

◉ **'알리바이가 있다'(사망 추정 시간의 문제)** 김씨는 사건 당일 오전 3시 40분경 귀가했고, 김성재의 사망 시각은 오전 3시 45분 이후로 봐야 한다. 6시경에 깨우려던 동료들이나 7시 11분에 출동한 119 구급대원들이 김성재의 사망을 단정하지 못할 정도로 체온이 높고 경직이 진행되지 않은 상태였으며, 후송된 병원에서 간호사가 측정한 체온이 36도였던 점 등이 이를 뒷받침한다. 반면, 3시 40분 이전에 사망한 증거로 제시된 시신의 '양측성 시반'은 경찰이 영안실에서 화질이 낮고 음영이 많이 나타나는 폴라로이드 사진기로 촬영해 발생한 문제일 뿐 전혀 증거 능력이 없다. 특히 호텔방에 타이머에 의해 135분간 작동되는 빨래건조기가 있는데, 매니저가 오전 1시 취침 전에 이를 가동했고, 6시 기상 시에 여전히 작동되는 것을 발견했다. 즉 누군가 3시 45분 이후에 건조기를 가동시킨 것이고, 범행 시간은 그 이후로 봐야 한다.

◉ **'졸레틸 등 구입은 단순한 우연, 살인의 증거가 될 수 없다'(치사량의 문제)** 부검 결과는 '약물중독사'라고 '추정'했을 뿐 단정한 것이 아니다. 특히 검출된 약물의 양이 극히 미량(틸레타민 0.85ug/ml, 졸라제팜 3.25ug/ml의 혈중 농도)으로 결코 치사량에 해당한다고 볼 수 없다. 마그네슘염의 경우 역시, 김성재가 사망 전날 저녁에 먹은 치킨(127.43mg)과 탄산 음료(100ml당 13.34g)에도 마그네슘이 다량 포함되어 있어, '황산마그네슘' 주사가 아닌 음식에 의한 자연스런 증가로 볼 수 있다. 김씨가 졸레틸 등을 구입한 시기도 9월(동물병원장은 경찰에서 구입 시기가 11월 초라고 진술했다가 법정에서는 기억이 확실하지 않다며 9월에서 11월 사이라고 진술을 변경했다)로 사건 발생일

과 시간차가 크고, 김성재의 귀국이 결정된 때가 아니며, 자살을 생각하던 시기에 기르던 개의 안락사 문제가 겹쳐 구입한 약물로 '사람이 죽을 정도의 분량이 아니다'.

◉ **'살인이 이루어질 상황이 아니다'(여덟 명이 함께 투숙한 호텔방의 특성)** 김성재를 제외하고도 여덟 명이나 되는 사람이 한밤중까지 이야기를 나누다 좁은 호텔방에 각자 흩어져 자다가 깨고 하는 상황에서 김씨가 총 28회에 걸쳐 들키지 않고 몰래 주사를 놓는다는 것은 불가능하다. 검찰은 이를 입증할 목격자나 증거도 제시하지 않았다.

◉ **'범행 이후 의심스런 행동, 이해된다'(당황, 불안, 애인의 의무)** 동물병원장을 불러 주사기 등을 사 간 사실을 숨겨 달라고 요청한 것은 의심받는 상황에서 누명을 쓸까 봐 무섭고 불안해서 한 행동이다. 범인이라면 금방 드러날 그런 위험한 행동을 하겠는가? 김성재의 사망 소식을 듣고 화장한 얼굴로 병원에 나타난 것은 '화장을 지우지 못한 채 잠이 들었다가 바로 연락받고 나온 것'을 주위 사람들이 오해한 것이다. 부검을 반대한 이유도 자식을 위하는 김성재의 어머니에게 동조한 것으로 그저 애인의 의무를 수행한 것에 불과하다.

항소심 법정은 1심과 전혀 다른 분위기가 흘렀다. 피고 측 주장의 내용이야 별로 달라진 게 없었다. 하지만 검찰 측 주장을 반박하기 위한 모든 수단과 방법이 동원되었다. 일반인의 눈에는 사소하거나 관계없어 보이는 탄산 음료의 마그네슘 양, 빨래건조기 타이머 등 정황 증거는 물론, 동물병원장 등 검찰 측 증인들의 심리적 유약함을 포착해 진술 변경을 이끌어 냈다. '물량 공세'로 검찰의 주장을 무력화시키고 재판부의 마음

속에 '범인이 아닐 수도 있겠다'는 '합리적인 의심'을 최대한 불러일으키자는 전략이었다.

항소심 판결

재판부는 검찰 측 주장과 증거 중 받아들일 부분과 피고 측 주장과 증거 중 받아들일 부분을 구분해 제시했다.

검찰 측 주장과 증거 중 받아들일 부분

- 1995년 11월 19일 저녁부터 20일 오전 1시 매니저가 취침하러 방에 들어갈 때까지 김씨가 김성재 일행과 함께 있었고, 6시경 매니저가 혼자 엎드려 있는 김성재를 깨워도 일어나지 않았으며, 그 후 119 구급대를 불러 병원으로 후송한 후 사망을 확인한 사실.
- 부검 결과 오른팔에 정맥을 따라서 '생전 하루 이내에 만들어진' 28개의 주삿바늘 자국이 발견되었고, 동물 마취제 성분인 틸레타민과 졸라제팜이 검출되었으나 치사량인지 여부는 확인할 수 없다는 사실.
- 김성재의 지인과 사고 전날 촬영된 방송 영상 등에 의해 11월 20일 오전 1시 이전에는 김성재의 팔에 주삿바늘 자국이 전혀 없었다는 것이 확인된 사실.
- 김씨가 9월에서 11월 사이 반포동 동물병원에서 애완견 안락사를 위해 필요하다며 졸레틸, 황산마그네슘과 주사기 두 대를 구입했으며, 12월 1일 동물병원장을 불러 약품과 주사기를 구입한 것을 누구에게도 이야기

하지 말라고 부탁한 사실.

피고 측 주장과 증거 중 받아들일 부분

- 11월 20일 병원 영안실에서 경찰이 촬영한 폴라로이드 사진의 '양측성 시반'은 폴라로이드 사진 자체의 결함으로 인한 음영을 오인한 것일 수 있다는 사실(양측성 시반이 확인되면 발견 당시인 오전 6시 50분보다 최소 네 시간 이전에 사망, 즉 사망 시간이 2시 50분 이전이 된다).
- 매니저가 오전 1시에 가동한, 135분간 작동하는 건조기가 6시에도 작동하고 있었고, 그 건조기의 작동은 범인이 범행 시 발생하는 소음이나 현장을 벗어나는 소음을 감추기 위한 것으로 볼 수 있다는 사실(즉 오전 6시보다 135분 전인 3시 45분까지는 김성재가 살아 있었다고 추정 가능) 등을 종합할 때, 사망 추정 시간은 3시 45분 이후로 볼 수 있다는 사실.
- 김씨가 현장을 떠난 시간이 오전 3시 45분경이라고 주장했고, 검찰에서는 이를 반박할 만한 어떤 증거도 제시하지 않았다는 사실. 즉 김씨가 호텔을 떠난 시간에 김성재는 '아직 살아 있었다'고 추단할 수 있다는 사실.
- 시신에서 검출된 마그네슘 양은 반드시 김씨가 구입한 '황산마그네슘'의 투약으로만 발생할 수 있는 것은 아니며, 김성재가 사망 전날 저녁 식사로 먹은 치킨과 탄산 음료에도 다량의 마그네슘이 함유되어 있다는 사실.
- 김씨가 구입한 애완견 안락사용 약품의 양이 사람이 죽을 정도의 치사량인지 입증되지 않았다는 사실. 특히 치과대학을 나온 김씨가 작은 애완견을 안락사하는 약품으로 사람을 살해할 수 있다고 믿었다고는 생각하기 어렵다. 설사 김씨가 구입한 졸레틸 한 병을 김성재에게 주입했다 할지라도, 김성재를 살해할 고의가 있었다고 보기 어렵다. 이 경우 '사고

사'로 봐야 할 것이다.

- 김성재의 시신에서 검출된 오줌은 모두 10cc인데 사람은 일반적인 경우 1~2분에 1cc의 오줌을 생산하므로, 김성재가 사망 20분 전에 소변을 봤다는 추정이 가능하고, 이 경우 김씨가 김성재의 동의 없이 20분 이내에 28회의 주사를 할 수는 없다고 본다. 이 역시 '사고사'의 가능성을 높이는 증거라고 할 수 있다.
- 김씨와 김성재 사이의 관계에 대한 양측의 엇갈린 진술이 있으나, 김성재의 어머니가 김성재 동생에게 쓴 편지 중 두 사람이 다투는 내용을 보면 헤어질 정도로 악화된 것은 아니고, 김성재가 미국 체류 중 김씨와 8월에만 63회 등 수십 통의 전화 통화를 했으며 그중 한 차례는 1시간 15분에 달하는 등 '일방적'이라거나 김성재가 '회피'했다고 볼 수 없었던 점 등을 기초로 판단할 때 '결별을 앞둔 마지막 만남'이었다고 볼 근거가 부족하다.
- 김씨가 동물병원장을 만나 약품 구입 사실을 숨겨 달라 부탁한 정황도 '범죄를 저지르고 이를 숨기려는 태도'보다는 '난처한 입장에 처한 사람이 부탁하는' 태도로 이해할 수 있다.
- 김씨가 부검에 반대한 부분도 진술을 종합하면 김성재의 어머니가 먼저 반대하고 김씨가 이에 동조하는 모습이었고, 이는 '부검은 사람을 두 번 죽이는 일'이라는 인식과 당시 떠돌던 김성재 마약 복용설이 사실로 밝혀질 경우의 파장 등을 우려한 측면 등을 고려할 때 이해할 수 있는 사실이다.
- 증명된 사실들로 판단하면, 사건 당일 김씨가 오전 1시에서 6시 사이 어느 시점에 호텔을 떠났다는 것 외에는 입증된 객관적 사실이 없다. 김씨

가 주장하는 대로 3시 40분경 호텔을 떠났다고 봤을 때 그 이후 일행 일곱 명 중 누군가가 범행을 했을 가능성과, 외부에서 제3자가 침입해 범행을 했을 가능성을 배제할 수 없다. 특히 호텔 출입자를 확인할 유일한 방법인 CCTV 화면이 확보되지 않아 제3자의 범행 가능성을 배제하기 어렵다.

결론: '증거 불충분, 무죄'

살아 있는 김성재를 마지막으로 본 사람이고, 사망 원인으로 추정되는 약물 성분이 포함된 약품과 주사기를 구입한 적이 있고, 이 사실을 숨기려 했다는 점 등은 김씨가 김성재를 살해했다고 의심할 만한 정황이다. 하지만 김씨가 호텔을 벗어난 시간을 정확하게 입증할 수 없고, 김성재의 사망 시간이 김씨가 호텔을 떠나기 전인지 역시 입증되지 않았으며, 검출된 약물의 양이 치사량인지 여부도 입증되지 않았다. 특히 김씨 외 제3의 범인 역시 완전히 배제되지 않았다. 김씨에게 김성재를 살해할 고의가 있었는지 여부도 충분히 입증되지 않았다. 설사 김씨가 김성재에게 약물을 투여한 사실을 인정한다고 해도, 이는 살인의 고의를 가진 행동이 아닌 예기치 않은 '사고'일 가능성을 배제할 수 없다. 결론적으로 형사 재판에서 유죄의 인정에 필요한 '합리적 의심의 여지를 넘어설 정도의 증거'가 확보되지 않았기 때문에 '무죄'를 선고한다.

이후 검찰은 대법원에 상고했지만, 대법원은 이유 없다며 '기각'했고, 결국 김씨는 완전하게 '무죄' 확정 판결을 받는다.

사건이 남긴 것

이 사건은 16년이 지난 지금까지 사람들의 입에 오르내리고 인터넷 포스팅과 드라마의 소재가 될 정도로 잘 알려져 있다. 대부분 '유죄가 분명한데 피고인 집안의 돈과 힘 때문에 무죄가 됐다', '유죄가 분명한데 거물 변호사 때문에 무죄가 됐다', '김씨는 악녀다' 등의 선정적이고 단정적인 내용이다. 하지만 사건을 분석해 보면 우선 '살인의 동기와 고의'가 입증되지 않은 점을 인정하지 않을 수 없다. 사망의 종류가 '타살'인지 여부도 확인되지 않았다. '사망 시간과 피고인의 알리바이' 역시 증거에 의해 입증되지 못했다.

만약 김씨가 진짜 살인범이라면, 무죄 판결은 그녀의 치밀함이나 변호사의 유능함이 아닌 '수사와 기소의 실패' 때문이다. 호텔 CCTV 녹화 내용 확보 실패, 초기 사건 현장에 있던 외국인 두 명의 출국 허용, 동물병원장의 초기 진술과 관련된 물증 확보 실패 및 진술의 증거 보전을 하지 않아 진술 내용 변경을 초래한 점, 치과대학을 졸업한 김씨가 '자살 목적'으로 약품을 구입했다는 진술을 확인하고 입증할 치밀한 조사의 미비 등을 들 수 있다.

이는 1995년, 아직 '과학수사' 개념이 도입되기 전인 데다 현장 수사의 중요성을 인식하기 전의 사건이었기 때문이라고 이해할 수 있다. 앞으로는 '확실한 심증이 있는데 증거 부족이라며 무죄 판결을 내렸다'고 재판부를 비판하거나, 변호사 탓을 하는 일이 없어야 할 것이다.

전혀 관계 없는 이야기지만, 이 사건의 무죄 판결을 이끌어 낸 서정우 변호사는 이후 승승장구 일취월장하여 2002년 대통령 선거 준비 당시

한나라당 이회창 후보의 최측근인 특별보좌관까지 맡았으나, 거액의 불법 선거 자금을 모금한 일명 '차떼기'의 주범임이 확인되어 정치자금법 위반으로 징역 4년을 선고받았다.

Part 6.

검시,
사체가 말하는 진실

“

검시관은 아기의 검안 당시
사진들을 보면서 아기의
꽉 쥔 손 틈으로 보이는
무언가를 발견했다.
세탁소에서 옷을 포장할 때
사용하는 얇은 비닐 봉투
조각이었다. 그 조각이 아기의
움켜쥔 손 안에 있는 이유가
뭘까? 그 순간 검시관은
가슴이 철렁 내려앉았다.

몸이 불편한 할머니와 함께 생활하는 간병인에게서 신고가 들어왔다. 할머니가 아침 식사 후 평상시보다 오래 주무시기에 깨워 보았지만 반응도 없고 숨소리도 들리지 않는다는 것이다. 출동한 지구대 경찰관들과 형사팀, 119 응급구조대는 할머니의 사망을 확인했고, 외관상 시신에 상처가 없고 반듯한 자세로 침상에 누워 있는 모습에 별다른 특이점을 발견하지 못했다. 집 안팎에서 침입 흔적이나 몸싸움의 흔적도 발견되지 않았다. 모든 정황이 '연로하고 몸이 많이 불편한 할머니가 노환으로 사망했음'을 말해 주고 있었다.

하지만 영안실로 옮겨진 시신을 본 서울지방경찰청 검시관의 눈에 석연치 않은 점들이 발견되기 시작했다. 할머니 몸 곳곳에 일반인의 눈에는 반점처럼 보이는 희미한 얼룩들이 남아 있는 것이었다. 멍자국이라는 의심이 들었다. 할머니의 시신으로 다가가 두 손으로 가슴 부위를 눌러 보았다. 갈비뼈와 가슴뼈 여러 곳에서 심각한 골절이 확인되었다. 아무리

연세가 많고 병약해 골다공증이 심한 노인이라 하더라도 저절로 그 부위에 그런 골절이 발생할 수는 없었다. 특히 가슴 부위의 멍과 골절은 둔기에 의한 손상으로 보였다. 죽음에 이르기에 충분해 보였다.

간병인을 불렀다. "할머니가 살아 계신 걸 마지막으로 본 게 언제죠?" "오늘 아침 식사하실 때까진 멀쩡하셨어요. 그리고 좀 있다 주무셨는데 일어나지 않으셔서…." "그사이에 혹시 집을 비우거나 다른 사람이 찾아오거나 한 일은 없나요?" "네, 전혀 없어요. 아침 식사 후에 전 바로 설거지하고 청소를 했으니까요. 찾아올 사람도 없고…." "그럼 할머니가 최근에 넘어지거나 다치신 적이 있나요? 온몸에 멍자국이 있고 골절이 발견되는데?" "사실 어제 목욕하는데 자꾸 고집을 피우셔서 제가 살짝 밀었고요, 약간의 다툼이 있었어요. 그래서 생긴 상처일 거예요."

진술과 상처가 일치하지 않았다. 간병인이 의심스러웠다. 이 검시관은 담당 형사에게 "사인은 흉부 다발성 골절로 인한 호흡 곤란으로 추정되며 손상의 정도나 위치로 보아 사소한 다툼이라고 하긴 어렵습니다. 타살의 가능성이 높습니다. 부검 요청을 하시죠"라고 말했다. 현장에는 잠시 동안 무거운 침묵이 흘렀다. 아직 검시관에 대한 수사 일선의 신뢰가 높지 않았을 때다. 더욱이 한눈에도 노환으로 인한 자연사로 보였고 궂은일도 마다 않는 간병인을 의심한다는 데 대한 윤리적 부담감도 있어 검사의 승인을 받아 부검 없이 종결 처리하겠다는 판단을 하던 베테랑 형사팀장은 기분이 나빴다. '의사도 아닌 주제에' 베테랑 형사들 앞에서 당돌하게 명령하듯 주장하는 젊은 여성의 말을 듣고 싶지 않았다. 하지만 검시관은 굽히지 않았고 잠시 고성이 오갔다.

'한 사람의 죽음에 대한 진실이 걸린 문제다. 양보란 없다.' 사건 현장에서 다툼이 있고 서로 굽히지 않을 땐 늘 원칙이 이긴다. 원칙을 무시하면 그 결과에 대해 엄중한 책임을 져야 하기 때문이다. 결국 국과수의 부검을 통해 타살이라는 사실이 밝혀졌고, 간병인이 체포된 뒤 범행 일체를 자백해 유죄 판결을 받았다.

그로부터 얼마 후, 보모가 돌보던 첫돌도 지나지 않은 아기가 사망하는 사건이 발생했다. 신고를 받고 출동한 경찰은 경찰 공의로 지정된 동네 의사를 불러 검안을 의뢰했고, 의사는 영아들에게서 간혹 발생하는 '영아 급사 증후군(엎드려 자다가 숨이 막히는 등 알 수 없는 이유로 영아가 사망하는 증상. '영아돌연사'라고도 부른다)'이라는 소견을 제시했다. 그 의견은 그대로 경찰서를 거쳐 검찰에 보고된 뒤 승인을 받아 '병사'로 내사 종결, 부검 없이 유족에게 시신이 인도되었다. 그리고 슬픔과 충격에 빠진 부모는 아기의 시신을 화장했다.

다 끝난 줄 알았다. 하지만 사건 소식을 들은 검시관은 왠지 사건을 들여다보고 싶어졌다. 담당 경찰서 수사진에게 요청해 사건 기록을 검토하던 검시관은 아기의 검안 당시 사진들을 보면서 아기의 꼭 쥔 손 틈으로 보이는 무언가를 발견했다. 세탁소에서 옷을 포장할 때 사용하는 얇은 비닐 봉투 조각이었다. 그 조각이 아기의 움켜쥔 손 안에 있는 이유가 뭘까? 그 순간 검시관은 가슴이 철렁 내려앉았다. 사인이 '영아 급사 증후군'이 아니라 누군가 아기의 머리에 비닐을 씌워 숨을 못 쉬게 해 사망한 '비구 폐색 질식사'일 가능성이 있었던 것이다. 검시관의 문제 제기는 즉각 재수사로 이어졌고, 다행히 보관된 증거물 더미에 남아 있던 비닐에서 살인자의 DNA를 검출할 수 있었다. 범인은 보모였다.

우울 증상이 있던 보모가 자꾸 울고 보채는 아기 때문에 순간적인 분노를 참지 못하고 저지른 범죄였다. 말 못 하는 아기는 보모에 의해 자신이 억울한 죽음을 당했다는 사실을 그 비닐 조각으로 말하고 싶었던 것이었다. 그런데 의사도 경찰관도 한 맺힌 아기의 시신이 소리쳐 말하는 사실을 제대로 듣지 못했던 것이다.

검시 제도의 역사

검시는 언제부터 시작되었을까? 법과학이 세분화되기 전 법 집행에 관련된 과학은 죽음의 의문을 푸는 것이 주목적이었다. 사람이 사망했을 경우, 병을 앓다 의사의 입회하에 사망한 명백한 병사거나 타살임이 분명한 경우에는 큰 문제가 되지 않았지만, 그렇지 않은 경우 죽음의 원인과 방법, 시기 등을 밝히는 것은 매우 중요한 국가적 과제다.

영국에서는 1066년 정복왕 윌리엄의 침략과 지배를 받은 직후부터 '죽음을 조사하고 결정하는' 검시관(coroner)이 도입되었고, 1194년에는 '순회재판소법(Articles of Eyre)' 제20조에 의해 법제화되면서 공식 제도로 자리 잡았다. 이후 미국, 캐나다, 호주, 뉴질랜드, 홍콩 등 세계 여러 나라에 도입된 검시관 제도는 수사를 행하는 경찰, 기소를 행하는 검찰과 분리된 '독립 기관'으로 오직 '죽음'에 얽힌 사안만 조사하고 결정하는 역할을 수행하고 있다. 이후 미국의 일부 주는 '법의관(medical examiner)' 제도를 도입하면서 법의학 전문의가 사법권을 가지는 '사망 사건 수사 체제'가 발달했다.

미국 드라마 《CSI》의 원조 격이고, 올드팬이라면 기억할 1970~1980년

대 미국 드라마《법의관 퀸시(Quincy M.E.)》가 검시관의 활약상을 잘 보여주고 있다. 일본이나 우리나라 등 일부 국가의 경우 병리학을 전공한 전문의가 타살 혐의가 있는 시신을 해부하는 '부검 제도'는 있지만, 죽음에 대해 조사하는 '검시 제도' 자체가 없어 수사의 주체인 검사(우리나라)나 경찰(일본)이 사망의 원인과 부검 여부 등을 결정하기 때문에 그 타당성에 대한 의문이 지속적으로 제기되고 있다. 일반적으로 외국의 검시관이 권한으로 가지고 수행하는 업무는 다음과 같다.

- 사망 사건 수사
- 사망 원인 결정
- 사망확인서 발급
- 사망 기록 유지, 보존
- 대형 재난이나 사고 시 사망자 수습, 처리
- 신원 불상 사망자의 신원 확인

즉 검시관의 주 임무는 사망한 사람이 누구며, 언제, 어디서, 어떻게 사망했는가를 밝히는 것이다. 검시관의 조사를 통해 그 죽음이 '갑작스럽거나, 원인을 알 수 없거나, 자연스럽지 않거나, 폭력에 의한 것이라고 의심될 경우' 부검을 의뢰하거나 '사망 사건 수사(inquest)'를 실시한다. 검시관의 역할이 주로 죽음을 둘러싼 조사와 수사, 행정 처리, 책임 등이다 보니 미국의 일부 주를 제외하고는 '의사의 자격'을 요구하지 않는다. 다만 검시관 조직 내에 병리학이나 법의학 등 관련 전공 의사를 조력자로 두고 있다.

이렇듯 '죽음에 관한 사항을 전담하는' 기관이 있을 경우, 가족이 합심해 병든 노인을 살해하고는 병사나 자살로 위장하거나, 길거리에서 발견된 행색이 초라한 사망자를 수사 없이 사고사나 병사로 단정해 처리하는 문제를 최소화할 수 있다. 반면, 일본이나 우리나라의 경우 경찰이나 검찰에 의해 종결 처리되어 부검 한번 못 해본 채 한을 품고 원혼이 되는 억울한 죽음이 더 많이 발생할 수 있는 제도적 결함을 안고 있다.

우리나라의 '경찰검시관' 제도

우리나라는 검시 제도가 없는 허점을 보완하기 위해 경찰청에서 의학이나 보건학 관련 학위와 경력 소지자를 대상으로 특채하는 '검시관' 제도를 운영하고 있다. 범죄 수사에 투입되어 증거를 수집하고 시체의 상태에 대해 의견을 제시하는 것이 그들의 임무다. 그러나 형사소송법은 사법경찰관에 의한 수사만 규정해 놓았기 때문에 사법경찰관이 아닌 검시관은 수사의 주체가 아니며 독자적인 조사 권한이나 증거 수집 자격이 없다. 외국의 '검시관'과는 명백히 다른, 법적으로 '경찰 수사의 보조자'에 불과하다. 검시관의 권리에 대한 법률적 제도적 장치 마련과 검시관의 업무에 맞는 자질 향상을 위한 장기 프로그램을 마련할 필요가 있다. 일본의 경우, 경찰 간부 중에서 소정의 법의학 교육을 이수하면 '경찰 검시관'으로 지정해 운영하고 있다. 우리와 달리 '사법경찰관' 자격이 주어져 수사 및 증거 수집을 스스로 행한다는 장점이 있으나 '경찰관'이라는 신분으로 인해 독립적 객관적일 수 없다는 한계를 안고 있다.

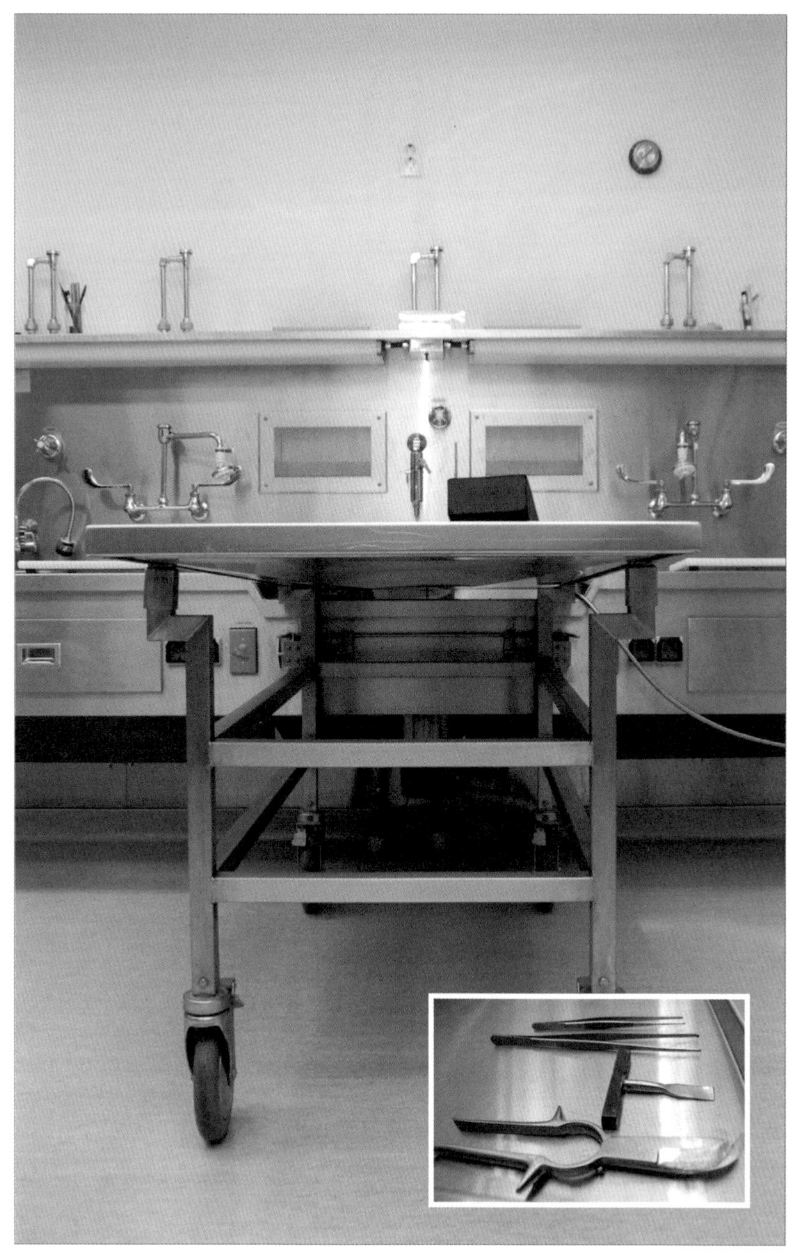

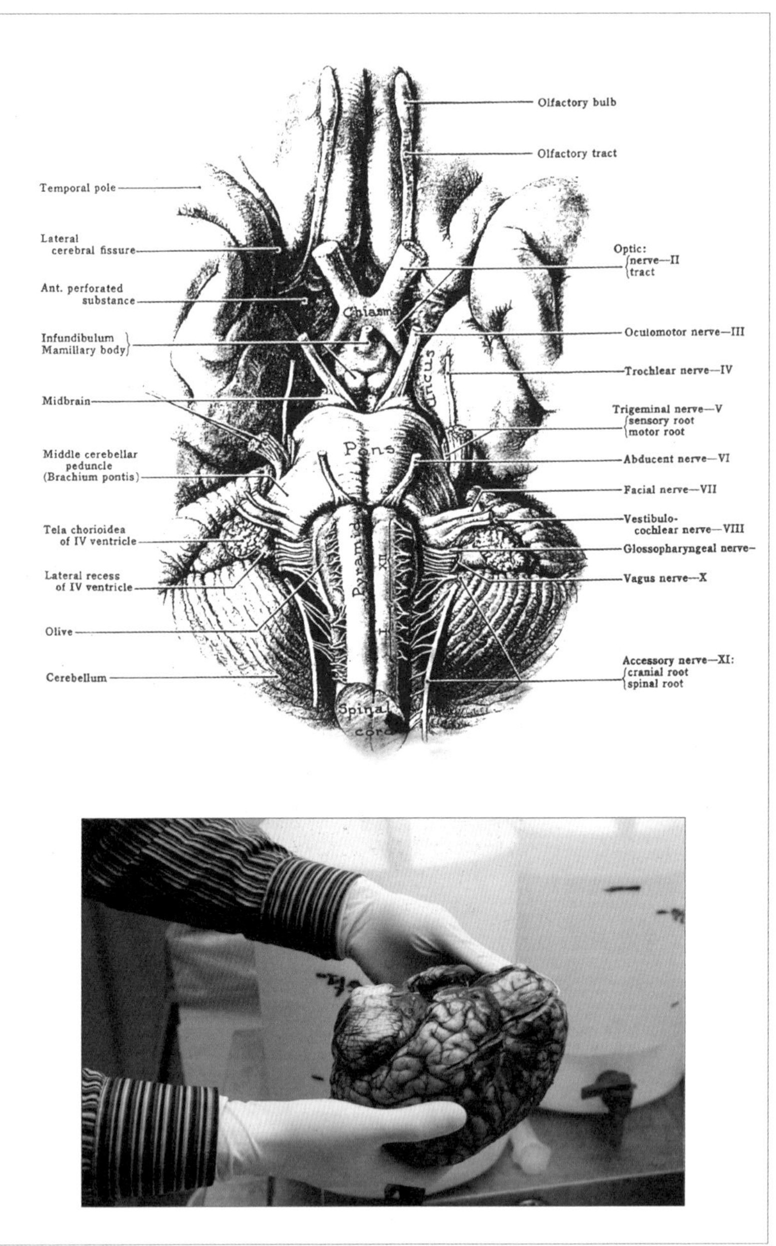
Olfactory bulb
Olfactory tract
Temporal pole
Lateral cerebral fissure
Optic: nerve—II tract
Ant. perforated substance
Chiasm
Oculomotor nerve—III
Infundibulum
Mamillary body
Uncus
Trochlear nerve—IV
Midbrain
Trigeminal nerve—V sensory root motor root
Pons
Middle cerebellar peduncle (Brachium pontis)
Abducent nerve—VI
Facial nerve—VII
Vestibulo-cochlear nerve—VIII
Tela chorioidea of IV ventricle
Glossopharyngeal nerve-
Lateral recess of IV ventricle
Vagus nerve—X
Pyramid
Olive
Accessory nerve—XI: cranial root spinal root
Cerebellum
Spinal cord

죽음을 둘러싼 수수께끼를 풀어라

죽음의 '왜'에 관한 진실

죽음의 원인, '왜'에 관한 판단은 원칙적으로 검시관이 아닌 '부검의'의 고유 권한이다. 병리학 전문의인 부검의들이 해부를 통해 사망의 원인을 밝힌다. 우리나라에서는 국립과학수사연구원 소속 법의관들과 '촉탁 법의관'으로 지정된 몇몇 대학병원 부설 법의학교실 소속 의사들이 부검을 행한다. 하지만 경찰검시관 역시 죽음의 원인을 밝히는 데 매우 중요한 역할을 수행한다. 사건 현장에서 직접 시체를 검사해 '타살 의혹'을 발견함으로써 부검을 의뢰하는 의사 결정을 내리는 데 기여하기 때문이다.

최근 일본에서 억울하고 참혹한 죽음을 당한 한국인 여성을 둘러싼 논란이 사회적 공분을 자아낸 일이 있었다. 2011년 5월 27일, 일본 가나자와 지방재판소는 30대 한국인 여성을 살해하고 그 시체를 토막낸 뒤 유기한 일본인 남성 이누마 세이치(61세)에 대해 '살인의 고의를 인정하기 어렵다'며 상해치사죄를 적용, 징역 9년을 선고했고 일본 검찰은 항소를 포기했다. 살인의 고의를 인정하지 않은 이유로 재판부는 '시체의 머리가 발견되지 않아 사망의 원인을 판단할 수 없다'는 일본 부검의의 소견을 내세웠다. 이게 일본 검시 제도의 현주소다. 낯선 여성을 죽인 뒤 오랜 시간에 걸쳐 그 시신을 토막내 멀리 유기하고 꽁꽁 숨어 지내던 자에게, "시체의 머리를 따로 잘라 버렸으니 당신이 이겼소. 우리는 사망 원인을 밝힐 수 없으니 살인죄를 적용하지 못하겠소"라니.

영국이나 미국, 우리나라에서는 이미 '시신 없는 살인'의 유죄를 인정한 판례도 있다. 1949년 영국에서 염산 탱크에 시신을 넣어 오랜 기간 '완전히 녹여 버린' 존 헤이그가 대표 사례다. 하물며 토막난 시신과 그 시신을 사망케 한 자가 밝혀졌는데 '살인'을 인정 못 한다니. 이 문제는 법의학적인 '사인 판단'의 문제가 아니다. 사인은 이미 외력에 의해 발생한 '외인사'라는 법의학적 판단이 내려졌고 피고인도 이에 동의했다. 그 방법에서도 자살이나 사고가 아니라 피고인이 목을 졸랐다는 자백을 확보했다. 다만 목격자가 없는 상황에서 피고인이 '피해자의 공격을 막기 위해 방어하다가 한손으로는 주먹을 잡고 다른 손으로는 목을 감고 실랑이를 하던 중 사고로 사망했다'고 주장한 일방적인 내용을 인정해 줄 것이냐의 '법적 문제'이자 '상식의 문제'다.

양손에 힘이 분산된 상태에서, 더구나 자신을 공격하는 주먹을 붙잡은 손에 당연히 더 큰 힘이 가해지는 방어적 상황에서, 자기가 더 힘이 약했다고 주장하는 60대 노인이, 기세등등한 30대 여성의 목을 자신도 모르는 사이에 졸라 숨지게 한다? 아주 단순한 인체물리학의 문제다. 더 나아가 판사가 법률 전문가로서 양심과 법에 따라 스스로 판단해야 한다는 직무를 방기한 것이라 하지 않을 수 없다. 항소를 포기한 일본 검찰의 작태 역시 비난받아 마땅하다. 비뚤어진 국수주의적 감정이 개입된 것이 아니라면, 제대로 된 검시 제도를 갖추고 있지 못한 후진적 일본 사법 제도의 현실이라고밖에 볼 수 없다.

2011년 8월 일본 고베에서 열린 세계범죄학대회 회의장에서도 이러한 일본 검시 제도의 문제점에 대한 논쟁이 오갔다. 일본 검시 제도를 소개한 일본경찰과학연구소 소속 부검의에게 '일본 내 의문사 문제'를 연구하는 미국인 교수가 "일본 부검의들이 사인 규명에 너무 소극적이지 않은가? 그 때문에 일본에는 의문사가 많고 진실이 묻히고 있다"라며 비판적 질문을 던지자 "일본에선 부검의가 아무런 권한이 없다. 경찰이 요구하면 그저 의견을 제시할 뿐이다"라고 답변해 실소를 자아냈다. 그 자리에서 맘 편하게 함께 웃을 수 없었던 것은 우리라고 해서 사정이 그리 나은 것 같지 않다는 자괴감 때문이었다.

죽음의 '언제'에 관한 진실

우리나라에도 살인은 있었지만 살인자는 밝혀지지 않은 사건이 있었다. '한국판 오 제이 심슨 사건'으로 일컬어지는 이른바 '치과의사 모녀 살인' 사건이다. 하지만 오 제이 심슨 사건과는 많은 차이가 있다. '명백한 범인임이 증거를 통해 입증되었는데 드림팀 변호인단이 경찰의 사소한 절차적 실수를 찾아내 무죄 평결을 이끈' 것이라고 볼 수 없기 때문이다. 어느 날 아침 치과의사인 엄마와 한 살배기 딸이 욕조 안에서 물에 잠긴 시신으로 발견되었다. 경찰은 피해자들의 남편이자 아버지인 의사에게 혐의를 두고 수사해 입건했지만, 피의자는 혐의를 완강히 부인했다.

결국 법정에서 치열한 공방이 벌어졌고, 핵심은 '언제, 즉 사망 시간'이었다. 남편이 출근한 후에 사망했느냐, 아니면 그 전에 사망했느냐에 따라 범인 여부가 갈리는 것이다. 결국 경찰의 현장 수사에서 발생한 실수로 인하여 '욕조에 담겨 있던 시체의 사후 경과 시간을 알기 위한 체온의 하강에 관한 자료가 부족'해 이 사건에서 죽음의 '언제'에 관한 진실이 밝혀지지 않았다. 특히 피고인인 남편에게 결정적으로 유리한 증거가 있었다. 이미 피고인이 출근해 한창 환자 진료를 하던 순간에 피해자의 집에서 연기가 났고, 이를 발견한 경비원이 119에 신고하면서 사건이 밝혀진 것이다.

화재는 누전이나 전열기 과열 등이 아닌 '방화'로 밝혀졌다. 살인과 방화가 전혀 다른 사람에 의해 각기 다른 시간에 저질러졌다는 걸 입증하지 못한다면, 방화는 살인과 연관되어 있다고 봐야 할 것이다. 한 사람이 동시에 두 장소에 있을 수 없다는 명확한 자연 법칙을 이길 방법이 있을까?

경찰과 검찰은 '지연 화재'라는 논리를 제시했다. 즉 의사로서 전문적인 화학 지식을 갖추고 있는 피고인이 '살해 후 증거 인멸을 위해 방화를 하고는 특수한 방법을 사용해 한 시간 이상 불의 확산을 지연시킴으로써 자신이 출근한 이후에 연기와 화염이 발생하면서 외부에 알려지게 했다'는 것이다. 경찰과 검찰은 이를 입증하기 위해 국내 최고의 화재 관련 전문가들을 동원해 사건 현장과 유사한 조건을 갖춘 실험 장소를 구축하고 물을 포함한 다양한 화재 지연 물질을 사용해 재연 실험을 했지만, 결국 한 시간 이상 화염 확산을 지연시킬 수 있다는 것을 입증하지 못했다.

당시에 경찰검시관 제도가 있었다면, 이 '언제'에 대한 숙제를 풀 열쇠들을 충분히 확보하고, 처음부터 수사 대상을 넓혀 차분하게 수사를 진행하거나 용의자의 알리바이를 무너뜨릴 수 있지 않았을까 하는 아쉬움이 남는다. '언제'에 관한 것은 이 죽음이 어느 시점에 시작되어 어느 시점에 종결되었는가에 대한 질문이다. 그것은 죽음에 이르게 한 공격 등을 포함하는 행위가 언제 이루어졌는가를 찾아내며, 그것을 밝히는 과정에서 죽은 자를 만난 사람이 누구인가를 알게 된다. 결국 '왜'와 '언제'를 아는 일은 '누구'를 알아내는 기초가 된다.

죽음의 '어떻게'에 관한 진실

오랜 세월 우리 국민들이 가슴 아파한, 속칭 '개구리 소년 사건'은 무엇보다 소년들이 '어떻게' 사망했는가가 논란의 중심이었다. 실종된 지 11년 6개월이 지난 2002년 9월, 백골화돼 뼈만 남은 시신으로 발견된 다섯 어린이가 '어떻게 사망했는가'를 놓고 수사를 담당한 경찰과 유골을 조사한 법의학자 사이에 논쟁이 벌어진 것이다.

경찰은 산에서 길을 잃은 아이들이 헤매다 지친 채 웅크려 자다가 체온이 떨어져 사망한 '저체온사'라고 주장했지만, 현장을 발굴하고 어린이들의 유골과 주변 상황을 조사한 법의학자들의 견해는 달랐다. 누군가에 의해 살해당한 '타살'이라는 것이었다. 특히 발견된 어린이들의 두개골에 공통적으로 선 형태의 골절 손상이 있었다. 이에 대하여 법의학자들은 유골의 깨진 단면과 부식, 이끼가 낀 정도와 상태 등을 볼 때 사망 당시 흉기에 의해 생겼을 가능성이 높다는 의견을 제시한 반면, 경찰은 이미 백골화가 이루어진 후 시신 발견을 위한 수색이나 경작 활동 혹은 시체 발굴 단계에서 기구나 도구류에 의해 생긴 손상이므로 사인과 무관하다고 주장했다.

당시 법의학팀에서 분석을 의뢰한 저명한 미국인 법인류학자의 의견은 '둔기에 의한 정형 손상'이었다. 하지만 경찰에서는 '주변 산을 오가며 풀뿌리를 캐는 사람들이 사용한 다소 무거운 호미 종류의 도구에 의한 사후 손상'이라는 주장을 굽히지 않았다. 2011년 영화로도 제작된 이 사건은 여전히 '어떻게 사망했는가'에 대한 논쟁에서 단 한 걸음도 나아가지 못한 채 '누가'라는 숙제는 풀 엄두도 내지 못하고 있다.

검시관의 현장 조사 활동

사인에 대한 1차 추정

'사인'이란 사람이 죽음에 이른 원인을 말한다. 사망의 종류는 크게 내인사와 외인사로 구분된다. 외인사는 외부의 힘에 의해 사람이 사망에 이른 경우를 의미하는데 스스로 사망에 이를 정도의 가해를 하는 자살도 외인사의 일종이다.

법률적으로 타인의 행위가 원인이 되어 사망하는 경우를 타살이라고 하는데, 타살은 법의학적으로 가장 문제가 되는 외인사에 해당한다. 법적으로는 살인, 과실 치사 등으로 구분하지만 과학에서는 고의 여부에 상관없이 타인의 행위에 의한 모든 죽음을 타살로 분류하는 특징이 있다. 고의인지 과실인지 여부는 의학적 판단이 아닌 법률적 판단의 문제인 것이다.

사고사는 스스로 죽을 의사가 없는 경우와 타인의 어떠한 영향력도 개입되지 않은 경우를 의미하는 죽음이다. 천재지변이나 산업 재해, 수영 중 익사 같은 것들을 그 예로 들 수 있다. 따라서 이를 '재해사'라고 부르기도 한다. 외부 요인에 의해 사망했으나 누구에 의해 어떻게 작용했는지 모를 경우를 '불상(undetermined)'이라고 하며, 내인사인지 외인사인지조차 구별할 수 없는 경우를 '불명(unknown)'이라고 한다. 내인사는 내적 원인에 의한 사망을 의미하는데, 내적 원인은 대부분 질병에 기인하기 때문에 질병사 또는 자연사라고도 한다.

관상동맥 질환이나 심근염 등의 심혈관계 질환, 뇌혈관 질환이나 간질 등의 중추신경계 질환, 폐렴, 폐색전증 등의 호흡기계 질환과 복막염, 급성 간 질환 및 소화기계 질환 등이 대표적인 내인사의 요인이 된다. 내인사의 경우 외표적으로 드러나는 직접적인 사인을 알 수 있는 경우가 드물기 때문에 대부분 부검을 요하며, 특히 내인과 외부 요인이 복합적으로 발생했거나 범죄에 기인할 가능성이 있는 경우에는 부검을 통해 정확한 원인을 밝혀야 하는 대상이 된다. 검시관은 사건 현장에서 시체와 주변 상황을 면밀히 조사한 뒤, 1차로 사인을 '추정'해 부검의 필요성과 수사 방향에 대한 의견을 제시한다.

사망의 징후

사람이 죽었을 때 시체에서 볼 수 있는 대표적인 현상 세 가지는 시체 얼룩, 시체 경직, 체온 하강이다.

시체 얼룩은 시반이라고도 한다. 사망 후 한두 시간 후부터 바로 관찰할 수 있는데 사망과 함께 심장의 기능이 멈추면 혈관을 따라 이동하던 적혈구도 중력의 원칙을 따른다. 그래서 아래로 침하하게 되는데 이때 붉은색 무늬로 보이는 것이 시반 또는 시체 얼룩이다. 몸에 압력을 가하는 옷, 이를테면 여성의 브래지어나 스타킹 같은 것을 착용했을 경우 시반이 형성되지 않을 수도 있기 때문에 주의해서 관찰해야 한다. 또한 시반은 익사나 저체온사 또는 연탄가스 같은 일산화탄소에 중독되어 사망할 경우에는 선홍색을 보이는 등 사망의 원인에 따라 다른 색깔을 띠기도 한다.

시체 얼룩은 형성된 지 열 시간 이상 경과하면 세포를 완전히 염색하여 침윤성 시반을 만들어 낸다. 하지만 네댓 시간 이전에 자세를 바꾸면 먼저 생겼던 곳에서는 소멸하고 새로이 시반이 형성된다. 따라서 침윤성

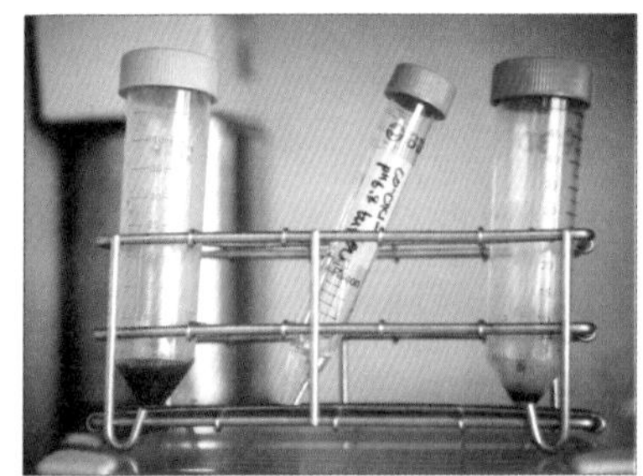

시반이 형성된 후 자세를 바꾸면 다른 곳에서도 남아 있는 혈액에 의해 다시 시반이 형성되는 양측성 시반을 관찰할 수 있다. 이를 통해 몇 시간 정도 지나서 시체의 자세를 바꾼 것인지 추측할 수 있기 때문에 시체의 이동 여부 등을 판단하는 좋은 근거가 된다.

시체 경직은 사망 직후 일시적으로 모든 근육이 이완되었다가 일정한 시간이 지나서 각 관절과 근육이 순차적으로 경직되는 현상을 의미한다. 이러한 시체 경직은 다시 일정한 시간이 지난 후에 각 관절에서 순차적으로 풀리기 때문에 어떤 관절에 경직이 남아 있느냐에 따라 사후 경과 시간을 추정하는 근거가 된다. 하지만 시체가 가진 근육의 양, 성별, 연령, 질병 여부, 사인, 날씨나 착의 상태 같은 주변 인자 등에 따라 다양한 양상으로 나타나기 때문에 신중한 판단을 요구한다.

인체는 평균 37도의 체온을 유지하다가 사망에 이르면 주변의 온도로 체온이 이동한다. 이 역시 개인차와 환경 요인이 상당히 큰 변수로 작용하기 때문에 정확한 사후 경과 시간을 추정하는 것은 다른 근거들과 함께 종합적으로 판단해야 한다. 어린이나 노약자는 청장년보다 빨리 하강하며 경우에 따라 다르겠지만 남자가 여자보다 빨리 하강할 수도 있다. 또한 착의 상태에 따라서도 달라진다. 전문 검시관의 체계적 훈련과 경험이 중요한 이유다.

생활 반응

끔찍한 교통 사고가 발생했다. 아내를 태우고 남편이 운전하다가 일어난 사고로 아내는 사망하고 남편은 찰과상을 입었다. 대낮에 음주도 하지 않은 성인 남자 운전자가 도로 모퉁이에 있는 커다란 표지석에 차량을 부딪친 것이다. 흔하지 않은 일이다. 하지만 불가능한 일도 아니다. 얼마든지 우연한 사고가 될 수 있다. 그런데 남편은 가벼운 찰과상만 입고 차량도 크게 파손되지 않았는데 아내는 그 자리에서 사망한 점이 눈에 띄었다. 경험이 풍부하고 통찰력이 뛰어난 형사는 즉각적으로 부검이 필요하다는 판단을 했다. 수사관의 '의심'과 '추정'이 법의학에 숙제를 던진 것이다.

경북대 채종민 교수가 부검을 맡았다. 채 교수는 일명 개구리 소년 사건으로 알려진 대구 성서초등학교 어린이 실종 사건을 지휘한 국내 최고의 법의학 전문가다. 그의 눈에 피해자의 발목에 있는 상처가 보였다. 그 상처는 다름 아닌 차의 브레이크 페달 무늬가 그대로 찍혀 남은 정형 손상. 그랬다, 애초에 남편은 운전을 하지 않았다. 아니, 차에 타지도 않았다. 운전자는 바로 아내였다. 발목에 형성된 정형 손상은 사고 당시 브레이크 페달과 부딪혔음을 의미하고, 그 상처에 가피가 전혀 형성되지 않았다는 것은 사고 당시 이미 그녀는 죽어 있었다는 사실을 뒷받침했다. 이미 사망한 아내를 운전대에 앉힌 뒤 차를 밀어 표지석에 충돌시킴으로써 사고를 위장한 것이다. 이를 의심하지 않았다면 그녀가 목이 졸려 사망했다는 것을 밝혀 낼 기회조차도 없었을 것이다.

상처의 가피는 일종의 생활 반응이다. 사람이 생명 활동을 하는 동안 개방성 손상을 입으면 출혈의 응고가 이어지고 흔히 '딱지'라고 부르는 가피를 형성한다. 하지만 시체는 그러한 생활 반응을 보일 수 없다. 경찰과학수사 요원이나 검시관은 현장에서 시체의 몸에 남겨진 상처 중에 생활 반응이 있는 것과 없는 것을 차분하고 철저하게 조사하고 발견해야 한다.

한국 최고의 CSI: 경찰검시관

"죽은 자는 많은 이야기를 하고 있다!" 이현정 검시관

생명공학을 전공한 그녀는 기업체 연구소와 병원 연구소에서 안정되고 여유로운 연구원 생활을 하고 있었다. 하지만 어릴 적부터 꿈꾸던 과학수사에 대한 막연한 동경이 자꾸 마음을 들썩였다. 결국 모집 공고를 보고 과감히 도전해 국립과학수사연구원 유전자감식센터의 연구원으로 채용된다. 범죄와의 인연이 시작된 것이다. 그런데 자신이 있어야 할 곳은 연구실이 아니라 현장이라는 생각이 떠나지 않았고, 마침 경찰에서 검시관을 모집한다는 소식을 접하고는 과감히 안정된 자리를 박차고 나와 자신을 현장에 내던졌다. 이현정 검시관이 국립과학수사연구원의 유전자감식센터 연구원보다는 현장에 있고 싶어서 경찰검시관으로 간다고 했을 때 모두 말렸다고 한다. 상관인 한면수 박사도 "연구하는 사람은 연구하는 곳에 있어야 한다"며 만류했다고 한다.

이미 6년째, 현장의 시신만 보고 만지고 다루며 보내 온 시간들. 그녀는 현재 자신의 선택에 만족하고 있을까?

간단히 자기 소개를 한다면?

서울지방경찰청 형사과 과학수사계에서 근무하는 검시관이다. 어리바리 정신없이 울고, 웃고, 화내면서 검시관으로 생활한 지도 벌써 6년째다. 난 생명공학을 전공했고, 지금까지 살면서 중고생 전문 과외 교사도 해보고, 병원이랑 기업체 연구소 연구원 생활도 해보고, 국립과학수사연구원 유전자감식센터에서 연구원 생활도 해봤다. 10년간 여러 직장을 다녀 봤지만 가장 수입이 좋은 직업은 과외 교사다. 그러나 수입이 좋은 과외 교사보단 사회에 작게나마 보탬이 되는 일을 하며 보람을 느끼는 검시관이란 직업이 가장 마음에 든다. 그런데 여자 검시관은 결혼하기 어렵더라. 그래서 본의 아니게 까칠한 독신으로 살아가고 있다.(웃음)

검시관이란 직종과 업무에 대해 설명한다면?

검시관은 각 지방청 형사과 또는 수사과 과학수사계 소속의 일반 공무원이다. 직렬은 보건 직렬과 의료 기술 직렬로 나뉜다. 보건 직렬의 경우는 연구원 출신이나 간호사 출신이 해당되며, 의료 기술 직렬은 임상병리사 출신이 해당된다. 검시관은 모두 특별 채용하므로 각 해당 분야에서 경력이 필요하고 9급과 7급으로 채용한다. 9급의 경우는 간호사와 임상병리사가 해당되며, 7급의 경우는 이공학 또는 의학 석박사 중 3년 이상의 경력자가 해당된다. 검시관은 일반 공무원과 달리 교대 근무 형태로 근무한다. 24시간 당직을 해야 하므로 5일제 근무는 불가능하다. 불면증이나 소화 불량, 변비 등으로 고생하기도 한다. 검시관은 경찰이 아닌 일반 공무원인 관계로 절대로 현장에 단독 임장(臨場)할 수 없다. 항상 사건 담당 형사 또는 과학수사 요원과 동행해야 한다.

각 지방청 소속의 검시관 업무를 간단히 소개하자면, 원인이 명확하지 않은 사망 사건, 즉 변사 사건이 발생하면 관할 경찰서 사건 담당 형사가 검시 의뢰를 요청한다. 그러면 당직 검시관이 현장에 출동하여 검시한 후 현장에서 담당 형사에게 사인에 대한 의견을 제시하고 필요한 경우 부검을 권한다. 물론 부검 결정은 검사가 할 뿐 검시관은 권한이 전혀 없다.

사무실에 돌아오면 검시결과서를 작성해서 결재를 받은 후 해당 경찰서에 통보한다. 부검을 할 경우 국과수나 지역 법의관 사무소에 가서 담당 부검의에게 현장 상황과 외표 검시 내용을 알리고 부검을 참관한다. 참관이 끝나면 사무실로 돌아와 부검 가결과서를 작성하여 보고한 후 기록물(사진, 검시결과서, 부검 가결과서, 현장보고서 등)을 CD에 저장해 15년간 보관한다. 이것이 검시관의 주 업무이고 이외에 부서의 행정 업무도 한다.

험하고 어려워 보이는 검시관을 지망한 동기는?

국과수 근무 당시 사건 현장에 대해 호기심과 답답함을 느끼던 차에 2005년 7월 어느 날 경찰청에서 검시관을 특채한다는 계획서를 보고 '이 길이 내 길이다' 싶어 응시했다. 당시 소장님을 비롯한 국과수 모든 분들에게 "여자가 험한 현장에서 거친 형사들 상대하며 어떻게 버티려 하느냐" 또는 "경찰 보조나 하려고 거기 가느냐", "결혼하긴 다 틀렸다", "여자가 드세다" 등 악담만 잔뜩 들었다. 주변 반응이 너무 심각해서 나름 고민을 해봤지만 그런 말들을 모두 뒤로하고 응시해서 당당히 합격하고 교육받고 지금까지 잘 지내고 있다. 그런데 그 악담들 중에 딱 맞는 것도 있다. 결혼이다. 남자들이 많이 무서워한다. 그럴 때마다 이렇게 말한다. "전 사람을 해치지 않습니다"라고.(웃음)

일선 경찰관, 과학수사 요원, 법의관 사이에 끼어서 어려움이 많을 듯한데 주로 어떤 어려움이 있고 어떻게 극복해 왔는가?

나와 함께 채용된 검시관들이 벌써 6년째 활동하지만 아직도 일선 경찰관들은 검시관의 존재에 대해 잘 모르고 있다. 베테랑 형사 중에는 오랜 경험을 통해 습득한 것을 바탕으로 사인을 판단하고 애매모호할 경우 부검을 의뢰하면 되니까 검시관은 귀찮은 존재라고 생각하는 분들도 있다. 근본적으로 검시관이 작성하는 검시결과서는 의사들이 작성하는 사망진단서나 시체검안서와 달리 법적 효력이 없다는 한계가 있다. 하지만 애매모호한 변사가 발생했을 경우 검시관들이 빠른 시간 안에 사인에 관한 유용한 의견을 제시해 주면 수사에 큰 도움이 되고, 그런 경험을 한 형사들은 다시 검시관을 찾는다.

과학수사 요원과 검시관은 동반자 관계라서 별 문제 없는데, 법의관과의 관계는 아직까지 애매모호하다. 검시관이 임장했던 사건에서 파악한 현장 상황과 외표 검시 내용을 법의관에게 전달해 주는데, 다는 아니지만 일부 법의관들은 검시관의 얘기를 들으려 하지 않는다. 이럴 때마다 씁쓸하다. 그 일부 법의관은 검시관이 자신의 영역을 침범한다고 인식하는 듯하다. 검시관의 활동으로 부검이 줄었다는 오해를 하는 분들도 있다. 검시관은 외표 검시를 통해 사인에 대한 1차 추정 의견을 담당 형사에게 전달할 뿐, 부검 의뢰 결정 등 모든 상황 판단은 형사들이 하는데 말이다. 검시관과 법의관은 동반자라 생각하지만 아직까지 어려운 부분이 있다.

검시관으로서 접한 첫 사건은?

검시관 채용 시험에 합격한 뒤 6개월간의 부검 교육을 마치고 설레는 마음으로 첫 출근한 그날 오후 바로 첫 검시 대상 사건이 발생했다. 2006년 6월 19일 오후 2시 송파 소재 공원 주차장에서 살인 사건이 발생한 거다. 주차장에 주차된 모범택시 뒷좌석에서 변사자가 발견되었는데, 이제 와서 얘기하는 거지만, 6개월간 부검 교육을 받을 때 옷 입은 시체는 본 적이 없어서 상당히 어색했다. 그리고 살인 사건 현장에 그리 많은 인원이 그렇게 오랜 시간 상주하며 일할 거라고는 상상도 못 했다.

강력계장과 과학수사계장이 '검시관이 가장 먼저 변사자 상태를 봐야 한다'며 검시를 지시했는데 무척이나 떨리더라. 부담감과 책임감이 밀려들었다. 변사자는 얼굴에 울혈과 일혈점이 강하게 보였고 목 부위에 삭흔이 교차된 형태로 건조되어 있었다. 전신에 이미 경직이 왔고 의자에 휴대전화 충전기가 놓여 있었다. 명백해 보이는 타살, 줄로 목을 졸라 살해한 교사였다.

현장팀 감식이 끝난 뒤 병원 영안실에서 탈의하고 검시를 하는데 그곳 역시 많은 사람이 각자의 일을 하며 북적였다. 땀을 삐질삐질 흘리면서 머리부터 발끝까지 배운 대로 천천히 검시를 진행했다. 검시를 하면서 변사자에게 속으로 계속 말했다. '아저씨 누가 이랬어요? 제가 꼭 범인을 잡도록 도와 드릴 테니 노여워 마세요'라고. 눈꺼풀을 핀셋으로 조심스럽게 뒤집어보니 안검 결막과 안구에 일혈점이 형성되어 있고 얼굴 피부에도 많은 일혈점이 형성되어 있었다. 인중과 아래턱에 조흔으로 보이는 상처도 있었고 구강 점막과 잇몸에도 일혈점이 보였다. 모두 경부 압박 질식사에서 보이는 소견이었다. 목에 형성된 삭흔도 길이와 두께를 재고 사진을 찍었다. 목 앞부분엔 교차 형태의 삭흔이 선명했지만 뒷부분엔 삭흔이 희미했다. 변사자가 깃 있는 골프 티셔츠를 입은 관계로 목 뒤쪽에 옷깃이 세워진 상태에서 끈을 조이니 삭흔이 미약할 수밖에 없었던 거다. 몸통엔 외상이 전혀 없고 암적색 고정 시반이 등과 허리 뒤쪽에 형성되었다.

외표 검시를 마치고 조용히 일어나 많은 이들 앞에서 검시 결과를 말하려 하는데 수많은 눈이 나만 쳐다보고 있었다. 그 순간 '난 앞으로 이렇게 살아야 하는

구나'라는 생각이 들었다. 외표 검시 상황을 알리자 바로 들어오는 질문이 사망 시간을 추정해 달라는 것이었다. 공부한 대로 시반 상태와 경직을 고려해 사후 경과 시간을 12시간 이상으로 추정했다. 다음 날 부검 참관하러 국과수에 가서 법의관에게 현장 상황과 외표 상황을 전하고 부검실에 들어갔다. 마치 시험 보는 수험생이 된 심정이었다. '내 판단이 틀리면 어쩌나' 하는 초조함으로 심장이 쿵쾅거렸다. 다행히 법의관은 사인이 경부 압박 질식사로 판단된다며 나와 같은 결론을 내렸다.

발 빠른 형사들이 이리 뛰고 저리 뛰고 수사한 결과, 변사자는 사망 전날 저녁부터 고스톱을 치고 돈을 많이 딴 후 귀가하려고 공원에 주차된 자신의 모범택시에 탑승하려다 뒤따라온 두 남자(함께 고스톱을 치다 돈을 많이 잃은 일행)에 의해 뒷좌석에서 휴대전화 충전기로 교살당했다는 사건 전말이 밝혀졌다. 특히 내가 판단했던 사망 추정 시간과 범행 시간이 맞아떨어져 정말 다행이라고 생각했다. 그렇게 첫 신고식이 무사히 잘 끝났다.

그동안 가장 기억에 남는 사건이 있다면?

그동안 검시한 수많은 사건 중에 아직까지 미제로 남은 사건이 있다. 여러 차례 방송에서 보도한 사건이다. 2006년 7월 11일 화요일 오전 2시, 영등포 양화대교 방향 노들길 수로에서 나체 상태의 20대 여자가 사망한 채 발견되었다. 현장에서 변사자를 본 순간 그 참혹한 모습에 기가 막혔다. 수로는 유기 장소일 뿐 범행 장소는 알 수가 없었다.

변사자의 긴 머리는 샴푸 향을 내며 가지런하게 바닥에 놓여 있었고 체모를 자른 흔적이 발견되었다. 여기저기 출혈도 있고 성폭행 흔적도 있었다. 변사자는 얼굴에 울혈과 부종이 있었고 얼굴 피부, 안검 결막, 구강 점막에 일혈점이 형성되어 있었다. 목 부위에 전깃줄같이 표면이 매끄러운 소재로 목을 조른 흔적이 발견되었는데, 삭흔은 갑상연골 부위에 교차 형태로 선명했다. 입과 양 손목에는 천면 테이프로 결박된 흔적이 남아 있었고 양 손등에도 멍과 피부가 벗겨진 상처가 있었다. 시체는 경직되었고 시반은 유동적이었다. 부검 결과 위 내용물은 액상이고 설골과 갑상연골이 부러졌으며 사인은 경부 압박 질식사였다.

수사 결과 변사자는 시신으로 발견되기 이틀 전 밤(일요일 밤) 신촌의 한 대학 주변에서 친구들과 술 마시고 놀다가 당산동 한강공원으로 이동한 후 만취한 자신을 걱정하는 친구를 따돌리고 혼자 걸어가다 봉변을 당한 것으로 추정되었다. 당산동 주택가 화단에서 변사자의 유류품이 발견되면서 손등의 상처나 손톱에 낀 흙의 의문점이 해결되었고, 변사자의 몸에서 타액을 채취해 DNA를 감정한 결과 남성의 DNA가 나왔음에도 불구하고 아직까지 범인은 잡히지 않았다.

지금도 범인이 피해자에게 한 짓을 상상해 보면 '피해자가 얼마나 무서웠을까' 하는 생각에 가슴이 아프다. 피해자에게 '누가 그랬니? 내가 잡아 줄게'라고 아무리 외쳐 봐도 시신은 아무 말이 없었다. 피해자의 고향에서 올라온 아버지가 딸의 신원을 확인하는 과정에서 처음에는 사실을 인정하지 않으려 애쓰시다가 결국 오열하며 무너지는 모습을 보고 그곳에 있던 모든 이들이 눈물을 흘렸던 기억이 생생하다. 이 사건은 나를 비롯한 많은 수사 인력이 모든 노력과 정성을 다해 매달렸지만 아직도 해결되지 않은 채 미제 사건으로 남아 있다. 7월만 되면 이 사건 때문에 가슴이 답답해진다. 해결될 때까지 평생 앓을 '7월병'이다. 정말 범인을 잡고 싶다.

자신의 검시로 인해 사건 해결에 결정적인 도움이 되었거나 치명적인 수사 실패를 막은 경험이 있다면?

2010년 6월 19일 토요일 오후 중구 신당동에서 변사 사건이 발생했는데, 좀 이상하다며 관할 경찰서 과학수사 요원이 검시 의뢰 요청을 했다. 이 사건은 당일 오전에 이미 관할 경찰서 형사당직팀에서 '타살 혐의 없다'며 '내사 종결' 처리한 사건이었다. 그런데 병원 영안실 냉동고에 있던 변사자를 본 순간 명백한 타살이라는 판단이 들더라. 도대체 단순 변사 처리한 상황이 이해되지 않았다. 변사자는 병약한 70대 할머니였고 상주하는 간병인과 함께 생활하다 당일 아침에 사망했다. 간병인과 유가족(60대 조카딸뿐 아무도 없었다) 진술에 의하면 할머니는 치매와 고혈압, 당뇨 등으로 외출도 안 하고 집에서만 생활했으며, 몸에 있는 멍은 간병인이 목욕시킬 때 실랑이하면서(목욕 중 할머니가 밖으로 도망갔다) 생긴 거라고 했다.

검시 결과 둥근 형태의 멍이 든 흉부와 좌측 늑골이 모두 골절되어 푹 꺼졌고 양손과 양팔에는 동일한 위치에 멍이 여러 개 보였다. 24시간 함께 생활한 간병인이 유력한 용의자로 보였다. 검시 결과를 과학수사 요원에게 전하자 오전 현장에 임장한 과학수사 요원이 얼굴이 하얗게 변하면서 자책하더니 안절부절못했다.

그 후 연락을 받은 관할 경찰서 형사들이 와서 '타살'이라는 검시 결과를 듣더니 하는 말이 "왜 자꾸 타살로 몰고 갑니까? 노인네가 이리저리 부딪혀서 멍도 들고 뼈도 약하니 부러질 수도 있지…" 하면서 검시 결과를 책임질 수 있느냐고 오히려 나에게 큰소리를 쳤다. 한마디로 기가 막혔다. 내가 조용히 물었다. "수사를 안 하려는 의도가 무엇이고 간병인을 왜 그리 감싸는가?" 그러자 죽일 의도는 없었으나 어찌하다 그럴 수도 있지 않았겠느냐고 변명을 하더라. 그러고는 그 자리에 있던 과학수사 요원들에게 "쓸데없이 검시관은 왜 부르냐"면서 야단을 쳤다. 맘 같아서는 얼굴에 주먹 한방 날리고 싶었지만 뒷감당할 자신이 없어 참았다. 대신에 "당장 부검 의뢰하고 수사 제대로 안 하시면 청장님한테 내가 직접 이야기할 거예요"라고 응수했다. 마음속으로 '할머니의 억울함을 꼭 밝혀 드리겠다'고 다짐하면서 말이다.

결국 해당 경찰서에서 고집을 꺾고 부검을 의뢰했다. 부검 결과는 '흉부와 양늑골이 모두 골절되어 주저앉으면서 심폐 기능이 무력화되어 사망'했다고 나왔다. 전형적인 외인사, 그것도 타살이라는 결론이었다. 결국 강력팀에서 천안으로 가 버린 간병인을 다시 호출해 추궁한 끝에 자백을 받았다. 간병인은 "우울증이 있는데 할머니가 하도 말을 안 듣고 귀찮게 하니까 짜증나고 미워서 때리고 발로 밟고 성모 마리아 상으로 가슴을 내려쳤다"고 범행 일체를 털어놓았다. 그러고 나선 "감정에 못 이겨 폭행을 했지만 돌아가실 줄은 몰랐다"며 울먹이더라. 결국 간병인은 유죄 판결을 받고 형을 살았다. 할머니의 영혼이 홀가분하게 떠나셨을 것 같다.

검시관을 꿈꾸는 청소년들에게 해 주고 싶은 말이 있다면?

많은 사람들이 책이나 방송 드라마에서 멋지게 나오는 검시관의 모습을 보고 단순한 호기심으로 관심을 나타내는 것 같다. 내가 대학생이나 일반인을 상대로 강의할 때마다 그들에게 던지는 질문이 있다. '검시관이 되고 싶으냐'고. 강의가 끝난 후 그들의 답은 한결같다. "강사님이 멋지고 대단해 보이기는 한데요, 검시관은 되고 싶지 않아요." 이럴 때마다 씁쓸하다. 포장된 겉모습은 가지고 싶지만, 피비린내 속에서 구더기 더미와 어울려 일하는 그 '현실'은 싫다는 것 같아서 말이다. "청소년들이여, 드라마는 드라마일 뿐 착각하지 마세요. 실제 현장은 상상 이상으로 끔찍하답니다." 그 끔찍함을 매일의 일상으로 받아들일 준비가 된 분만 '검시관'의 세계로 통하는 문을 두드리기 바란다. 그럼 두 팔 벌려 환영할 테니.

CSI를 탄생시킨 과학수사 실패 사례 4

치과의사 모녀 살인 사건

아파트에서 피어오른 의문의 연기

1995년 6월 12일 오전 8시 30분경, 서울 불광동의 복도식 아파트 경비원 조씨는 5동 7층에서 연기가 나자 인터폰으로 710호를 호출했다. “사모님, 그쪽에서 연기가 나는데 혹시 바퀴벌레 잡는 약 같은 거 피우셨어요?” 아니라는 답이 돌아왔다. 10분 후, 7층에 올라간 경비원은 708호에서 연기가 나오는 것을 확인하고 벨을 눌렀으나 응답이 없자 바퀴벌레 약을 피워 놓고 외출한 것으로 판단하고는 경비실로 돌아왔다. 오전 9시, 경비실 인터폰이 울렸다. “바퀴벌레 약이 아니고 708호에서 불이 난 것 같아요. 빨리 가 보세요!” 경비원이 다시 708호로 올라가니 검은 연기가 뿜어져 나왔다. 경비원은 방범창살을 뜯고 잠겨 있는 창문을 깬 뒤 창틀을 넘어 다용도실을 통해 집 안으로 들어갔다가 현관문을 열고 검은 연기와 함께 일단 밖으로 나왔다. 다시 소화기를 들고 집 안으로 들어간 경비원은 연기가 나오는 안방문을 열고 들어가 화염을 향해 소화기를 발사했다. 그사이, 9시 24분경 이웃 주민이 119에 신고했고 6분 만에 소방대가 출동해 완전히 화재를 진압했다. 불은 다행히도 안방 장롱 일부와 그 안에 있던 옷만 태웠고, 불길이 장롱 위를 뚫고 나오면서 안방 천장과 침대, 창문 커튼과 벽지 일부만 그을린 상태였다. 화재로 인한 재산 피해액은 300만 원으로 추산되었다. 경비원과 주민들의 대처가 늦어 부엌 가스관 등 인화성 물질에 옮겨 붙었더라면, 집 안 전체는 물론 옆집으로도 불이 번질 수 있는 아찔한 상황이었다. 집 안에 '살아 있는' 사람도 없는데, 왜 불이 났을까? 그것도 안방 장롱만 태웠을까? 경황이 없는 중에 누구도 주목하지 않았지만, 이해하기 힘든 '의문의 화재'가 아닐 수 없었다.

그런데 피해 상황을 확인하던 소방대원들이 불이 난 안방과 벽을 사이에 두고 붙어 있는 욕실에서, 물이 가득 담긴 욕조 안에 있는 시신 두 구를 발견했다. 어머니와 딸로 보이는 젊은 여성과 아기의 시신이었다. 욕실은 화재의 영향을 전혀 받지 않았고 시신도 불에 타거나 연기를 들이마신 흔적이 없었다. 특히 성인 여성의 시체는 나체 상태였고 속옷 하의가 무릎까지 내려져 있었다. 기겁을 한 소방대원은 바로 경찰에 신고했다. 오전 10시 5분, 경찰서 형사당직반과 강력반이 현장에 도착, 수사가 시작되었다. 최초 화재 발견자인 경비원과 시신 발견자인 소방대원들을 대상으로 조사한 결과, 화재가 발생한 아침 시간대는 주민들이 출근 등으로 이동이 많은 시간이라 낯선 외부인이 몰래 출입하기 어렵고, 경비원이 창문으로 진입했을 때 708호 현관문은 '밖에서는 열쇠로만 잠글 수 있는' 보조 자물쇠만 잠겨진 상태였다. 또한 다른 출입구는 없으며, 창문도 모두 잠겨 있고, 지갑에 현금과 수표 50여 만 원 등이 있었음에도 불구하고 뒤진 흔적이나 없어진 물건이 없기 때문에 '열쇠를 가진 내부 면식범의 소행'으로 추정했다.

피해자들의 신원은 이 집에 사는 치과의사 최모 씨(31세)와 딸 이모 양(생후 1년)으로 확인되었다. 곧이어 오전 11시, 다섯 명의 서울경찰청 현장감식반과 강력계장, 경찰서 형사과장과 10여 명의 형사가 현장에 도착해 두 시간에 걸쳐 시체 검안과 현장 감식을 실시했다.

시체 검안과 현장 감식

최씨는 욕조 바닥 쪽으로 엎드린 채 약간 우측으로 기울어진 자세였고, 이양은 이와 반대로 얼굴을 위쪽으로 하고 비스듬히 누운 자세였다. 시신의 복장은 최씨의 경우 삼각팬티 하나만 걸친 상태인데 그마저도 무릎까지 내려져 있었고, 생후 1년 된 딸은 반소매 런닝 셔츠에 기저귀만 찬 상태였다. 최씨에 대한 성폭행이 의심되는 모습이었다.

오전 11시 30분, 감식반은 시신을 물속에서 꺼냈다. 두 시신 모두 전신이 강직된 상태여서 사망 후 상당 시간이 흐른 것으로 추정되었다. 최씨의 시신 아랫배와 오른쪽 옆구리, 왼쪽 대퇴부에서 '시반'이 분명하게 관찰되었다. 검안을 위해 굳은 팔다리(시강)를 풀고 바닥에 똑바로 뉘었다. 최씨의 얼굴에는 찰과상과 타박상이 발견되어 무엇인가에 긁히고 맞은 것이 아닌가 의심되었고, 왼손 검지 손톱 밑에서 혈흔이 발견되었다. 그리고 최씨는 두 눈에 '콘택트렌즈'를 착용하고 있었다.

두 피해자 모두 목에 줄이나 끈 같은 것에 졸린 '색흔'이 뚜렷이 보였다. 특이한 것은 최씨의 목에 난 색흔과 아기 목에 난 색흔의 굵기가 다르다는 것이었다. 범인이 아기에게는 더 얇은 줄이나 끈을 사용한 것으로 추정되었다. 아기에게서는 목 졸린 흔적 외에는 상처가 발견되지 않았다. 두 시신 모두 얼굴에 울혈이 뚜렷해 사인은 '목졸림에 의한 질식사'인 것으로 추정되었다. 시신을 뒤집자 그사이 등 쪽에 새로운 시반이 형성되는 것이 관찰되었고, 대퇴부의 시반 역시 그대로 남아 있어, 이는 사망이 6~8시간 전에 이루어졌음을 의미하는 '양측성 시반'이라고 판단되었다.

현장에서 수거한 증거물은 욕조의 물속에 있던 '모발 10점'과 '이물질 1점', 욕조에 놓여 있던 수건에 붙은 '모발 2점', 아기가 왼팔에 차고 있던 '은팔찌 1개', 아기가 입은 '러닝 셔츠'와 '기저귀', 아기 기저귀에 붙은 '실조각 2점', 아기 뒷목에 붙은 '실조각 4점', 최씨가 입은 '팬티 1점'과 최씨의 '질액', 욕조와 벽 사이에서 여러 겹 접힌 채 발견된 최씨의 '티셔츠', 불에 탄 장롱에서 수거한 '재 1봉지'와 안방 바닥에서 수거한 '재 1봉지', 안방 바닥에 떨어져 있던 '실 1뭉치', 안방 화장대에 놓여 있던 현금과 수표 등 50여 만 원이 든 '지갑 1개'였다.

'없어진 물건'도 있었다. 총 다섯 개인 '보조 자물쇠 열쇠' 중에서 하나가 보이지 않았던 것이다. 다섯 개 중 한 개는 남편 이도행이 가지고 있었고, 한 개는 사망한 최씨의 가방 안에서 발견되었으며, 두 개는 욕실 입구 장식장 안에서 발견되었지만, 최씨의 차 열쇠와 병원 출입문 열쇠, 나머지 보조 열쇠 한 개가 포함된 열쇠 꾸러미는 사라지고 없었던 것이다. 한편, 베란다 커튼 줄이 잘려 나간 상태로 발견되었으므로 범인이 이 줄을 잘라 목을 조른 것으로 추정했다.

부엌 식탁은 깨끗이 치워져 있었고, 싱크대도 깨끗했으며 식기들은 세척기에 넣어 둔 상태였다. 즉 아침 식사를 하지 않았거나, 식사 후 설거지를 깨끗이 한 상태라고 볼 수 있었다. 욕실도 벽이나 바닥의 물기와 물방울 등 수시간 내에 사용한 흔적이 발견되지 않았다.

피해자들의 남편이자 아버지

외부 침입 흔적이나 뒤진 흔적, 없어진 물건이 없고 외부에서는 열쇠로밖에 잠글 수 없는 현관문 보조 자물쇠가 잠겨 있었으며, 시체 현상은 사망 시간을 오전 5시 이전이라고 말하고 있었다. 피해자는 치과의사인 주부와 어린 딸. 경비원 진술에 따르면 남편이자 아버지인 가장은 아침 7시경에 출근하면서 목례로 인사했다. 그렇다면… 남편이 의심스럽다. 다만 한 가지 걸리는 것이 있었다. 화재. 남편이 출근한 지 한 시간이 지나 발견된 화재는 어떻게 설명할 수 있을까? 수사진은 장모에게 화재 소식을 듣고 달려와 가족의 시신을 발견하고는 망연자실해하며 오열하는 남편 이도행(32세) 씨를 임의동행해 경찰서로 데려갔다. 이도행 씨 역시 의사였고, 자기 이름을 건 '이도행 외과의원'을 새로 개원해 오늘이 첫 출근날이었다.

이도행 씨가 밝힌 사건 전후 상황은 이렇다. 전날인 6월 11일 오후 9시, 병원 개원 준비를 마친 후 귀가해 아내와 함께 미역국과 생선 등으로 저녁 식사를 하면서 누나에게 걸려 온 두 통의 전화를 받았다. 10시경, 식사를 마치고 부부가 함께 식탁을 정리하고 식기들을 헹궈서 식기세척기에 넣은 뒤 이도행은 병원에 쓸 약품류 목록을 정리하기 위해 거실로 갔고, 아내는 수박을 꺼내 남편에게 준 뒤 안방으로 들어가 아기와 함께 잠자리에 들었다. 잠자리에 들 때 아내의 복장은 긴 티셔츠와 팬티 차림이었다. 이도행은 11시경 잠자리에 들었다. 12일 오전 5시, 아기가 울어 이도행이 깼고, 우유를 먹이니 잠이 들어 다시 한 시간쯤 더 잔 뒤 6시경 일어나 샤워를 하고 아침을 차려 먹으려는데 아내 최씨가 눈을 비비며 나와 어제 저녁과 같은 찬으로 아침상을 차려 줬고, 식사를 하는 중에 아내는 샤워를 했다. 7시 10분경 출근하면서 마주친 경비원에게 목례로 인사했고, 8시 10분경 강서구 방화동에 있는 '이도행 외과의원'에 도착해 준비를 마친 후 찾아온 환자를 진료했다. 오전 10시경 장모에게서 집에 불이 났다는 연락을 받고 아내의 치과병원에 전화했으나 아내가 출근하지 않았다는 이야기를 듣고 곧장 집으로 달려갔다.

이러한 이도행의 초기 진술은 '알리바이를 조작하고 범행 사실을 감추기 위해 꾸며 낸' 이야기라는 경찰의 의심을 샀고, 경찰은 이후 이도행 진술의 거짓과 범행 동기 등을 밝혀 낼 증거와 정황 확보에 주력했다. 특히 형사의 눈길을 끈 것은 이도행의 오른팔에 뚜렷하게 보이는 '손톱 자국으로 의심되는 상처'였다. 형사의 추궁에 '연락을 받고 현장에 도착했지만 경찰이 안으로 들여보내 주지 않아 초조하게 기다리다가 무의식처럼 왼손으로 오른팔을 세게 눌러 생긴 상처'라는 궁색한 변명을 하자 더 의심스러웠다. 숨진 아기의 뒷목에서 발견된 가는 실 조각 역시 외과의사가 수술할 때 쓰는 실이라고 의심한 경찰은 남편 이도행에 대한 심증을 굳혀 갔다.

부검 그리고 사망 추정 시간

다음 날인 6월 13일 오전 10시 40분부터 낮 12시까지 국과수에서 모녀 부검이 진행되었다. 국과수 권일훈 법의학과장이 집도하고, 서울대 법의학교실 이정빈 교수와 고려대 법의학연구소장 황적준 교수가 참관했다. 부검에 소요된 시간은 한 시신당 45분이었다. 사망 원인은 경찰의 검안과 다름없이 '경부 압박 질식사', 즉 목을 졸라 살해한 것으로 확인되었다. 사인에 대해서는 누구도 이의를 제기하지 않았다. 문제는 '사망 시간'이었다. '언제 살인이 이루어졌는가'의 문제는 '누가 용의자인가'의 문제로 직결되고, 법정의 유죄 판결 여부에도 가장 큰 영향력을 미칠 것이기 때문이었다.

국과수와 외부 민간 법의학자들은 시체 현상의 해석에 대해 다소간의 차이는 있었지만, 피해자들이 6월 12일 '아침 7시 30분 이전에 사망했다'는 결론에 합의했다. 그 근거는 '시반'과 '시체 강직', '위 내용물과 소화 상태'라는 시체 현상이었다. 법의학자들이 사망 시간을 추정한 근거를 간단히 요약하면 다음과 같다.

◉ **시반** 욕조의 물에 잠겨 엎드린 채 발견된 시신 우측 대퇴부에 시반이 형성된 것이 관찰되었고, 오전 11시 30분경 물에서 꺼내 뒤집은 뒤 등에 새로운 시반이 형성되었는데도 우측 대퇴부 시반이 사라지지 않은 것은 '양측성 시반'이 형성된 것으로 볼 수 있다. '국내외 다수 문헌에 따르면' 양측성 시반은 사망한 지 6~8시간 후에 형성되는 것으로 본다. 즉 오전 3시 30분에서 5시 30분까지를 사망 시간으로 추정할 수 있으나, 오차 범위 및 물속에 있던 점 등을 감안하면 1시 30분부터 6시 30분까지를

사망 시간으로 추정할 수 있다. 단, 사후 네 시간이 경과된 이후부터 양측성 시반이 형성될 수 있다는 일부 문헌이 존재하고, 이에 따르면 사망 추정 시간이 7시 30분까지 확대될 수 있다.

◉ **사후 강직** 기온 등 사망 직전 상황, 사인, 개인차 등에 따라 시신이 딱딱하게 굳는 '사후 강직'이 나타나지만, 일반적으로 강직은 악관절-경부 관절-몸통-상지-하지의 순서대로 진행된다고 볼 때, 오전 11시 30분경 시체 검안을 실시할 당시 전신 강직이 진행된 사실을 감안하면 이보다 네 시간 전인 7시 30분 이전에 사망한 것으로 볼 수 있다. 하지만 검안을 위해 강직을 풀었을 때 다시 '재강직'이 나타나지 않은 사실을 감안하면 실제 사망 추정 시간은 7~8시간 전인 4시 30분 이전으로 봐야 한다.

◉ **위 내용물** 피해자 최씨의 위에서는 소화가 진행되어 죽 상태가 된 '쌀, 미역, 생선, 무, 배추, 양파, 파, 고춧가루' 등이 발견되었다. 이는 그 전날 저녁 식사 내용과 일치하며 그 소화 상태로 봤을 때 7시 이전에 사망한 것으로 추정할 수 있다.

그 외에 피해자 최씨의 질액 감정에서는 성관계 흔적이 발견되지 않았고, 다른 성폭행 흔적 역시 전혀 발견되지 않았다. 현장에서 수거한 모발과 혈흔 등 증거물에서는 피해자 가족의 혈액형인 A형과 O형만 확인되었다.

집중 수사 그리고 범행 동기의 발견

외부 침입 흔적이 없는 잔혹한 살인, 없어진 물건도 없고 옷만 벗겨 성폭행을 가장한 모습 등은 '면식범에 의한 치정 살인'을 의심하기에 충분했다. 혼자 살아남은 남편이자 아버지인 이도행이 의심스러웠다. 오른팔에 손톱으로 긁힌 듯한 상처도 있었고, 사건 전후 행동과 현장 정황 사이에 모순되고 납득하기 힘든 점들이 발견되었다.

그런데 이도행을 용의자로 단정하기에는 세 가지 문제가 있었다. 첫째, 범행 도구 등 직접적인 증거가 없다. 둘째, 알리바이가 확보되었다. 이도행이 7시에 출근한 후 한 시간여가 지난 8시 30분경에 화재가 발생했음이 확인된 것이다. 셋째, 아내뿐 아니라 어린 딸까지 살해할 정도의 정신적 문제나 살해 동기가 발견되지 않았다.

이 세 가지 숙제를 풀기 위한 경찰의 집중 수사가 진행되었다. 주로 '사람'을 대상으로 진술과 행적을 조사하는 당시 경찰 수사의 특성상 범행 도구 등 직접적인 증거도 발견하지 못하고, 화재 발생 시간도 미스터리로 남았지만, '범행 동기'는 발견되었다.

경제 문제와 시댁과의 갈등 등으로 부부 관계가 원만하지 못했고, 내성적이고 소극적인 남편과 적극적이고 외향적인 아내의 성격 차이가 심했다는 지인들의 진술을 확보한 것이다. 무엇보다 결정적인 것은, 2년 전 남편 이도행이 강원도 강릉에서 공중보건의로 군복무를 할 때 서울에서 혼자 살던 아내 최씨가 자신의 병원 공사를 맡은 인테리어업자 전모 씨(32세)와 불륜을 저질렀다는 사실이었다. 어린 딸이 자기 아이가 아니라 불륜의 결과라고 생각했다면, 이도행에게는 충분한 범행 동기가 될 수 있다고 판단되었다.

화재 시간의 미스터리

한 사람이 동시에 두 장소에 있을 수는 없다. 알리바이의 철칙이다. 용의자 이도행은 오전 7시경 집을 나서 8시쯤 한 시간 거리인 자신의 병원에 출근한 것이 확인되었다. 그 후인 8시 30분경, 살인 사건 현장인 이도행의 아파트에서 연기가 밖으로 나오는 것이 목격되었고, 곧이어 화재로 확인되었다. 이도행이 범인이라면 7시에 출근하면서 한 시간 정도 후에 불이 번지도록 조치를 취했다고밖에 볼 수 없다. 현장 화재 조사에서 발화를 지연시키는 타이머 등의 장치는 전혀 발견되지 않았다.

경찰 수사진은 '방문과 창문을 꼭 닫아 놓고 장롱문만 살짝 열어 산소량을 최소화'함으로써 불이 번지는 시간을 최대한 지연시킨 소위 '훈증에 의한 지연 화재'의 가능성을 의심했다. 국과수 화재 감식 전문가와 화재보험협회 전문가 역시 이러한 조건에서는 '불을 붙인 후 한 시간 반 이상 경과 후에 연기가 발견될 수 있다'는 의견을 제시했다. 미국에서 사용하는 화재 시뮬레이션 프로그램인 '해저드'로 분석한 결과도 화재 발생 시간은 6시 40분에서 7시 10분경으로 나타났다. 하지만 유사한 조건을 만든 뒤 다양한 방법을 사용해 봐도 한 시간 이상의 지연을 실제로 재연할 수는 없었다.

용의자 이도행 체포, 유죄! 사형!

사건 발생 후 세 달 가까이 지난 1995년 9월 1일, 경찰은 이도행을 모녀 살인 사건 피의자로 체포했다. 집 안 내부 사정을 잘 아는 면식범 소행이라는 정황 증거와 아내의 불륜 등으로 인한 갈등이라는 범행 동기 그리고 거짓말 탐지기 양성 반응이 체포의 근거였다. 검사의 승인을 받아 실시한 '긴급 구속' 형식이었다. 1996년 2월 24일 1심 법원인 서울지방법원 서부지원은 '범행 동기, 피해자들의 사망 시간을 아침 7시 이전으로 본 검찰 측의 법의학적 증거 및 지연 화재의 가능성, 기타 정황 증거' 등을 인정해 피고인 이도행에게 살인 및 방화 혐의에 대한 유죄를 선고하고 사형을 언도했다.

2심 항소심: 무죄!

피고 측은 즉각 항소했다. 다음은 항소심에서 피고 측이 제시한 변론의 요지다.

- 피고인은 결백을 주장하고, 검찰은 살해 도구나 목격자 등 피고인의 범행을 입증할 직접적인 증거를 전혀 제시하지 못했다.
- 피해자들의 사망 시간이 오전 7시에서 단 10분만 지나도 피고인은 범인이 될 수 없다. 그런데 혈액의 침하에 의해 생기는 시반과 시체의 관절과 근육이 경직되는 현상인 시강 등 법의학적 증거들의 오차 범위가 조건에 따라 11시간까지 확대되는 등 신뢰할 수 없고, 가장 중요한 물의 온도를 측정하지 않아 검찰 측 증인들의 '추정'은 증거로 인정할 수 없다. 오히려 식후 1시간 40분 정도가 지났을 정도인 위 내용물의 소화 상태, 피해자가 전날 오후 10시 30분경에 언니와 통화한 점, 여전히 시반이 유동적이었다는 점, 4시간 30분 만에 시체 강직이 풀린 점 등을 종합적으로 고려하면, 사망 시간은 피고인이 출근한 이후인 7시 30분에서 8시 정도로 봐야 한다. 더구나 피해자 최씨가 화장하지 않은 상태에서 콘택트렌즈를 끼고 있었다는 것은 자정 이후 심야 시간보다는 아침에 일어나 세수를 하고 난 후에 피살된 것으로 볼 수 있는 증거로, 피고인이 출근한 7시 이후부터

화재가 발생한 8시 30분 사이 약 한 시간 반 동안에 제3자에 의해 범행이 이루어진 것으로 봐야 한다.

- 피고인이 출근한 지 한 시간 이상 지난 후 발견된 화재의 발생 시점을 특정할 수 없으며, 검찰 측 주장인 '한 시간 넘는 지연 화재'는 입증되지 않았다.
- 피고인과 피해자 최씨 사이에 다툼이 잦았다는 등, 딸에 대해 무심하며 불륜의 결과물이라고 의심한다는 등 '범행 동기'에 대한 주변 사람들의 진술은 추측에 불과하고 이를 뒷받침할 어떤 증거도 없으며, 이들의 주장마저 일관성 없이 오락가락하고 있다. 반면, 두 사람 사이가 좋았고, 특히 딸이 태어난 이후 부쩍 더 좋아졌다는 진술을 하는 지인이 많으며 이들의 진술은 일관성을 보인다.

1996년 6월 27일, 항소심인 서울고등법원은 변호인 측 주장에 이유가 있다며 "합리적인 의심을 넘어설 정도로 피고의 범행을 입증할 증명이 이루어지지 못했다"고 피고 이도행에게 무죄를 선고했다.

2003년 2월 23일 최종 판결

이번엔 검찰이 상고했다. 누가 봐도 범인이 명백한데, 고등법원이 지나치게 엄격한 증명을 요구했다는 주장이었다. 대법원은 검찰의 주장을 이유 있다며 받아들였다. 1998년 11월 13일, 대법원은 '직접적인 증거가 없더라도 증거를 종합적으로 고찰해 증명력이 있다면 유죄를 선고해야' 하는데 고등법원이 이러한 법 원칙을 위반해 잘못 판결했다며 유죄 취지로 원심을 파기하고 사건을 고등법원으로 돌려보냈다.

대개 이쯤 되면 하급심인 고등법원은 대법원의 취지에 맞춰 판결을 내리는 것이 상례다. 하지만 이번 사건의 경우엔 달랐다. 법과학적 지식과 수사 절차에 대해 해박하며 철저하고 꼼꼼하기로 소문난 김형태 변호사가 이끄는 변호인단이 논리와 증인을 보강해 대응한 것이다. 특히 시강 등 시체 현상의 권위자인 스위스의 법의학자 토마스 크롬페처(Thomas Krompecher)를 법정에 출두시켜 피해자들의 사망 시간 추정에 대한 검찰 측 증인과 주장들을 탄핵한 것이 결정적이었다. 크롬페처는 "현장에 나가 보지도 않고, 사후 24시간이 지난 시신을 부검한 법의학자가 시반과 시강을 기준으로 사망 시간을 추정해 주장할 수는 없다. 특히 물의 온도를 재지 않은 것은 치명적인 오류다"라고 주장해 허술한 현장 수사 시스템에 경종을 울렸다.

이에 대해 국내 법의학자들이 강하게 반박했지만, 2001년 5월 17일 서울고등법원은 다시 한번 무죄를 선고했다. 대법원의 파기 환송에 정면으로 도전한 것이다. 고등법원은 그동안 사법 환경의 변화로 유죄를 입증하는 데 더 엄격한 증명력을 요구하게 되었다는 취지를 설파했다. 검찰은 재상고를 했다. 2003년 2월 23일, 8년에 걸친 수사와 재판 끝에 이도행은 대법원으로부터 '무죄' 확정 판결을 받았다.

사건이 남긴 것

당시 현장 감식 과정에서 '지금이라면 하지 않을' 중대한 결함이 몇 가지 발생한다. 피해자 최씨의 손톱 밑에서 혈흔이 관찰되었고 사진도 찍혔지만 그 혈흔은 현장에서 채취되지 않았고, 부검보고서에도 언급되지 않았다. 그 혈흔에 대한 혈액형과 DNA 분석이 이루어졌다면 범인의 신원을 확정하거나, 최소한 피고인의 유무죄 여부를 입증하는 중요한 증거가 될 수 있었을 것이다. 또한 '시신이 담겨 있던 물의 온도'와 '욕실 온도', 물에서 꺼내기 전과 후 '시신의 직장 온도'를 재지 않았다. 이 '결함'은 시반과 강직 등 '시체 현상'에 의존해 피해자들의 사망 시간을 추정하면서 이에 큰 영향을 미치는 '물의 온도'와 '물속에 잠겨 있던 시간' 등의 핵심적인 변수를 '미지수'로 두는 치명적인 문제를 야기한다. 특히 '직장 내 온도'라는 좀 더 최근에 개발된, 신뢰성 높은 사망 시간 추정 방식을 사용하지 못한 것은 못내 아쉽다.

'언제 살인이 이루어졌나'라는 점에 기반해 용의자를 특정하고, 그 단일 용의자의 혐의 입증에만 모든 수사력을 모았다는 것을 생각하면 더욱 아쉬울 수밖에 없다. 결국 법정에서도 '사망 추정 시간'에 대한 검찰과 피고 측 간의 치열한 공방과 논쟁이 재판 결과에 지대한 영향을 미치고 만다. 아울러 화재 현장에 대한 정밀 현미경 감식을 통한 발화 도구 등 관련 물질 발견, 현장과 증거물에 대한 미세 증거 채취 등이 이루어졌더라면 진실 규명이 이루어질 수 있었으리라는 안타까움을 느낀다. 아울러 사건 초기에 '(애인과 함께 밤을 보냈다는 주장만으로) 알리바이가 입증되었다'며 수사선상에서 제외해 버린 피해자 최씨의 과거 내연남 전씨 등 '제3의 용의자'에 대해 '완전히 혐의를 벗을 정도로' 철저하게 수사하지 않은 점이 못내 아쉽다.

이 사건은 결국 대표적인 '수사 실패 사례'로 기록되었지만, 한국 형사사법 제도가 '증거 위주 재판'과 '과학적 수사 절차'로 발전하는 계기가 된 소중한 경험이었다고 평가할 수 있다.

Part 7.

화재 감식,
화염으로도 감출 수 없는 범죄

일반적으로 화재 현장의 증거는 쉽게 발견하기 어렵다. 다른 현장과는 다르게 화염에 의해 모든 것이 소실되기 때문이다. UC 버클리의 폴 커크 박사는 1974년 저서에서 이렇게 말했다. "물적 증거는 어디에나 존재하며 위증하지 않는다. 단지 사람이 그것을 보지 못하고 이해하지 못하며 그 가치를 떨어뜨릴 뿐이다."

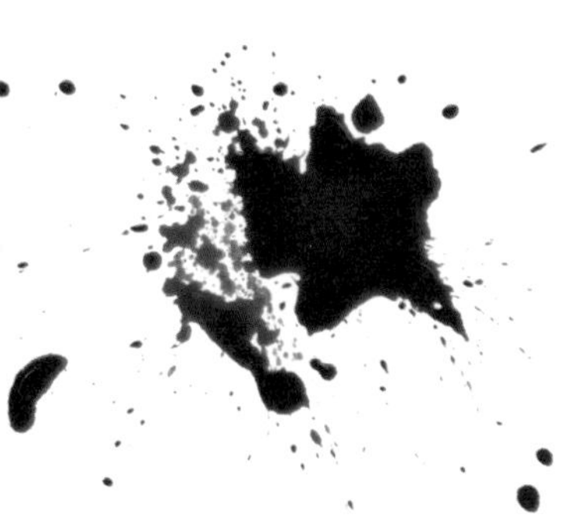

2005년 10월 30일, 경기도 안산시의 연립주택 반지하방에서 불이 났다. 신고를 받고 출동한 소방대원들이 소화 호스를 갖다 대고 물을 뿌렸지만 불이 잘 꺼지지 않았다. 뭔가 이상했다. 그것은 이 화재가 전기 누전이나 전열기 과열 등으로 인한 단순한 가정집 화재가 아닐 가능성이 높다는 사실을 의미한다. 시너나 휘발유 등 인화 물질을 뿌리고 방화한 현장의 경우 물로 소화가 잘되지 않는 것은 당연하다. 장모와 부부, 아들네 식구가 사는 집이었다. 안방에서는 장모와 아내가 자고 남편인 강씨는 아들과 함께 건넌방에서 잤다고 했다. 그런데 불이 나자 강씨는 아들만 데리고 방범창을 뜯어 피신했으며 장모와 아내는 그 자리에서 사망했다.

이 화재는 이상한 부분이 몇 가지 있었다. 장판에서 시작된 불을 단순히 사고에 의한 것으로 보기에는 부자연스러울 정도로 심하게 소훼되었고, 화재가 진행되는 과정에서 집기들이 위치가 바뀌고 변형된 부분도 관찰되었다. 생존자인 강씨는 아내와 장모의 죽음으로 인해 충격과 슬픔에 잠긴 모습이었지만 아무리 생각해도 화재의 양상이 이상했다. 더구나 남편 강씨는 아내 명의로 짧은 기간 동안 많은 보험에 가입한 상태였고 아내의 사망과 동시에 4억 8,000만 원이라는 거액을 손에 쥘 수 있었다. 소방화재조사관과 보험회사 조사원, 경찰 과학수사 요원 일부가 의문을 제기했지만 확실한 증거를 확보하지 못해 화재 현증을 둘러싼 수많은 의문은 그냥 묻히고 말았다. 이 의문들에 대해 '전문적인 화재 감식'이 이루어져 끝까지 파헤쳐 들어갔더라면 엄청난 비극을 막을 수도 있었을 텐데.

짐작하겠지만 이 사건은 연쇄살인범 강호순과 관련된 것이다. 강호순은 2006년 9월부터 2년여에 걸쳐 여덟 명의 부녀자를 연쇄 살해한 '경기 서남부 연쇄 살인 사건'의 범인이다. 그를 수사하는 과정에서 위에서 언급한 화재 사건으로 전처를 잃었다는 사실을 확인했고, 당시 화재의 수상한 부분이 다시 부각된 것이다. 이렇듯 화재는 엄청난 재산과 인명 피해를 야기하는 '재해'의 의미만 있는 것이 아니다. 살인을 비롯한 다른 범죄 행위의 증거를 멸실하기 위한 수단으로 이용되어 수사에 큰 어려움을 주는 방법 역시 방화다. 숭례문 방화 사건이나 대구 지하철 방화 참사처럼 분노의 표출이나 사회적 불만의 폭발 수단으로 방화를 택하는 경우도 있다.

경찰이 화재 감식을 본격적으로 시작한 것은 2000년경이다. 그 전까지 화재는 주로 범죄와 관련된 것이라기보다 안전과 관련된 문제였기 때문에 대부분 전기안전공사나 소방서의 일이었다. 사람이 사망한 사건에 대해서도 국과수 화재연구실에서 주로 전담했기 때문에 경찰이 직접 수사할 일이 없었고, 당시에는 경찰 내에 전문 교육을 받고 정식 자격을 갖춘 전문가도 전혀 없었다. 지금은 국내외에서 전문 교육 과정을 이수하고 자격을 획득한 경찰 화재 감식 요원들에 의한 전문적 화재 감식이 이루어지고 있다.

불은 어디서 어떻게 발생했는가?

화재 감식에서 가장 중요한 질문은 화재가 최초에 어디서 시작했는가다. 일반적으로 화재 현장의 증거는 쉽게 발견하기 어렵다. 다른 현장과는 다르게 화염에 의해 모든 것이 소실되기 때문이다. UC 버클리의 폴 커크 박사는 1974년 저서에서 이렇게 말했다. "물적 증거는 어디에나 존재하며 위증하지 않는다. 단지 사람이 그것을 보지 못하고 이해하지 못하며 그 가치를 떨어뜨릴 뿐이다." 이 법과학 격언은 화재 현장에서도 그대로 적용된다. 화재가 어디서 시작되었는가 하는 문제는 화재의 원인을 밝히는 데 도움이 된다.

화재의 원인을 밝혀 낼 증거는 반드시 현장에 존재한다. 그 화재가 사고인지 고의인지를 알아내는 일은 범죄 여부를 밝히고 책임의 소재를 분명히 하게 한다. 화재의 원인은 다양하다. 흔히 일어나는 주택 화재는 대개 전기 문제로 발생한다. 노출된 전기가 흐르는 전도체에 인화 물질이 튄다거나, 또는 물처럼 전도될 수 있는 물질이 닿을 경우 화재가 발생할 수 있다. 또한 전선 자체에서 발열 반응에 의해 화재가 발생하기도 한다. 이런 경우에는 단순히 녹아 내린 용융흔과 구별되는 단락흔이 발생하는데, 금속 전선이 직접 용해된 것이므로 매우 높은 고열이 작용했

대형화재 · 폭발사례

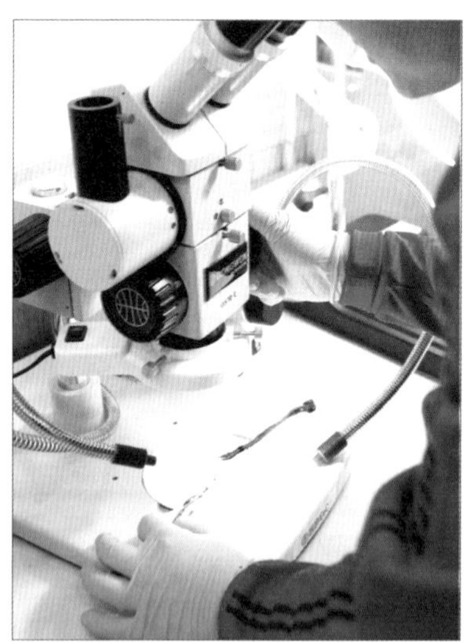

음을 알 수 있다.

화재는 인화 물질에 의해 발생할 수도 있다. 인화 물질의 경우 현장에서 특유의 냄새를 감지할 수 있는데, 이럴 경우 1차적으로 방화를 의심한다. 방화범의 경우 가장 쉽게 불을 낼 수 있는 방법을 생각하게 되므로 주로 휘발유, 등유 등의 인화 물질을 사용한다. 그러나 밀폐된 현장에서 증거를 훼손하기 위해 인화 물질을 사용하는 경우, 갑작스러운 연소로 인하여 주변의 모든 산소가 연소에 사용되면 연료들이 다 타지 못하고 현장에 남은 상태로 소화되는 것을 간혹 발견할 수 있다. 이때는 방화의 직접적인 증거를 확보할 수 있다.

가정집에서 발생한 화재 사건에서 소방대원들이 불을 모두 끈 후에 조사했는데 현장에는 전기 장판이 불에 탄 채로 남아 있었다. 소방관이 전기 장판의 코드를 따라가다 보니 벽면 콘센트 부위에서 탄 흔적이 발견되었기 때문에 일단 전기적 원인으로 발화했다고 결론을 내렸다. 불은 위를 향하거나 산소가 유입되는 곳으로 흐르게 마련이다. 이것은 매우 당연한 자연 법칙이다. 화재 현장에 도착한 화재 감식 전문가는 다른 조사관이 바닥과 벽면을 조사한 것과는 달리 천장의 소훼흔을 관찰하기 시작했다. 다른 조사관들의 의견대로 벽면도 소훼되어 있었지만 전기 장판의 한가운데와 부합하는 천장 부분에 고열에 의해 형성된 균열이 발견되었다. 만일 다른 조사관들의 의견처럼 벽면 콘센트 부위에서 발화되었다면 벽면에 인접한 천장면이 가장 많이 소훼되었어야 했다.

그런데 현장의 모습은 전기 장판 한가운데에서 발화되었음을 보여 주었으며, 이상하게도 전기 장판의 그 부위에서 열선의 직접적인 소훼가 관찰되지 않았다. 그리고 장판을 들추자 미처 타지 않은 석유 냄새가 심하게 났다. 서문 팀장은 모든 집기를 최초의 상태대로 돌려 놓고 화염과 연결했다. 그리고 국과수에 보낸 샘플에서는 방에서 전혀 취급할 리 없는 등유 성분이 검출되었다. 이 사건은 결국 보험금을 노리고 방화한 집주인의 소행으로 드러났다.

화재의 세 가지 요소

화재는 반드시 세 가지 요소가 있어야 발생한다. 이 세 가지 중 어느 하나만 결여되어도 화재는 절대 일어날 수 없다. 현장에서 세 가지 요소에 해당하는 것이 무엇인가를 밝히는 일이 화재의 원인을 찾는 데 매우 중요한 이유다. '점화원'이 그 첫 번째다. 점화원은 탈 수 있는 물건, 즉 가연물과 공기, 정확히 말하면 산소가 있는 상태에서 물질이 발화하기 위한 최소한의 에너지를 의미한다. 예를 들면 어떤 열기에 의해 달구어진 금속 표면이나 충돌 혹은 문질러짐에 의한 마찰열 그리고 흔히 볼 수 있는 전기 에너지, 화학 물질에 의한 화학 에너지 등이다.

세 가지 요소 중 두 번째는 '산소'다. 화재가 진행되려면 반드시 산소가 필요하다. 우리가 숨을 쉴 때 소비하는 산소는 공기 중의 21퍼센트 정도이며, 이러한 산소의 채적비가 화재가 발생하기 위한 나머지 두 조건이 만족된 특정 공간 내에서 16퍼센트 이하로 내려가면 화재는 일어나지 않거나 더 이상 진행되지 않는다. 다시 말해서 '화염은 산소를 좋아한다'. 이 이야기는 화염이 공기의 유입을 따라간다는 것을 의미한다. 마치 식물이 햇빛 방향으로 가지와 잎을 뻗듯이 불은 산소가 있는 방향으로 나아간다. 실내에서 일어난 화재의 경우 창문, 출입구 등 공기의 유입원은 화염의 흐름과 밀접한 관계가 있다. 따라서 화염의 흔적은 불길이 어떻게 번졌으며, 출입구나 창문의 개폐 상태는 어땠는지를 추정하는 중요한 단서가 된다.

마지막 요소는 '가연물'이다. 말 그대로 불에 쉽게 탈 수 있는 물질을 의미한다. 나무나 종이처럼 쉽게 타는 것부터 고열에서만 연소되는 물질까지 매우 많은 물질이 해당한다. 석유류 같은 인화성 물질은 당연히 포함된다. 과학적으로 설명하면 가연물은 1. 산소와 친화력이 좋아야 하며, 2. 열전도율이 작고 발열량이 커야 하며, 3. 연쇄 반응을 일으킬 수 있는 것이어야 한다.

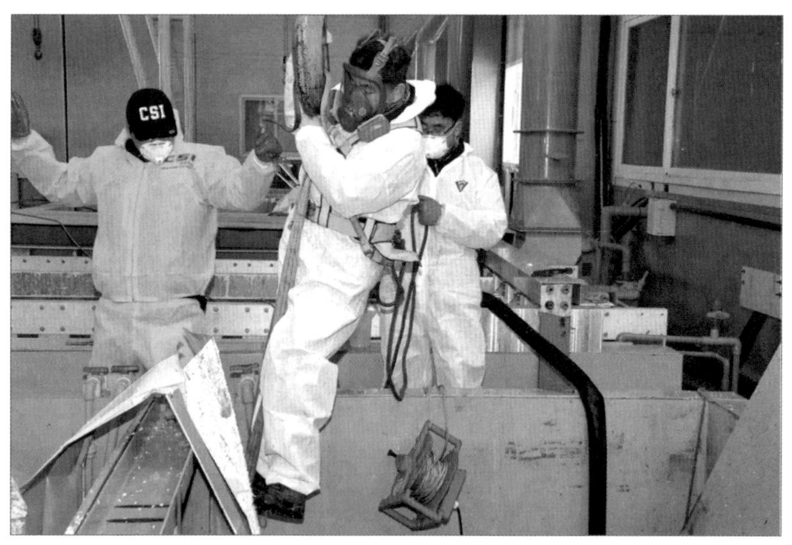

보험금을 노리고 사고로 위장한 방화 현장에서 자연 발화를 주장하는 신고자의 거짓말도 이러한 가연물의 인위적 공급이 있었는가를 판단하여 밝혀 낼 수 있다.

화재 조사와 현장의 재구성

화재 감식 전문가들은 항상 이렇게 말한다. "사람은 거짓말을 해도 불은 절대 거짓말을 하지 않는다." 화재 조사는 시간의 역순으로 진행한다. 혈흔 형태 분석에서 다룬 발혈점 분석의 원리와 같다. 결론적으로 나타난 흔적을 역순으로 추적하여 발혈점을 찾듯이 화재 현장에서도 화염이 다다른 곳으로부터 화염의 흐름을 추적하여 발화 지점을 파악하는 것이다. 발화 장소와 발화 부위의 추정은 화재 현장을 전체적으로 둘러보는 것에서 시작한다. 발화 부위에서 흔히 발견되는 것은 V자 형태의 연소 패턴이다. 이러한 형태의 연소흔은 V자 연소흔의 꼭짓점에서부터 화염이 시작되었음을 의미하기 때문에 우선적으로 발화 지점이라고 의심할 수 있다.

또한 산소가 풍부할 경우 '완전 연소'에 가까운 연소 현상이 일어나기 때문에 최초 발화 지점에서는 주로 완전 연소의 전형적인 형태인 주염흔이 발견된다. 완전 연소가 되면 그 흔적이 흰색으로 남는데 그것을 주염흔이라고 한다. 화재가 진행되면서 산소의 양이 줄어들고 불완전 연소의 비율이 높아지면서 그을음이 생기는데 그로 인해 연소 부위가 검게 나타난다. 이는 완전 연소의 패턴인 밝은색의 주염흔과 구별하여 주연흔이라고 부른다. 주염흔과 주연흔은 육안으로 쉽게 구별되기 때문에 더 많은 산소가 존재하는 상태에서 먼저 불이 붙은 곳을 확인하는 중요한 흔적이 된다.
주로 목재에서 볼 수 있는 탄화 심도와 균열흔도 화재 현장 수사의 중요한 부분이다. 탄화 심도란 목재 등이 얼마나 깊게 연소되었는가 하는 것이다. 균열흔은 화염의 정도에 따라 규칙적으로 그 크기가 달라진다. 균열흔이 세밀할수록, 탄화 심도가 깊을수록 산소가 많은 상태에서 화염이 시작된 곳임을 의미하기 때문에 균열흔과 탄화 심도의 규칙적인 변화를 역순으로 따라가는 것은 발화 지점 또는 화염의 이동 경로를 추적하는 좋은 단서가 된다. 현장에 있는 금속류가 변형된 상태를 관찰하는 것도 화염의 진행 방향을 찾는 좋은 방법이다. 금속류는 열을 받으면 늘어나는 성질이 있기 때문에 화염과 가까운 쪽의 반대 방향으로 휘게 되어 있다. 바이메탈과 같은 원리다. 금속 제품의 한쪽 면에 더 많은 양의 열이 가해졌을 때 그쪽이 반대쪽보다 더 많이 팽창하여 반대 방향으로 휘는 것이다.
또한 목재 등으로 이루어진 가구나 기둥이 쓰러진 방향으로도 화염의 진행 방향을 판단할 수 있다. 이러한 붕괴는 무게를 떠받치는 기둥 부위의 한쪽에 집중된 탄화에 의해 발생하기 때문에 쓰러진 방향이 화염이 가해진 방향임을 추정해 볼 수 있다.
전기 배선의 용융흔과 단락흔도 매우 중요한 구별 요소다.
전기적 원인에 의해 일어난 화재의 경우 전선에 과전류가 흐르고, 그로 인해 작은 부위에 급격한 발열이 발생할 경우 전선이 순간적으로 녹는데 이러한 흔적을 단락흔이라고 부른다. 단락흔의 특징은 자체적으로 열이 발생한 경우이기 때문에 끊어진 부위가 매끈한 구형을 이루고, 녹지 않은 부분과는 분명한 경계를 보이는 것이 특징이다.
용융흔은 자체 발열에 의한 것이 아닌 외부의 열에 의해 전선이 녹은 것을 의미한다. 따라서 단락흔과 같이 망울은 형성되지만 그 표면이 매우 거칠고 망울과 전선의 경계면이 없이 전체적으로 외부열에 의해 용융되어 뭉친 형태를 띤다.
이것의 구별은 단락흔 또는 용융흔으로 관찰되는 곳이 발화 지점인지, 아니라면 단순히 외부의 열에 의해 녹은 부분에 불과한지를 알아내는 중요한 단서이기 때문에 정확한 관찰과 판단이 요구된다.

최고의 과학, 화재 감식

프로메테우스가 인류에게 불을 갖다 주면서 문화와 문명이 시작되었다. 그만큼 불은 우리에게 소중한 존재다. 조명, 요리, 난방, 기차와 공장을 가동하는 에너지까지 불은 인간 사회를 움직이는 에너지의 원천이다. 하지만 그 불 에너지를 잘못 사용하면 끔찍한 결과를 부르고 만다. 그 강한 에너지가 닿는 것마다 죽이고 없애 버리기 때문이다. 그 강력한 힘과 성질 때문에 인간의 극한 감정은 늘 불과 비교되고 불로 표현된다. '불같은 성격', '불꽃처럼 타오르는 정열' 등. 그런 불이 범죄와 만나면 실로 무섭다. 한 사람의 분노가 불과 만나면서 수백 명의 생명을 앗아 가는 참사로 이어지기도 하고, 수천 년 지켜 온 문화 유산이나 자연 환경이 재로 변해 버리기도 하기 때문이다. 그렇기 때문에 더더욱 불에 대한 조사와 수사는 전문적이어야 한다. 다행히도 불은 마술이 아닌 자연 현상이다. 자연의

법칙을 따르며 과학으로 이해하고 규명하고 대응할 수 있다는 이야기다. 범죄자들도 점점 새로운 인화 물질, 새로운 발화 도구를 사용하며 화재 현장의 모습을 변화시키고 있다. 과거의 경험에만 의존하는 종래의 방식으로는 화재의 진실을 밝히기 어려워졌다는 이야기다. 화재와 관련된 여러 기관, 즉 소방과 경찰, 가스와 전기 관련 기관 등이 서로 협력하고 힘을 모아야 한다. 그래서 '불을 사용하는 범죄는 반드시 진실이 밝혀진다'는 사회적 믿음을 만들어 내야 범죄자들이 불을 두려워하고 피하게 된다. 화재 수사의 전문화와 과학화를 위한 국가적 관심과 지원을 촉구한다.

한국 최고의 CSI: 화재 감식 전문가

"어려움과의 싸움에서 이겨야 한다는 의식이
나를 현장으로 이끈다!"

서문수철 화재감식팀장

전문 교육이나 자격증 없이 현장에서 직접 겪은 경험과 선배로부터 전수받은 기술만으로 화재 감식을 하던 때가 있었다. 그러던 중 가뭄에 단비처럼 나타난 경찰 화재 감식 전문가가 있다. 우리나라 화재 감식 분야의 1인자로 손꼽히는 경기지방경찰청 과학수사계 서문수철 화재감식팀장이다. 그는 2005년에 한국 경찰 최초로 국제 화재폭발물 수사관(Certified Fire and Explosion Investigator, CFEI) 자격을 취득하며 전문적인 경찰 화재 수사의 시작을 알린 주인공이다.

서문수철 팀장은 우리나라 화재수사관으로서는 유일하게 외국의 화재 사건을 해결하는 데 공을 세운 경험도 있다. 일본인 집에 세를 얻어 사는 재일 한국인의 요청으로 일본의 화재 사건을 수사한 것이다. 집주인 측은 세입자인 한국인 남자가 피운 담배에 의해 불이 났다고 주장하며 재산 피해를 세입자에게 부담지우려 했고, 그런 장소에서 담배를 피운 사실이 없다는 세입자 측은 다른 발화 원인이 있을 거라고 억울함을 호소하는 중이었다. 민족 차별이 두려우니 '한국의 수사관이 직접 조사'하게 해 달라는 한국인 세입자의 요청에 의해 서문 팀장이 나선 것이다.

그가 돌아본 현장은 첫눈에 봐도 담뱃불이 원인이라고 하기 어려웠다. 사건 현장의 전체 구조를 파악하는 데 많은 경험이 있는 그는 화염의 시작이 바닥면이 아닌 상층부라는 것을 소훼 흔적으로 추정하고, 결국 한쪽 벽 상부에 있는 환풍기의 전기선에서 단락흔을 발견했다. 단락흔은 금속 전기선이 매우 높은 온도로 인해 직접적으로 녹았을 때 관찰되는 흔적이다. 따라서 소훼된 전기선은 다른 곳에서 기인한 화재로 탄 것이 아님을 의미한다. 그의 화재 현장 조사 보고서는 일본 법정에 증거로 채택되었고, 한국인 세입자의 억울함은 풀렸다.

다음은 서문수철 팀장과 나눈 일문일답이다.

간단히 자기 소개를 하자면?

1996년 2월 10일 순경으로 경찰관이 된 후 배치된 파출소(현 지구대)에서 열심히 일했더니 성실하다며 형사계로 발령을 내려 꿈에 그리던 형사가 되었다. 당시 형사계장님이 성격이 '세심하고 치밀해 과학수사를 잘할 것 같다'며 권하셔서 과학수사 요원이 되는 길을 택했다. 그 후 2001년 국립과학수사연구원의 화재 전문화 과정을 이수한 뒤 '불의 매력'에 빠져 전문 화재 감식 요원으로 활동하기 시작했고, 화재와 관련된 교육과 훈련이라면 국내외를 막론하고 무조건 달려가 이수했다. 대학에서도 화학을 전공했고, 화재 업무를 맡기 시작한 뒤에 경기대 산업정보대학원의 소방도시방재학과에서 석사 학위를 취득하고 충남대 과학수사학과 화재폭발과정 박사 과정을 수료했다. 이후 충남대, 인천대 등 대학에도 출강하고, 중앙소방학교, 경기소방학교, 서울소방학교 등 소방 교육 기관과 방재시험연구원 등 다수의 관련 기관에서 화재 조사에 대한 강의를 하고 있다.

화재 감식 전문가가 된 비결이 있다면?

옆도 뒤도 돌아보지 않고 화재 조사라는 한 길만 팠다. 경찰관이라면 누구나 바라는 승진도 포기했다. 화재 조사 전문화 과정을 이수한 후 국내에 나온 화재 조사 관련 서적을 찾아 읽고, 일본이나 미국의 화재 조사 관련 서적을 구입해 번역하며 공부했다. 늘 최선을 다한다는 마음으로 임하고, 부족하다는 생각으로 노력한다.

서문수철 팀장에게 화재 감식이 갖는 의미는?

내 생활의 가장 중요한 부분이자 항상 흥분과 활력을 이끌어 내는 원동력이다. 화재 사건은 어느 하나 쉽거나 간단한 현장이 없다. 누군가는 화재로 인해 죽음을 맞이하거나 큰 피해를 봤으며, 누군가는 화재 원인에 대해서 형사나 민사 책임을 져야 하는 것이 화재다. 화재 감식은 이런 큰 문제의 진실을 밝혀 내고 책임 소재를 분명히 한다. 그 모든 것을 결정하는 매 순간이 한편으로는 큰 스트레스지만 해결했을 때의 보람, 그 모든 어려움과의 싸움에서 이겨야 한다는 목표의식이 나를 현장으로 이끈다.

다른 사건 현장에 비해 화재 현장이 갖는 위험이나 어려움이 있다면?

화재 현장은 늘 열악하고 위험하다. 물론 화재와 직접 맞서 싸우는 소방관들이 가장 힘들고 위험하다. 늘 그들이 존경스럽고 그들의 처우가 개선되길 희망한다. 화재를 진압한 후 조사를 실시하는 환경도 열악하고 힘든 상황이다. 몸에 유해한 가스 등이 잔존하고, 발굴 과정에서 붕괴될 위험과 날카로운 예기 등에 의한 부상 위험 등이 도사리고 있다.

하지만 그런 물리적 환경보다 더 어려운 것은 사람이 만들어 내는 인위적 상황인 것 같다. 화재 전문가라고 불러 주지만 계급이 낮다 보니 여전히 인정보다는 멸시와 무시 그리고 전문성을 인정하지 않으려는 태도가 남아 있다. 특히 경찰 내에서 외부 기관의 결과는 인정하지만 우리 스스로 도출한 결과는 여전히 인정하지 않으려는 부분이 어렵다. 하지만 불평할 생각은 없다. 이 어려운 상황은 스스로 헤쳐 나가야 하는 거라는 생각으로 현장 하나하나에 최선을 다하고 오류를 범하지 않기 위해 노력한다.

스스로 들인 노력에 비해 낮은 평가와 처우가 아쉽지 않은가?

나 자신이 전문가라기보다는 현장에서 최선을 다하기 위해 노력하는 과학수사 요원일 뿐이라고 생각하려 한다. 진정한 전문가라면 그 분야의 지식과 기술도 갖추어야 하지만 모든 어려움 속에서도 그 분야를 발전시킬 수 있어야 한다. 난 아직 전문가가 아니다. 화재 전문가가 아닌 과학수사 요원이라고 생각한다. 하지만 진정한 전문가가 되기 위한 노력은 계속할 것이다.

화재 감식을 원하는 후배 경찰관들에게 하고 싶은 말이 있다면?

화재 감식이 어렵고 힘들다는 선입관을 갖지 말고, 주위에서 하는 말이나 평가에 연연하지 말고, 묵묵히 현장에서 원인을 찾는 노력을 하라는 말을 들려주고 싶다. 좀 더 구체적인 이야기를 하자면, 현장에서 찾지 못하는 원인이 있을 땐 전문 지식을 공부해서, 그리고 스스로 답을 찾는 노력을 기울여 반드시 찾아내겠다는 도전 정신을 갖추라는 것이다. 무엇보다 환경이 열악한 화재 현장에서 늘 자신의 건강을 지키라고 당부하고 싶다.

일반 국민들에게 하고 싶은 말이 있다면?

화재는 누군가의 꿈을 앗아 갈 수 있다. 예방이 최선이며, 발생한 이상 누구도 막지 못하는 게 화재다. 화재 조사에 대한 불신을 버렸으면 하는 바람이다. 경찰 화재 조사는 이제 국민의 의문을 해소할 수 있는 수준에 접근했으며, 지금도 그리고 앞으로도 공명정대한 화재 조사로 국민들의 신뢰를 받도록 노력하겠다.

끝으로 꿈이 있다면?

누구나 할 수 있는 일이라면 화재 조사를 시작하지 않았을지도 모른다. 아무나 하지 못하기 때문에 최선을 다해 내가 그 일을 하는 사람이 되고 싶다. 크게는 우리나라의 화재 조사, 작게는 경찰의 화재 조사를 발전시켜 화재 감식이 진실을 밝히고 국민에게 신뢰받는 분야가 되게 하고 싶다. 내가 사랑하는 사람 그리고 날 믿어 준 김기동 경기지방경찰청 수사2계 계장님, 서동현 성남수정경찰서 형사과장님과 약속한 게 있다. '국내 화재 조사의 수준이 세계 수준에 뒤처지지 않도록 꼭 발전시키겠다'고. 앞으로도 계속 화재 조사의 발전을 위해 노력하면서, 어둡고 컴컴하고 매캐한 연기에 싸인 화재 현장을 사랑하면서, 단 하나뿐인 진실을 찾기 위해 최선을 다하고 싶다.

Epilogue:
범죄의 재구성

범죄의 재구성crime reconstructions이란

과거에 있었던 사실을 그대로 재연한다는 것은 어쩌면 인간의 한계를 넘어선 '신의 영역'일지도 모른다. 특히 범죄에서는 더욱 그렇다. 용의자의 말을 모두 믿을 수 없으며, 살인 사건의 경우 사실 여부를 확인해 줄 피해자는 아무 말을 하지 못한다. 사건의 목격자나 생존한 피해자가 진술하는 것이 전적으로 사실과 일치한다고 믿는 것 또한 매우 위험하다. 인간의 기억은 여러 가지 이유로 왜곡될 수 있기 때문이다. 결국 과거에 있었던 사실을 완전히 재연한다는 것은 불가능하다. 이런 점에서 범죄의 재구성은 '일어난 사실에 최대한 가까이 가는 것'을 말한다고 볼 수 있다. 과학과 논리라는 수단을 통해서.

이 책에서 다룬 모든 증거는 범죄 사실이라는 '퍼즐'을 구성하는 조각들이다. 흔히 수사를 퍼즐에 비유한다. 각 조각을 연결하여 그림을 완성해 나가는 작업이 단서를 분석하여 사실을 연결해 나가는 과정과 흡사하기 때문이다. 단지 범죄 수사는 퍼즐로 치자면 밑그림이 없고 다 맞춰도 한 폭의 그림이 완성되지 않는, 즉 모든 조각이 다 존재하지 않는 퍼즐이다.

목격자의 진술을 전적으로 믿으면 안 되는 이유는 뭘까?

사람이 사물을 보고 인지하고 기억하는 작용은 사진이나 캠코더와 다르다. '있는 그대로' 찍어 필름이나 테이프, 하드디스크 등 저장 장치에 담듯 뇌세포에 각인하는 것이 아니라 경험과 기대, 감정 등 다양한 필터를 통해 거르고 부풀린 뒤 나름의 '해석'을 더한 상태로 기억의 저장고에 남는다. 시간이 지나면서 그 내용이 변형되거나 사라지기도 한다.

야구 경기에서 기습 번트를 대고 1루로 달린 주자와 빠르고 침착하게 대처한 수비진의 대결. 똑같은 장면인데도 공격팀을 응원하는 관중은 '명백한 세이프'로, 수비팀을 응원하는 관중은 '아웃'으로 본다. 시간이 지나 그 장면에 대해 얘기하다 보면 그 차이는 더 현격히 벌어져 있고, 심판의 위치나 다른 주자가 있었는지 등 세부 상황에 대한 이견은 더 심각하다는 것을 발견하게 된다. 급한 상황에서 자동차 열쇠를 찾는데 '분명히 두었던 자리'에 없다. 당황해하는데 아내가 엉뚱한 장소에서 열쇠를 찾아 '이거 아냐?' 한다. '어, 그게 왜 거기 있지? 귀신이 곡할 노릇이네.' 범죄 사건에서도 똑같은 일이 발생한다.

범죄를 당한다는 것 또는 범죄를 목격한다는 것은 정신적 충격을 수반하는 일이다. 평상심으로 모든 것을 입력하고 다시 표현해 낼 수 없다. 흉기나 피 등 충격적인 장면에 관심이 집중된 나머지 가해자의 얼굴이나 옷차림, 체격 등에 대해서는 전혀 주의를 기울이지 못할 때가 많다. 미국의 경우 목격자가 라인업(line up, 피해자 또는 목격자가 여러 명을 관찰하고 그중 범인을 지목하는 수사 방법) 과정에서 엉뚱한 사람을 지목하는 바람에 무고한 사람이 범죄자로 몰리는 억울한 일을 당한 사례가 부지기수라는 것이 '무죄 입증 프로젝트'에서 밝혀지기도 했다.

틸먼은 1989년 술집 주차장에 있던 여성의 차량에서 그녀를 강간한 혐의로 48년형을 선고받고 복역 중이었다. 그는 혐의를 일관되고 강력하게 부인했지만 피해자는 범인의 얼굴을 정확히 기억한다며 그를 지목했고, 그의 지문이 그녀의 차문에서 발견되기까지 했다. 그녀의 팬티에서 발견된 정액에 대해 혈청학적 검사를 실시한 결과 틸먼의 혈액형과 동일한 혈액형임이 확인되자 의심의 여지는 없어 보였다. 아직 DNA 검사가 보편화되지 않은 때였다. 10여 년이 지난 뒤 '무죄 입증 프로젝트'를 통해 이 사건을 재심했는데, 증거보관실에 보관된 피해자의 팬티에서 채취한 범인의 정액에 대한 DNA 검사 결과 틸먼의 정액이 아님이 확인되었고, 2006년 그는 세상에 나왔다.

당시 피해자는 술에 취한 상태였고 강간 피해로 인해 극도의 흥분과 충격에 휩싸인 상태였으며 안면, 특히 눈 부위에 집중된 가격으로 인해 사물을 정확히 식별하기 어려웠다. 그럼에도 불구하고 피해자의 용의자 지목과 차문에 남은 지문 증거 그리고 정액에 대한 혈청학적 검사 결과는 무고한 흑인 남성을 백인 여성을 강간한 혐의로 처벌하기에 충분해 보였다. 이렇듯 불확실한 목격자의 진술이 누군가의 자유, 심지어는 생명까지도 빼앗을 수 있는 판결을 내리는 결정적인 증거로 사용될 수 있는 것인지에 대해서는 여전히 논란이 많다.

과학적 진실

이미 발생한 과거의 사실에 가장 가까이 가게 하는 것은 과학의 힘이다. 현장에서 발견되는 증거와 정황을 종합해서 과학적으로 분석하고 논리적으로 엮어 가는 것이 범죄의 재구성이다. 지문, 미세 증거, DNA, 혈흔 등의 현장 증거는 그 소유자의 신원 확인이라는 목적 외에도 그가 '어떻게 행동했는가'를 알려 주는 단서가 된다. 물건이 흐트러진 상태 등 사소해 보이는 모든 현장 요소가 범죄 행동과 관련이 있다. 영화를 구성하는 세트의 작은 요소와 출연하는 엑스트라들을 따로 떼어 놓으면 아무 의미 없어 보이지만, 전체적으로는 '어울림'을 통해 완성도를 높여 주는 것처럼 범죄 재구성에서 배제할 수 있는 증거는 없다. 분석되고 해석되고 연결되는 과정을 아직 거치지 않은 증거와 현장 요소는 아무런 가치가 없어 보이지만, 모든 것은 분명히 의미가 있다. "그냥 일어나는 일은 없다(Nothing just happens)"는 수사학 격언처럼 범죄 행위 전후 현장의 모든 변화는 전체 스토리와 관련된 것이다.

지문이 발견되었다. 범죄 재구성을 염두에 두지 않은 과학수사 요원의 눈에는 '단지' 신원 확인을 위한 증거에 불과하다. 어떻게 하면 그 지문을 정확히 대조해 주인을 찾아낼까만 고민할 것이다. 지문을 남겼다는 것이 자동으로 범죄 행위 그 자체를 입증해 주는가? 아니다. 지문이 현장에 있다는 것은 '그 지문의 주인이 현장에 있었고 지문이 남은 사물에 손을 댔다'는 사실을 의미할 뿐이다. 지문의 소유자가 범죄 행위 전이나 후에 현장에 왔다면 이야기는 복잡해진다. 살인 사건 현장에서 발견된 피 묻은 지문이라면 이야기가 달라지는가? '피해자가 흘리는 피가 손에 전이된 자가 그 사물을 만진 것' 이상의 사실을 설명하지 못한다. 여기에 현장 재구성의 핵심이 있다. 재구성에 궁극적인 목적을 둔 과학수사 요원이라면 지문을 단순히 개인 식별 수단이 아닌 그 이상의 요소로 보고, 스스로 복잡하면서도 흥미로운 질문을 던질 것이다.

- 왜 저곳에 지문이 남았는가?
- 저 위치에 지문이 남으려면 지문의 주인은 어떤 행동을 해야 하는가?
- 저 사물과 지문의 주인이 접촉할 당시 어떠한 자세여야 하는가?
- 지문을 구성하는 물질과 지문이 남은 사물의 성격으로 판단할 때 지문의 주인은 왜 그 사물과 접촉했는가?

고고학적 연대기 추정과 범죄 수사

일부 학자들은 범죄 수사를 고고학의 연구 방법과 비교하곤 한다. 고고학은 과거의 사실을 담은 유물을 발굴해 시간의 선(time line) 위에 올려놓는다. 범죄 수사 역시 범죄자가 어떻게 피해자와 조우하여 어떤 공격을 하고 어떻게 도주했는지 이야기해 주는 단편적인 사실들을, 논리적인 방법으로 시간의 순서에 따라 정리한다.

지하에서 유적이 발견되었다. 수천 년 전에는 지상에 놓여 있었을 테고, 이 위에 역사의 퇴적물이 쌓였을 것이다. 그 퇴적물은 누군가가 일부러 지층을 거꾸로 뒤집지 않는 한 순서대로 쌓이게 되어 있다. 따라서 그 유적보다 얕은 깊이에서 발견되는 유적은 깊은 곳에서 발견된 유적보다 늦게 놓인 것이 맞다. 이것을 수사에 적용해 보자. 현장에 버려진 지갑을 들어 올렸을 때 그 바닥에서 충격 비산 혈흔이 발견되었다면 그 혈흔을 만들어 낸 공격 행동은 그 지갑이 누군가의 손을 거쳐 그 자리에 놓인 사실보다 먼저 일어난 일이다. 그 혈흔이 시체에서 발견된 치명상에서 비롯된 것이라면, 동시 또는 직후에 현장에 그 지갑에 손을 댄 누군가가 함께 있었다는 뜻이 된다. 학창 시절 지층의 단층에 대해 배운 적이 있을 것이다. 지반에 가해지는 힘에 의해 층층이 퇴적된 지층이 잘라지고 그 부분이 층을 달리하는 것을 말한다. 이러한 단층은 아무런 힘이 가해지지 않으면 형성되지 않는다. 자연스러운 상태를 변화시키는 인위적인 힘이 가해진 현장에 적용할 수 있는 것이다. 베란다 창문에 쌓여 있는 먼지층을 건드린 지문과 족적, 끊어진 거미줄 같은 것들은 그곳으로 누군가가 출입했거나, 또는 시도했다는 것을 의미한다.

최초의 재구성(initial reconstruction)

재구성이라는 용어는 범죄 수사의 마지막 단계에서 해야 하는 임무처럼 들리기 쉽다. 사실 꼭 그렇지만은 않다. 현장에 가장 먼저 도착한 순찰 요원에 의해서 최초 현장 판단이 이루어지기도 하며, 과학수사 요원이 현장에 도착하자마자 이루어지기도 한다. 이러한 최초의 재구성은 사건에 대한 종합적인 가설을 설정하는 데 도움을 준다. 최초의 재구성은 모든 가능성을 열어 두고 현장의 모든 요소에 대하여 수립할 수 있는 최대한의 가설들을 수립한다. 이것은 언제나 변경이 가능하며 새로운 가설 수립의 여지가 있다면 언제나 추가할 수 있다.

최종 재구성(finished reconstruction)

경찰 수사 단계의 최종 재구성은 흔히 알고 있는 '현장 검증'과 동일한 것 아니냐는 오해를 불러일으킬 수 있다. 그러나 최종 재구성은 피의자 검거와 관계없이 진행되어야 한다. 비록 자백했다 하더라도, 피의자가 말하는 것이 반드시 진실에 가깝다고 할 수 없는 이유는 앞에서 이미 설명했다. 또한 과학의 한계 내에서 이루어지지 않은 추론은 진실을 규명하는 데 아무런 도움이 되지 않는다. 오히려 진실 규명을 방해하는 경우가 더 많다. '과학을 내세우지만 과학적 근거가 부족한 사이비 과학'의 폐해는 특히 심각하다.

의도의 선악과 관계없이 과학 이론이나 선행 연구 결과 등을 어설프게 적용하며 무리하게 결론을 도출하고는 '과학적 결론'이라 주장하는 오류는 범죄 수사 현장에서 종종 발견되곤 한다. 속칭 '개구리 소년 사건'의 경우 미국에서 박사 학위를 취득한 국립 대학 심리학 교수가 주관적인 추리에 '과학'의 포장을 씌워 피해자 가족과 사회 전체를 우롱하고 혼란에 빠뜨린 일이 있었다. '순수한 과학적 방법론'이라는 본인의 주장과 달리 주로 '목격자와 피해자 가족들의 말과 기억', 자신의 '주관적 추리'에 의존함을 쉽게 발견할 수 있다. 화성 연쇄 살인 사건이 한창일 때 자신이 사건을 해결할 수 있다며 경찰을 농락한 점쟁이와 다를 게 없다. 다른 것이 있다면 그는 과학 대신 '초자연의 힘'을 내세운 것 정도다.

범죄의 재구성은 인간의 기억과 진술, 사이비 과학 혹은 초자연의 힘과 개인의 경험, 직관에 기댄 추리에 의존하지 않는다. 현장에 유류된 여러 가지 물적 증거를 분석하며 그 의미를 찾고, 서로 연결해 나가는 과정에서 범죄자와 피해자 각각의 행동, 상호 조응하는 행동의 궤적을 구축해 나가는 과정인 것이다.

'현장 검증'의 효과성과 함정

중요 사건의 피의자가 검거되어 자백한 후 범행 현장으로 가서 직접 범행 장면을 재연하는 '현장 검증' 과정을 거치면 거의 범죄 혐의가 입증되고, 이후 재판 절차는 '형식적인 관례'가 되는 일이 많다. 연쇄살인범 유영철, 강호순, 정남규 등 대부분의 강력 범죄자가 예외 없이 그 수순을 밟았다. 이러한 현장 검증은 한편으로는 범행을 입증하고 완벽하게 재구성함으로써 움직일 수 없는 결정적 증거로 작용하고, 범인에 대한 피해 유가족과 국민의 분노를 표출하는 기회를 제공한다는 '효과성'이 뛰어나다. 하지만 다른 한편으로는 아직 재판도 열리기 전에 피의자의 유죄를 확정함으로써 '무죄 추정의 원칙'이라는 헌법적 권리가 무시되고, 재판이라는 중요한 형사 절차를 무력화시킨다는 문제를 안고 있다.

드물긴 하지만 현장 검증을 거부하는 사례도 있고, 현장 검증 과정에서 행동이 자연스럽지 않은 점이 의혹을 낳아 무혐의 결정이나 무죄 판결을 받는 사례도 발생한다. 화성 연쇄 살인 사건의 범인으로 검거되어 언론에 대서특필되었다가 무혐의로 풀려난 윤모 군(당시 19세)의 경우나 2009년 전남 순천에서 발생한 독극물 막걸리 사건이 대표 사례다. 피의자의 유죄를 입증하는 '효과적인' 경우건, 유력한 피의자를 무죄로 만드는 '실패 사례'건 간에 현장 검증은 태생적 위험성을 내포하고 있다. 과학적 분석과 논리적 연결보다는 '피의자의 진술과 자백'에 의존한다는 위험 말이다. 피의자가 자백 내용을 완벽하게 재연하고 그럴듯하게 현장 검증을 마쳐 누구나 범인임을 의심하지 않았지만 결국 법정에서 증거를 통해 무죄가 입증된 2001년 '고성 3인조 살인 사건'(서울고등법원 2002노1160호)이 대표 사례다.

반대로 지능적인 범죄자가 '공개된 현장 검증'이라는 무대를 이용해 일부러 허둥대고, 살해 장소나 시신 유기 지점을 모르는 듯 '연기'해 의혹을 불러일으킬 우려도 늘 존재한다. 무엇보다 '현장 검증'이라는 용어는 법에 나와 있지도 않으며 이를 거부하는 피의자의 의사에 반해 강제로 실시할 법적 근거도 없다. 형사 사법 제도와 관행이 정상화되면 사라질 대상이라고 할 수 있다.

범죄 재구성의 미래

국내 과학수사 현실에서 '범죄의 재구성'은 구상과 연구, 실험의 대상 수준에 있을 뿐이다. '과학수사의 화룡점정'이라고 할 수 있는 범죄의 재구성은 과학수사 각 요소에 대한 일반 지식과 수사 경험, 다양한 현장 요소를 연결 지어 볼 수 있는 종합적 통찰력과 분석력이 요구되는 고난도의 전문 영역이다. 이제 막 국내 과학수사에 범죄의 재구성 기법을 소개하고 정착시키려는 노력이 진행 중이며, 저자들도 그 과정에 적극 동참하고 있다. 범죄의 재구성이 수사 단계에 필수 요소로 자리 잡는다면, 현장을 대하는 초동 조치 경찰관과 과학수사 요원, 수사형사의 태도와 자세도 달라질 것이다. 재구성 과정에서 자신의 조치와 행위가 검증될 것이기 때문이다.

범죄의 재구성은 현장과 증거를 살아 움직이게 하고, 서로 연결하고 합쳐서 진실을 드러내보이는 과정이라고 볼 수 있다. 수사관이나 목격자 혹은 피의자의 주장과 의견에 꿰맞춰 현장과 증거를 변형하지 말고, "증거가 스스로 말하게 하라(Let the evidence speak for itself, 헨리 리 박사)."

저자 후기

사명감의 가치를 아는 조연들의 이야기

경찰은 '사회의 조연'이다. '주연'인 국민들이 각자의 꿈을 향해 맘껏 달리고, 사랑과 우정과 행복을 향유할 수 있도록 안전하고 질서 있는 세상을 만들고 지탱해 주는 조연. 대학 입시 시험날, 마라톤 대회, 유명 가수의 콘서트, 영화 촬영 현장, 어린이들의 등하교, 홍수 피해 현장과 범죄 사건 현장 등 세상 모든 현장의 뒤편엔 땀 흘리는 경찰관이 있다. 특히 과학수사 요원은 '조연을 돕는 조연'이다. 형사가 진짜 범인의 손에 수갑을 채울 수 있도록, 검사가 피고인의 유죄를 멋지게 입증할 수 있도록 자신의 전문성과 노력을 다 바쳐 돕는 '숨은 조연'이다.

그렇게 눈에 띄지 않는 '영원한 조연'으로 남을 줄 알았던 과학수사가 드라마 《CSI》 덕에 주연으로 부상했다. 물론 드라마라는 가상 공간에서만이다. 여전히 범죄 현장의 과학수사 요원들은 멋진 세트와 스포트라이트 속에서 폼나게 일하는 호라시오 반장과 달리 먼지와 오물, 위험과 스트레스에 둘러싸인 채 일하고 있다. 하지만 그들은 '나는 대한민국의 과학수사 요원이다'라는 자부심 하나로 만족하며 보람과 긍지를 먹고 산다. 눈에 보이지 않는 범죄자, 전 세계 과학수사 요원들과 경쟁하며 뒤처지지 않으려고 끊임없이 공부하고, 토론하고, 실험한다.
이 책은 그런 대한민국 과학수사의 현주소를 있는 그대로 정확하게 알리고 더 발전할 수 있는 계기를 마련하겠다는 저자들의 마음이 담겨 있다. 마음 같아서는 무대 뒤에서 보이지 않는 땀방울을 흘리는 모든 과학수사 요원을 일일이 소개하고 싶었으나, 지면의 한계와 독자들의 관심을 위해 최대한 엄선했다. 각 분야 '최고의 과학수사 전문가'는 저자들이 과학수사 현장의 여론과 객관적인 업적, 노력과 자격 등을 두루 검토해 선정한 것이다. 저자들이 가진 한계로 인해 마땅히 소개해야 할 과학수사 전문가를 다 소개하진 못했다. 그분들께는 깊은 사과의 말씀을 전한다.
저자들은 '조연의 조연'인 과학수사 요원을 지원하는 또 다른 조연이다.
저자 표창원은 현장 수사 경험에 더해 영국에서 석박사 과정을 밟은 뒤 경찰대학 교수로 재직하며 범죄학과 경찰학, 범죄 수사 제도, 범죄 분석과 프로파일링 등을 가르치고 연구했다. 또한 법의학자, 법과학자, 과학수사 요원들이 함께 만든 '법의감식연구회'에 초창기부터 참여해 왔다. 특히 범죄 분석과 프로파일링을 위해서는 정확한 법과학적 증거가 필요하다는 신념 아래 과학수사 발전 과정에 참여했고, 검시 제도 확립과 과학수사 발전 방안 수립에 적극적으로 앞장서 왔다.

저자 유제설은 법과학과 과학수사에 인생을 건 경찰관이다. 경찰대학을 졸업하고 수사 현장에서 과학수사의 중요성을 뼈저리게 느낀 후 오직 과학수사를 위한 지식과 기술 함양에만 매진해 왔다. 특히 지문과 혈흔 형태 분석, 범죄 현장 재구성을 가르치거나 논의하는 곳이라면 지구 끝까지 달려간다. 경북대 과학수사대학원에서 석사 학위를 취득했고, 서울경찰청 수사부와 경찰서 수사팀장을 두루 거친 후 지금은 경찰대학에서 과학수사 담당 교수로 재직하며 순천향대 법과학대학원에서 과학수사 과목을 강의하고 있다. 기존 지문 현출 장치의 한계를 극복하기 위해 진공 상태를 활용한 지문현출기를 개발, 시험 운용 중에 있고 경찰청 '지문 워킹 그룹(working group)', '혈흔 형태 워킹 그룹', '미세 증거 워킹 그룹' 등에 참여하여 다른 전문가들과 지식을 나누고 있다.

저자들은 특히 이 책을 저술하는 과정에서, 정확성을 기하고 세계의 과학수사 수준을 기준으로 삼기 위해 확보 가능한 모든 자료와 저작물을 검토 분석했으며, 미국 뉴헤이븐 대학 헨리 리 박사 등 저명한 과학수사 전문가들과 심도 깊은 논의를 했다는 것을 밝힌다. 부디 이 책이 학생과 관련 전문가는 물론 일반인들이 과학수사에 대한 지식과 정보를 쌓고 관심과 이해를 높이는 데 작은 도움이 되길 기원한다. 그 결과가 한결음 더 발전된 과학수사로 이어져 억울한 누명을 쓰는 사법 피해자가 줄어들고, 치밀하고 교묘하게 법망을 피해 나가려는 범죄자가 한 명이라도 더 법의 준엄한 심판을 받는 데 기여하길 희망한다.